舰船多项目并行建造质量监督优化方法

巩 军 胡 涛 俞 建 著

電子工業出版社
Publishing House of Electronics Industry
北京 · BEIJING

内 容 简 介

本书针对多项目管理领域中管理系统的全局优化、稀缺资源的科学配置和系统风险的总体控制三个核心问题，以舰船建造质量监督为背景，系统介绍了舰船多项目并行建造质量监督领域的研究成果，主要内容包括舰船多项目并行建造质量监督组织结构评价与选择方法、进度管理方法和风险评价方法。此外，还给出了综合案例进行实证分析。

本书可作为高等院校项目管理、工程管理、系统工程等专业本科生或研究生的教材，还可供从事军品质量监督工作的军事代表和工程技术人员参考使用。

图书在版编目（CIP）数据

舰船多项目并行建造质量监督优化方法 / 巩军等著. —北京：电子工业出版社，2022.5
ISBN 978-7-121-43339-9

Ⅰ. ①舰…　Ⅱ. ①巩…　Ⅲ. ①军用船—质量检验　Ⅳ. ①U674.7

中国版本图书馆 CIP 数据核字（2022）第 073527 号

责任编辑：张正梅
印　　刷：北京天宇星印刷厂
装　　订：北京天宇星印刷厂
出版发行：电子工业出版社
　　　　　北京市海淀区万寿路 173 信箱　　邮编：100036
开　　本：720×1000　1/16　印张：12.25　　字数：233 千字
版　　次：2022 年 5 月第 1 版
印　　次：2022 年 5 月第 1 次印刷
定　　价：98.00 元

凡所购买电子工业出版社图书有缺损问题，请向购买书店调换。若书店售缺，请与本社发行部联系，联系及邮购电话：(010) 88254888，88258888。

质量投诉请发邮件至 zlts@phei.com.cn，盗版侵权举报请发邮件至 dbqq@phei.com.cn。

本书咨询联系方式：zhangzm@phei.com.cn。

前　言

在建造过程开展质量监督是保证舰船质量的重要环节，也是军事代表室的核心职责。随着海军作战使命任务的拓展和舰船装备的跨越式发展，各型舰船相继由设计阶段转入建造阶段，多项目并行建造成为新常态，舰船质量监督工作也随之发生了一系列变化，并呈现出点多面广、交叉并行的新局面。这些变化给质量监督工作带来了诸多新的挑战与要求。为进一步提升舰船多项目并行建造条件下质量监督工作的效率与效益，军事代表室（尤其是总装厂军事代表室）有必要对现有管理模式、工作思路与方法进行优化创新。

舰船多项目并行建造质量监督是典型的多项目管理问题，针对多项目管理领域中管理系统的全局优化、稀缺资源的科学配置和系统风险的总体控制三个核心问题，在国内外研究现状分析和相关理论基础研究的基础上，从组织结构评价与选择、进度管理和风险评价等方面系统地提出了舰船多项目并行建造质量监督优化方法，其主要内容、方法与创新点体现在以下几个方面。

针对军事代表室在质量监督信息传递、任务人员安排方面的提升需求，基于“组织结构评价—组织结构优化—管理系统优化”的思路提出了舰船多项目并行建造质量监督组织结构评价与动态选择方法。综合运用熵和二元语义的基本原理与算法提出了基于任务的时效、质量与柔性度及其权重的计算步骤与方法，构建了基于任务的组织结构熵评价模型；提出了以任务为单元进行组织结构动态选择的策略，基于该策略给出了组织结构选择方法，该方法运用二元语义 ETOWA 算子对组织结构选择的影响因素进行初步筛选后，根据不确定语言短语优势度的相关概念进行组织结构评价与选择。

本书针对多项目并行建造过程中资源整体协调与配置方面的优化需求，提出了基于关键链的舰船多项目并行建造进度管理方法；以网络概念模型为基础，将关键链理论与资源受限的多项目调度问题相结合，提出了多资源约束下多项目进度管理步骤，在此基础上，分别构建了单项目和多项目进度优化模型，基于遗传算法、万有引力搜索算法和禁忌搜索算法设计了具有更好全局搜索能力和收敛性的混合优化算法；同时，提出了一种基于信息熵的关键链缓冲区设置方法，对根方差法进行了修正。该方法是优化进度计划、平衡资源分配和化解进度风险的有效工具。

针对风险评价与管理方面的精细化需求，提出了多项目并行条件下的风险评价方法。以风险事件为研究对象，通过定义与分析最小任务单元、最佳风险辨识单元、模块工序及其关联关系，提出了基于 WBS-RBS 的风险识别步骤、风险识别矩阵与风险传导矩阵的构建方法，给出了将双语言变量决策信息转化为直觉正态云模型定量信息的步骤；将传统模糊认知图中的阙值函数与加权求和运算替换为直觉正态云有序加权平均算子，提出了基于直觉模糊认知图的风险纵向传导模型及其求解算法；通过修正风险节点和价值节点提出了影响图节点间耦合关系的计算规则，从拓扑层、函数层和数值层三个层面给出了全景式风险横向传导影响图的构建方法及其求解算法；在此基础上，基于蒙特卡罗模拟思想，将生成的云滴样本均值作为最优估计值，从而完成风险影响值排序，同时，基于贴近度的思想给出了一种快速、简便、准确的风险定级方法。

在以上研究的基础上，以×××军事代表室开展质量监督工作为例，从组织结构评价与选择、船台施工阶段进度管理和风险评价三个方面对舰船并行建造质量监督优化方法进行实证分析，验证了方法的有效性、准确性和实用性。研究成果完善了多项目管理理论体系，为突破其重难点问题提供了新的思路与方法，为军事代表室在舰船多项目并行建造条件下优化质量监督工作提供了一整套方法与工具，并应用于大型复杂武器装备制造质量监督过程，具有重要的理论与实践意义。

作　者

2021 年 7 月

目 录

第 1 章

绪论

1.1 研究背景与意义

1.1.1 研究背景

质量监督是舰船建造质量工作的一条主线，是保证舰船质量的有效手段，也是舰船从立项论证到退役处理全寿命管理的重要组成部分。在舰船建造过程中开展质量监督是保证舰船质量的重要环节，也是军事代表室最大量、最基础的工作，更是军事代表室的核心职责。

舰船建造过程是一个极其复杂的系统工程，具有建造周期长、立体交叉作业、施工场地分散、涉及单位众多等特点，与其他军品制造有着显著的区别。随着海军作战使命任务的拓展和舰船装备的跨越式发展，部队急需的各型舰船相继由设计阶段转入建造阶段，多项目并行建造成为新常态，舰船质量监督工作也随之发生了一系列变化，并呈现出点多面广、交叉并行的新局面。同时，随着军队改革的推进，军事代表室的人员编制也逐步压缩。这些变化给质量监督工作带来了诸多新的挑战与要求。为进一步提升舰船多项目并行建造条件下质量监督工作的效率与效益，军事代表室（尤其是总装厂军事代表室）有必要对现有管理模式、工作思路与方法进行优化与创新，主要体现在以下四个方面。

1. 质量监督信息传递方面

舰船建造过程通常包含开工准备、分段建造、船台施工、系泊试验、航行试验等阶段，总装厂军事代表室多采用职能制组织结构。在舰船建造的不同阶段，根据舰船的不同系统与功能，将其分为总体组、船体组、轮机组、电气组、武备组等职能部门，按照不同专业进行组织与分工，其组织结构如图 1.1 所示。采用职能制组织结构能够充分发挥各职能部门的专业管理作用和军事代表的专业优势。但是，舰船建造过程中涉及大量的项目与工序，信息流交叉运行，信息链长。军事代表室各职能部门在舰船建造的不同阶段开展相应的质量监督工作，独立性较强。如果各部门之间不能建立有效的横向沟通与合作机制，容易产生“铁路警察，各管一段”的现象，可能造成舰船建造的完整业务流程被分割，信息链断裂。在舰船多项目并行建造条件下，质量监督信息传递与接收滞后、信息冲突和信息链断裂的风险更高。因此，军事代表室需要进一步优化工作流程，打通专业分工和信息阻塞节点，提升信息管理能力，以实时、准确、全面地掌控多项目并行建造过程中各舰船、分系统、设备和重点环节的质量监督信息，使各专业部门和人员在舰船建造全过程形成合力。

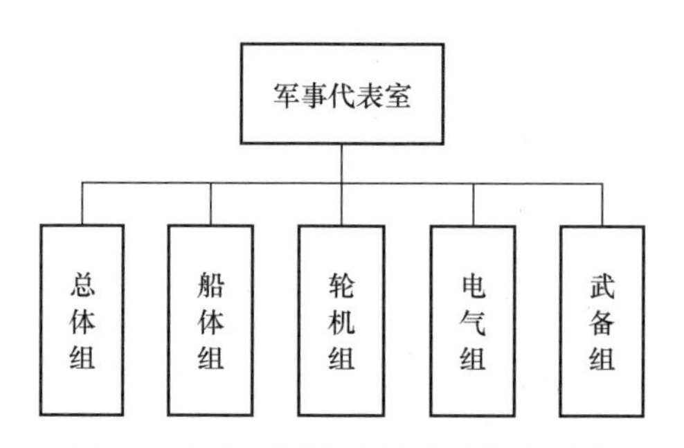

图 1.1　舰船质量监督职能制组织结构

2. 任务人员安排方面

在舰船多项目并行建造的新常态下，舰船型号多、数量大、建造周期长，军事代表数量有限，一个人主管多型号、多条舰船的工作模式比较普遍。此工作模式可能带来两种现象：一是工作负荷分布不均匀，表现为同一名军事代表在舰船不同建造阶段和不同军事代表在同一时期的工作负荷差异较大；二是任务周期内人员变化大，表现为舰船质量监督全过程主管军事代表调换比较频繁。例如：船体组有 X、Y、Z 三名军事代表分别主管 A 型 $1^{\#}$船和 $2^{\#}$船、A 型 $3^{\#}$船和 $4^{\#}$船、B 型 $1^{\#}$船和 $2^{\#}$船，t_0 时刻，因 A 型 $1^{\#}$船航行试验，X 将 A 型 $2^{\#}$船交由 Y 代管，此时，Y 主管的 A 型 $3^{\#}$、

$4^{\#}$船分别处于分段建造、系泊试验阶段，工作量较大。t_1时刻，因 A 型 $4^{\#}$船航行试验，Y 又将 A 型 $2^{\#}$、$3^{\#}$船交由并不熟悉该型舰船的 Z 代管，t_2 和 t_3 时刻 X、Y 分别完成航行试验后 Z 再将任务交还，如图 1.2 所示。上述任务安排与人员分配方式可能在一定程度上造成军事代表在某段任务周期内不了解“前端输入”、不重视“后端输出”、责权划分模糊和工作负荷超载的情况。因此，军事代表室需要进一步优化任务分配、均衡人员工作负荷，提升精细化管理能力，使质量监督任务更加清晰、责权更加明确、工作更加圆满均衡。

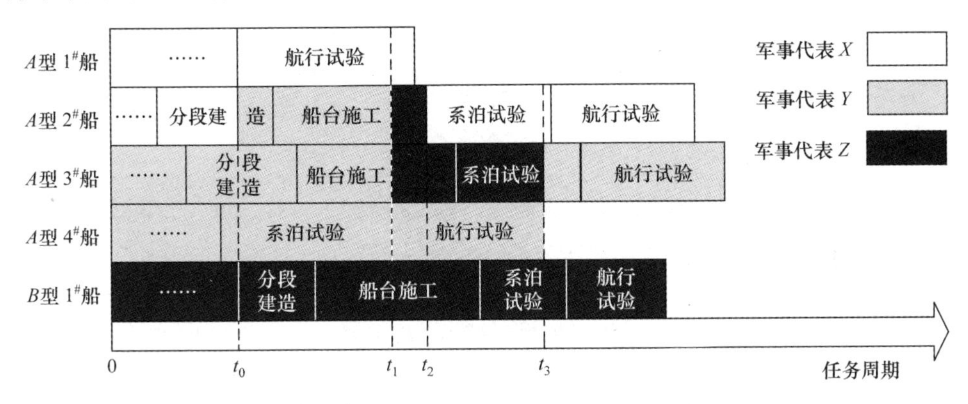

图 1.2　任务周期内主管军事代表变更示意图

3. 资源整体协调与配置方面

与单项目相比，舰船多项目并行建造过程最大的变化是多条舰船及其子项目共同竞争和分享船厂内有限的各类资源，造成资源在计划工期内的相对短缺或使用过载。当前，舰船建造工程计划主要通过传统的关键路径法（CMP）、计划评审技术（PERT）及专家或工程师的经验编制，前提是各类资源能够得到保障，未考虑并行建造过程中多舰船之间的资源冲突或限制，在实施过程中可能出现计划脱节，造成船厂内车间与部门、工序与任务在时空上的矛盾；同时，工程计划往往在确定目标后通过“倒排”的方式形成，由于舰船建造过程周期较长、外购配套设备多，上游工作变更、出现质量问题等不确定因素给下游工作带来的返工和进度压力较大，可能会产生“前期工作松弛、后期工作紧张”或“工期延误”的现象。因此，军事代表室需要通过强化生产要素集成管理和进度控制提升多项目并行条件下的整体规划和全局优化能力。

4. 风险评价与管理方面

在舰船建造过程中，军事代表室须制订风险管理工作计划，结合舰船实际情况分阶段对质量、进度和费用风险进行分析和评估。然而，在多项目并行条件下，风险传导的规律与机制产生了变化，各类风险会随着项目的推进在项目之间（纵向）、项目内部任务与工序间（横向）多向传导，极易扩散放大并产生连锁反应。另外，风险评价时通常将风险事件概率等级和后果等级划分为 5 层，根据 $R = P \times C$ 定级法形成最终的风险定级表，如表 1.1、表 1.2 所示，风险评价时，根据专家打分情况将风险定级为一般风险、重要风险或重大风险。这种评价定级方法难以最大限度地获取和集成专家信息，且评价结果多为定性描述，评价粒度较粗。因此，军事代表室需要借助更有效的评价方法在多项目范围内辨识和挖掘各类风险在纵、横两个方向的传导机制与规律，准确预判、定位主要风险和薄弱环节，提高风险管理能力。

表 1.1　风险事件概率等级与后果等级描述

后果等级	描述	概率等级	描述	发生概率
1	极低	1	一般情况下不会发生	<10%
2	低	2	较少情况下会发生	10% ~ 30%
3	中等	3	某些情况下会发生	30% ~ 70%
4	高	4	较多情况下会发生	70% ~ 90%
5	极高	5	常常会发生	>90%

表 1.2　风险定级表

后果等级	概率等级				
	1	2	3	4	5
5	重要风险	重要风险	重大风险	重大风险	重大风险
4	一般风险	重要风险	重要风险	重大风险	重大风险
3	一般风险	重要风险	重要风险	重要风险	重要风险
2	一般风险	一般风险	重要风险	重要风险	重要风险
1	一般风险	一般风险	一般风险	一般风险	一般风险

综上所述，军事代表室在质量监督工作中面临诸多新挑战与新要求，多项目并行条件下的质量监督效率与效益还有提升的空间和需求。舰船多项目并行建造是典型的多项目管理问题，该问题源于多项目之间资源冲突而产生的工期延误，然而，仅是优化工期与资源配置难以对各项目进行整体控制、协调与优化。要破解这个难题，首先需要运用系统工程的思维方式通过体制创新、管理创新从根本上提升管理系统的整体运行效率；其次在此基础上协调多项目并行过程中工期与资源的冲突与矛盾；最后从系统风险的总体控制入手，形成系统性解决方案。“管理系统的全局优化”“稀缺资源的科学配置”和“系统风险的总体控制”正是多项目管理的前沿

与核心问题。因此，为了进一步提高质量监督效率与效益，保证舰船建造质量，需要从理论层面优先解决以下三个问题。

1）如何通过体制创新、管理创新优化管理系统，提高集成管理能力

多项目并行条件下，信息流、工作流、物流、价值流交叉运行，其运行的载体和基础为组织结构，故组织结构是管理体制和系统的核心，优化组织结构是提高管理系统运转效率的首要工作和关键环节。组织结构优化的判断依据和基础是组织结构评价。因此，“管理系统的全局优化”问题可以从组织结构评价切入，研究多项目并行条件下组织结构的量化评价方法，并将相应的组织结构动态选择与调整策略作为辅助与补充。突破组织结构评价问题后，有利于进一步开展组织结构创新和管理流程优化，赋予组织基本单元新的工作模式和权责关系，提高管理系统信息传递质量，优化任务人员安排，为从全局角度优化多项目的各个环节、发挥组织的整体优势奠定基础。

2）如何在多项目并行条件下构建进度管理模型，科学配置资源

多项目并行条件下的最大特点是多个项目同时竞争和分享组织中有限的资源，如果各项资源在多项目之间及项目内部协调与分配不合理，将造成各级进度计划因资源冲突而不断调整，甚至产生进度拖期与延误风险，因此进度管理是多项目管理的重要内容，其核心思想是对组织中有限资源进行统一协调与分配。实现稀缺资源的科学配置首先需要打破传统进度管理方法中“项目资源能够得到保障”的前提和假设，充分研究“如何在资源约束下在项目之间进行多目标多资源的优化配置”“如何从整体上控制多个项目的进度”等问题，构建更为科学的进度控制模型，并设计配套的优化算法。

3）如何构建风险在纵、横两个方向的传导模型并精确判定风险等级

系统中某种不确定性带来微小的风险事件可能会产生一系列连锁反应，并产生难以接受的结果。在多项目并行条件下，风险事件会随着资源、信息、工作流程在项目之间和项目内部不断传导。因此，实现系统风险的总体控制需要在多项目风险辨识的基础上构建风险传导量化分析模型，在多项目的整体框架范围内，从纵、横两个方向进行定量分析，形成更为科学、准确的不确定性推理机制；在此基础上设计更为精确的风险等级判定方法，对各类风险进行量化、比较、定级，使风险评价结论更准确。

1.1.2　研究意义

针对当前军事代表室在舰船多项目并行建造质量监督工作中面临的诸多新挑

战与新要求，评价与选择方法、进度管理方法和风险评价方法，可作为军事代表室在新常态和新局面下高效开展质量监督工作的理论方法，具有重要的理论与实践意义，具体体现在以下两个方面。

1. 进一步完善多项目管理理论体系，为突破其重难点问题提供新的思路与方法

多项目管理是当前项目管理领域的研究热点，其理论核心与关键在于破解“管理系统的全局优化”“稀缺资源的科学配置”和“系统风险的总体控制”等问题，这也是多项目管理理论研究的前沿和热点。因此，本书一是以管理体系的核心——组织结构为研究对象，设计组织结构评价模型与动态选择方法，为组织结构评价、管理流程优化与管理模式创新提供理论依据；二是针对多项目并行条件，以从整体上控制多个项目的进度及在资源约束下进行多目标资源平衡为重点，给出基于多项目的进度管理方法，有利于解决多资源约束下的多目标优化问题，促进各项资源在多项目之间、项目内部各工序之间的优化、协调与分配，为提高多项目整体规划与进度控制能力提供更为科学有效的工具；三是针对风险难以精准定位和提前释放的问题，通过辨识风险事件、构建风险传导量化分析模型，在多项目的整体框架范围内从纵、横两个方向入手进行定量分析，能够有效辨识与评估全过程重要风险事件及其带来的连锁反应，为多项目风险管理提供新的思路与方法。

2. 为舰船多项目并行建造条件下有效开展质量监督工作提供一整套方法与工具，并可应用于大型复杂武器装备制造质量监督和工程项目管理过程

军事代表室的重要职责之一是开展合同履行监督，进行合同履行风险分析，对交付产品进行验收。因此，创新组织结构的评价与选择方法可以为当前条件下科学调整质量监督的组织结构进而优化管理模式提供依据，能够充分识别舰船多项目并行建造过程中专业的特殊性及相关专业之间的交叉关联关系，在一定程度上打通专业分工，促进专业之间的融合，使各专业部门和人员在舰船建造全过程形成合力，质量信息实现共享、形成闭环，为优化任务与人员配置奠定组织基础，为进一步提高质量监督工作效率与质量提供可借鉴的模式。从整体上控制多个项目的进度及在资源约束下进行多目标资源平衡，是重点研究基于多项目的进度管理方法，有利于军事代表室解决多资源约束下的多目标优化配置问题，提高多舰船并行建造过程的整体规划与进度控制能力，避免项目工序间“松弛”现象，从而提升舰船建造质量。多项目风险评价与量化方法可在舰船开工前有效辨识与评估舰船建造全过程的重要风险因素，有利于质量监督方式实现从“应急式纠偏”到“根本性纠偏”、从被动向主动、从事后处理向预测预防转变，提前规避主要风险事件、消除隐患，对进一步确保舰船建造质量、加快舰船战斗力的形成起到重要作用。同时，研究成果可应用于总体所及配套军事代表室，也可应用于大型复杂武器装备制造质量监督和工程项目管理过程。

1.2 国内外相关研究现状

1.2.1 关于组织结构的研究现状

组织结构描述了组织的框架体系，反映了分工协作关系，是提升组织管理效率的基础。目前，国内外关于组织结构的研究十分有限，现有成果主要包括组织结构演化与变革、组织结构评价与选择两个方面。

1. 组织结构演化与变革

随着组织规模的扩大和组织环境的不断变化，管理活动日益复杂化、动态化，传统的组织结构及其管理模式亟须进行相应的调整与变革，以提升管理效率与效益。

Suvi Elonen、Karlos A. Artto 和 Ron Sanchez 等首先分析了组织管理存在的问题及成因，并进一步指出，组织的基本结构模式没有发生根本性变革是导致组织管理问题难以有效解决的关键。尹守军梳理了 20 世纪 70 年代后组织结构设计与演化理论的发展过程，揭示了不同组织系统在发展过程中的演化特点。邢以群研究了中国制造企业不同发展阶段组织结构各维度的具体演化规律。焦明宇研究了组织结构变革的方式、驱动因素、思路、模式、措施等核心问题，为组织结构变革提供了新的思路与方法。段瑛瑛分析了多项目管理中组织结构设置的各种弊端和症结，建立了矩阵式、柔性化、多项目并行的项目组织体系，提出了多项目管理组织结构的改进策略。Paolo Canonico 和 Jonas Soderlund 提出了针对项目制和矩阵制组织结构的控制机制。杨杰文结合战略管理理论提出了基于战略地图的组织结构优化总体思路与方案，该方案由各板块组织结构优化设计、业务流程优化设计和关键职能划分组成。唐薇针对航天型号任务实行的指挥和技术两条指挥线制度提出了兼顾型号管理和行政管理的多层次矩阵式组织结构体系，适应多型号项目研制需求。李刚构建了企业组织结构创新的自组织分析框架、组织结构创新动力模型和产出贡献度评价模型，提出了基于预警系统模型来判断企业组织结构创新时机选择的方法。丹尼斯通过分析中、俄两国在华外企组织结构，构建了跨国涉外企业组织结构及职能设计的评价分析框架，研究了有不同文化背景的员工对跨国企业的组织结构、管理模式及企业文化的适应问题。

1990 年，Hammer M 与 Davenport T 先后提出了“再造”和业务流程重组（Business Process Redesign，BPR）的概念及基本思想，1993 年，Hammer M 与 Champ J 出版了《再造公司：一个企业革命的宣言》。Davenport T 出版了《流程创新：通过信息技术进行再造》，创建了流程再造和企业再造理论，并指出“流程决定组织结构，流程在组织内的流转决定着组织中相应的职责和职能的交替，并会引发新型组织形态的出现”。此后，流程再造理论得到了广泛的推广与应用。周宏斌和王其藩从业务流程主导和职能辅助两个维度分析了基于流程的组织的结构维度，提出了一种基于流程的组织结构模式。邢以群和郑心怡将流程再造思想与组织变革理论相结合，提出了一种基于流程导向型组织结构模式，在一定程度上解决了多项目条件下直线职能制和矩阵制组织结构带来的管理问题。在此基础上，李希胜和张家颖构建了基于 MPOP 的新型多项目组织管理结构模型和实施模型，实现了项目资源的有效分配与协调。李更研究了基于流程管理的组织结构优化原则、方法及实施路径，为组织结构的优化提供了很好的借鉴。张志勇和匡兴华对目前基于流程的组织结构模式的研究成果进行了完善和补充，提出了分布式的组织协调机制，给出了核心流程协调和动态团队构建的思路。单汩源研究了多项目管理的组织结构、特点及其发展趋势，设计了集约化和集成管控型多项目管理组织结构框架，提出了集成管理模式。

组织结构演化与变革理论及方法为解决组织发展过程中遇到的管理问题、有效提高组织管理效率提供了切实可行的路径与方案，但这些研究成果更多体现在理论上的定性分析，缺乏翔实数据的论证和支撑，同时也增加了理论应用过程的成本与风险。

2. 组织结构评价与选择

运用熵理论分析与评价组织结构是国内近年来的一个研究热点。“熵”起初是一个热力学概念，最早由克劳修斯提出，随后逐步被引入物理学、信息论等学科领域，可有效度量广义系统的有序程度。1948 年，Shannon C 首先提出了信息熵的概念并用于分析系统结构有序度评价问题，Jaynes E T 于 1957 年提出最大熵原理，又称最大熵方法。此后，Alexis De Vos 等相继研究了熵的概率分布与效用函数。邢修三研究了信息熵及其演化方程，讨论了熵增原理、平衡态最大熵原理和最大信息熵原理的相互关联关系，为熵理论的发展奠定了理论基础。David Baccarini 和 Charless N Calvano 等运用熵理论开展了组织结构复杂度研究。李伟钢通过分析系统中要素与结构之间的相互关系研究系统有序度，提出了一种复杂系统有序度的负熵算法。阳波等人改进了该算法并提出了联合信息熵评价模型和加权联合信息熵评价模型，何天祥在此基础上又提出了熵正交投影法。这类算法计算比较复杂，且未考虑信息在系统中的流动问题。

以邱菀华为代表的一批学者运用信息熵、管理熵等理论，从信息传输的时效性、准确性与组织对环境变化等适应能力出发，分别计算时效熵、质量熵与变化熵，从而确定组织结构有序度与柔性度，实现对常见组织结构进行评价与优化，为定量分析与选择组织结构问题提供了新的思路。邱菀华等人首次引入了信息流时效和质量的概念，提出了通过时效熵和质量熵确定有序度的计算方法，并由此实现组织结构的评价。来源等分别将此法有效应用于指控系统、装备保障、供应链、大型工程项目管理、安全管理和高铁调度指挥等领域。邓念将协同论与组织结构理论相结合，进一步提出了组织结构协同有序度的概念，构建了高铁调度指挥纵向结构协同有序度模型并进行了验证。在此基础上，杨帆、苏宪程等提出了组织结构柔性度的概念，构建了由时效熵、质量熵与变化熵组成的熵评价模型，进一步提高了组织结构评价的精确度。

上述方法在理论与应用方面的不足之处如下。

（1）并未考虑不同任务对于时效熵、质量熵与变化熵及其权重的不同影响而导致的评价结果不准确问题；

（2）仅从信息流的角度进行分析，并未考虑组织结构选择的其他影响因素，更多偏重于理论分析而忽视了模型算法在实际中的应用效果。

1.2.2　关于多项目进度管理的研究现状

多项目管理（Multi-Project Management，MPM）是一种在组织范围内对组织内所有项目进行整体与系统的选择、评估、计划、调整和控制的管理活动。与单项目管理不同，多项目管理更偏向于系统工程的思维方式，更注重通过对组织中有限资源整体的协调与分配，实现资源配置最优化和最佳的项目实施组合。

Pritsker 于 1969 年首先定义了多项目的概念，提出将多个项目组合成一个大型单项目进行分析的理念。此后，多项目管理理论得到了深入而广泛的发展与应用。其中，多项目进度管理是一个重要分支，其核心在于资源约束条件下的配制方法和多项目进度计划的优化，这也是国内外学者的研究热点之一。Vercellis 和 Carlo 等提出了资源受限多种模式处理问题的多项目进度管理模型，并基于拉格朗日分解法给出了求解算法。Wiley 和 Victor D 等提出了多项目计划优化问题，提出了资源首先条件下以工期最短和成本最低为目标的管理方法。John H Payne、Ali J 和黄小荣等分别从多项目资源配置管理方法、项目资源动态配置机制、资源配置有效性与效率分析等方面进行了深入探讨。这些成果对于多项目进度管理理论的发展具有一定意义。近年来，资源受限的多项目调度问题（Multi-Resource Constrained Multi-Project Scheduling Problem，MRCMPSP）逐渐成了多项目进度管理领域研究的新热点。然而，关于 MRCMPSP 的研究成果多为理论层面的优化算法研究，对多项目的整体规划能力不强，并未有效解决从整体角度控制多个项目的进度，以及在资源约束下进行多目标资源平衡问题。

综上所述，传统项目管理方法，如关键路线法、计划评审技术等项目进度管理工具无法有效解决多项目并行且资源约束条件下的进度优化问题，MRCMPSP 及其相关研究也仅能从理论上得到调度问题的最优解，在实际工程领域的优化效果受到诸多限制，且在计划进度的控制能力方面存在短板。因此，以色列物理学家 Goldratt 于 1997 年将“制约法”（Theory of Constraint，TOC）引入至项目管理领域，提出了取代关键路线的关键链项目管理（Critical Chain Project Management，CCPM）方法，为从整体角度优化多项目进度以及在资源约束下进行多目标优化提供了有效工具。目前，国内外关于关键链项目管理的研究主要包括基于关键链技术的多项目调度、关键链多项目管理缓冲区位置与尺寸设定两个方面。

1. 基于关键链技术的多项目调度

CCPM 被提出后，美国国家航空和宇宙航行局对关键链技术进行了应用和推广。为厘清其与传统项目管理工具的区别，刘士新和 Krystyna Araszkiewicz 将关键链方法与 PERT 和 CPM 进行了对比分析，介绍了常见的缓冲区尺寸设置与进度控制方法，并针对资源约束下的项目调度问题（Resource Constrained Project Scheduling Problem，RCPSP）建立了多目标优化模型和调度方法。Bengee Lee 等为有效识别多项目之间的相互依赖关系，提出了将系统动力学模型与 CCPM 相结合的多项目网络构建方法，通过识别多项目之间的相互依赖关系，确定多项目的优先权实现对资源的合理配置。彭武良等提出了基于关键链的多模式项目调度简化模型，该模型综合考虑了项目活动模式的不确定性、资源约束和紧前紧后关系，在运用根方差法确定项目缓冲的基础上，通过两阶段启发式规则和串行调度计划方案发掘最优关键链，实现项目进度优化目标。但模型对应启发式算法的求解质量一般，应用效果还需进一步验证。胡晨等采用灰色关联度分析方法，以项目中各项活动的资源影响程度、活动持续时间和紧后活动持续时间为主要指标，对多资源约束的各项活动进行优先级排序，改进了关键链识别方法与过程。上述方法仅针对单项目问题，并未提出关键链在多项目管理中的应用方法。

Cohen I 等在 Goldratt 的基础上，将关键链管理五步法应用于多项目管理活动中。Tukle O I 等将 RCPSP 与关键链理论结合，以资源约束下的项目工期最短为调度目标，给出了由最迟开始时间确定关键链的方法。Rabbani M 基于逆向调度原则，提出了确定多项目关键链的启发式算法。国内关键链多项目管理领域的研究以李俊亭为代表，他在文献[61]中全面介绍了多项目管理的内涵与理论发展现状，在关键链多项目进度优化、人的行为因素在项目进度的影响分析、关键链多项目进度管理与控制等领域取得了较大的突破；在文献[78]中针对“公共池”资源相互竞争和工期冲突的问题，将奖惩函数融入优化模型中，以提前或滞后完成带来的损益为基础对各项目进行调度，并提出了对应的两级调度计划与启发式算法，简单且有效地实现了对延迟项目的定量计算。刘琼等针对关键链技术集中设置缓冲区造成后期工作开工时间不确定性增加的问题，融合项目工期和鲁棒性指标构建了多项目综合调度模型并设计了混合优化算法。廖良才等针对多资源多项目问题，基于关键链思想构建了包含项目重要度信息的进度优化模型，设计了混合遗传算法和禁忌搜索算法相融合的求解算法，并验证了模型与算法在优化项目计划、提高资源利用率上的有效性。李敬花提出了基于多智能体的多型号生产调度系统中若干关键技术的解决方案，运用遗传算法、蚁群算法、模拟退火算法及其混合算法解决了多项目、多资源、多目标优化问题。文献[82-84]将关键链思想应用于船舶建造和修理过程，围绕关键链识别、资源调度算法、缓冲区尺寸设定等问题从工程实践的角度提出了多项目计划与控制的模型、步骤与相应算法。李敏等总结了基于关键链的多项目调度方法与研究进展，从缓冲设置、调度鲁棒性和方法应用三个方面提出了进一步的研究方向。

上述方法对多项目进度管理虽然有一定效果，但存在以下主要问题。

（1）缺乏一套适用于舰船并行建造的关键链多项目进度管理步骤与方法，特别是针对多个大型并行项目关键链的识别确定及缓冲区配套设置问题并未有效解决；

（2）求解关键链进度优化模型时所采用的各类智能优化算法具有不同的特点，求解过程中容易出现局部最优、收敛精度不高、搜索时间较长、鲁棒性不强等问题，开发更好的优化算法、提高算法与优化模型的适应度等问题有待进一步解决。

2. 关键链多项目管理缓冲区位置与尺寸设定

剪贴法（Gast and Paste Method，C&PM）和根方差法（Root Square Error Method，RSEM）是关键链缓冲区设置的基本方法。然而，C&PM 方法会出现缓冲区随项目中工序增多而线性放大的问题；RSEM 方法由于链路中各工序相互独立的假设条件并不成立，会导致缓冲区偏小。国内外学者针对以上问题提出了诸多改进方法，Tukel O I

等通过研究项目中各工序的相互影响因素，将资源紧张度和网络复杂度分别计入项目缓冲。徐小峰等在此基础上给出了资源紧张度、工期安全度和工序复杂度的缓冲区尺寸计算方法。刘书庆等基于关键链技术构建了考虑EPC项目实施进度影响因素的缓冲区设置模型，通过融合工序位置权重系数、作业时间风险弹性系数、综合权重值，有效解决了由于EPC项目中各影响因素对工序的不同影响造成的缓冲区时间估计不准的问题。胡晨等为消除任务不确定性和资源约束对工期的影响，将活动工期风险、资源影响系数融入传统根方差法对缓冲区的计算中，提出了汇入缓冲优化的算法，可有效避免汇入缓冲过大造成的影响，在此基础上对项目缓冲进行了修正。蒋红妍等提出的缓冲区设置方法考虑了资源约束对缓冲区的影响，能够反映出由于信息约束对活动间相关性带来的变化。张俊光等提出了基于熵权法和活动属性的缓冲区优化方法，并对各类缓冲区设置方法进行了归纳总结。

上述缓冲区的改进与优化方法虽然有一定效果，但存在以下问题。

（1）人的行为因素对项目进度计划会产生重要影响，而现有方法并未将其纳入缓冲区的设置中，如何量化人对缓冲区的影响也鲜有研究；

（2）缓冲区设置的目的是消除由于多种不确定性风险因素造成风险事件而可能产生的进度风险，如何更合理、精确和全面地量化诸多不确定风险因素有待进一步研究。

1.2.3 关于项目风险传导的研究现状

风险传导的概念最早出现在金融领域，并得到了广泛的推广与应用。作为一个重要分支，国内外诸多专家、学者对项目风险传导理论及其应用进行了系统研究。其中，对于理论的研究主要集中于风险传导机制、传导路径、传导模型及其计算方法、传导软件系统开发等；在应用方面的研究几乎涉及各个领域。本书主要从单项目风险传导、多项目风险传导和风险传导理论在装备风险评估中的应用三个方面对国内外现状进行分析。

1. 单项目风险传导

国内外对风险传导研究的先驱是Heinrich和Haddon，两人分别提出了多米诺骨牌理论和能量释放理论，为风险传导机制的研究提供了方向。石友蓉通过分析风险传导机制与风险能量理论之间的内在逻辑关系，构建了基于风险传导要素的能量模型，有利于科学辨识项目中风险传导运动规律及风险控制。Valadares Tavares等研究了复杂网络系统与结构对风险传导项目工期及其效果的影响。陶凯等基于解释结构模型建立了项目风险传导网络结构，进一步明确了风险传导的耦合机制，并在此基础上构建了风险传导耦合模型，提出了耦合测度指标体系，给出了研究风险传导内在机制的策略与测度方法。Zegordi S H 等针对供应链风险给出了基于 Petri 网的中断风险传导评价方法，并分析了中断风险在供应链上的传导以及带来的影响。Ghadge A 等基于系统思维对项目风险传导路径与过程进行了仿真研究。汪送等通过构建复杂事故系统模型，基于 Arena 对风险传导路径进行仿真，分析了影响事故系统模型中风险动态演化的重要特征参数，发掘了节点免疫力、风险处置资源、风险关联强度和传导路径之间的影响关系，为动态风险控制提供了依据。杨敏等系统分析与总结了项目质量风险传导的相关概念与理论，综合运用技术成熟度理论、因果贝叶斯网络、云模型、影响图理论、蒙特卡罗等给出了一整套项目风险传导建模、分析、仿真与控制方法，并通过综合案例进行了演示验证。王瑛等运用事故致因理论，从“点—线—面—体”的视角分析了复杂系统的风险演化与传导过程，构建了复杂系统传导的 Arena 仿真模型和 GERT 网络模型，并应用于项目风险传导分析，有效解决了复杂系统风险传导与控制问题。

2. 多项目风险传导

1969 年，Pritsker 提出多项目的概念后，国外诸多学者致力于多项目管理的研究，但关于多项目风险管理的相关研究成果很少。国内多项目风险传导领域的研究以华北电力大学李存斌教授及其团队为主要代表。2004 年，李存斌首次提出了项目风险元的概念，并分别于 2005 年和 2010 年成功申报“广义项目风险元传递理论模型及其应用”“信息化环境下企业项日链风险元传递理论模型研究”两项国家自然科学基金。其团队逐步建立了以多项目风险传递为主要研究内容的理论体系，并在不同领域进行了深入而系统的研究与应用。其研究成果主要体现在以下三个方面。

（1）多项目风险元传递理论。主要包括风险元的基本含义与度量方法、风险元的传导机制与结构、风险元典型的传导方式与类型、多项目风险元的识别程序与方法、多项目风险预警指标体系、多项目风险元驱动体系等内容。

（2）多项目风险元传递模型及其风险评估方法。主要有：针对工期优化的多项目风险传递模型，包括基于关键链理论与技术的多项目工期风险传递及其优化控制模型、基于马尔可夫—傅里叶的多项目工期灰色预测模型；多项目资源链风险传递模型，包括基于系统动力学的多项目资金链风险传递模型、基于粒子群优化算法的人力资源链风险传递与调配均衡模型、基于串行进度生成机制的进度链风险传递模型和基于混沌系统特性的混合链风险传递混沌遗传模型；多项目风险节点传递模型，包括多项目风险纵向传递模型、横向传递模型和综合模型、基于 WBS 项目链的熵风险元传递模型、基于熵权模糊集理论的风险元传递模型、基于螺旋层式结构的隐马尔可夫解析风险元传递模型、基于模糊相似度理论与方法的传递模型、自适应神经网络与遗传算法相结合的传递模型；风险元传递决策模型，包括基于突变理论的风险元传递决策模型、基于前景理论的风险元传递决策模型、基于双重主从决策的风险元传递模型；基于风险传导模型的软件系统开发与实现。

（3）多项目风险元传递理论在不同领域和项目中的应用。应用领域和项目主要为施工企业、生产企业、软件开发企业、智能电网运营、电力产业、工程项目、风电建设项目、发电项目、微网项目等。

3. 风险传导理论在装备风险评估中的应用

综合现有公开资料，近几年，国内关于风险传导理论在装备风险评估中的应用研究更集中。孙贇和王瑛等基于图形评审技术和机会理论构建了不确定性随机多传递参量网络模型和评审技术模型。模型融入了风险源和风险路径的相关信息，具有同时处理复杂装备风险因素为随机变量和不确定性变量的优势，能够分别从系统层和部件层分析复杂装备的整体风险度和脆弱点，更为全面地分析装备风险发生机制。李超等在此基础上运用系统耦合理论、极大熵方法对 GERT 模型的参数和变量进行了优化，使得装备风险耦合传导关系更加清晰、准确。陶茜等运用图形评审技术，通过构建飞机起落架网络故障风险传递模型分析了装备各部件故障的传递与相互影响，给出了网络模型中三种典型结构传递函数的简化公式，并通过蒙特卡罗仿真进行了定量分析。孙超等构建了风险传导网络模型，从系统安全风险的层面研究了维修人员之间的风险传导机制，并对风险传导过程的影响因素进行了仿真分析，有利于从源头控制风险的传导扩散，提高装备维修保障效能。白焱等提出了基于模糊云模型的风险传导评估步骤，将风险因素云模型综合计算后的风险量与发生器产生的二维正态云标尺进行比较排序，并完成装备研制风险的精细化评价。刘艳琼以武器研制项目为背景提出了全面风险图景的改进影响图构建方法、分析框架及其对应评估模型与算法，给出了一套武器准备研制阶段性能风险、进度风险和费用风险的识别与评估方法，丰富了项目风险管理理论，对武器装备研制风险管理实践具有重要作用。

上述关于风险传导相关研究的不足之处主要体现在以下几个方面。

（1）由于多项目风险管理的相关研究成果较少，且更多的是单项目理论在多项目中的运用，因此在风险管理理论与多项目管理理论结合方面系统的研究成果很少，缺乏能够直接应用于多项目条件下大型复杂武器装备生产过程风险识别、传递与评价的理论与方法。

（2）多项目风险传递路径与过程缺乏准确的分析与推演，特别是对于大型复杂装备或多阶段任务过程，对各类风险在纵、横两个方向的传递规律缺乏有效的分析方法。

（3）基于 GERT 和图形评审技术等方法构建的风险传导模型要求系统、装备或部件故障服从常规分布，这在一定程度上限制了模型的推广与应用。

1.3　本书的主要研究思路与内容

1.3.1　研究思路

本书以舰船建造阶段质量监督过程为研究对象，聚焦“新常态”和“新局面”给总装厂军事代表室带来的诸多新挑战与新要求，重点研究舰船多项目并行建造条件下的质量监督优化方法，属于多项目管理问题。多项目管理的重点在于运用系统工程的思维方式协调多个项目并行过程中工期与资源的冲突与矛盾。然而仅仅优化工期与资源配置难以从根本上解决问题，还需要同时从“管理系统全局优化”“系统风险总体控制”入手，形成系统性解决方案。这既是提升质量监督效率与效益需要重点突破的瓶颈性障碍，也是多项目管理理论的核心与关键。因此，本书针对国内外现有研究成果存在的不足，首先研究组织结构评价与选择方法实现组织结构优化，为体制创新、管理创新提供组织架构保障，进而提升管理系统的整体运行效率，逐步达到“管理系统全局优化”的效果。在此基础上，利用研究进度管理方法解决“如何在资源约束下在项目之间进行多目标多资源的优化配置”“如何从整体上控制多个项目的进度”等问题，协调多项目并行过程中工期与资源的冲突与矛盾。最后利用研究风险评价方法，构建风险在纵、横两个方向的传导模型并精确判定风险等级，逐步达到“系统风险总体控制”的效果。本书具体研究思路与框架如图 1.3 所示。

1.3.2　研究内容

本书可分为七章进行研究，具体内容如下。

第 1 章——绪论。阐述研究的背景和重要意义，综述国内外在组织结构、多项目进度管理、项目风险传导和军品质量监督领域的研究现状，形成解决问题的整体思路。

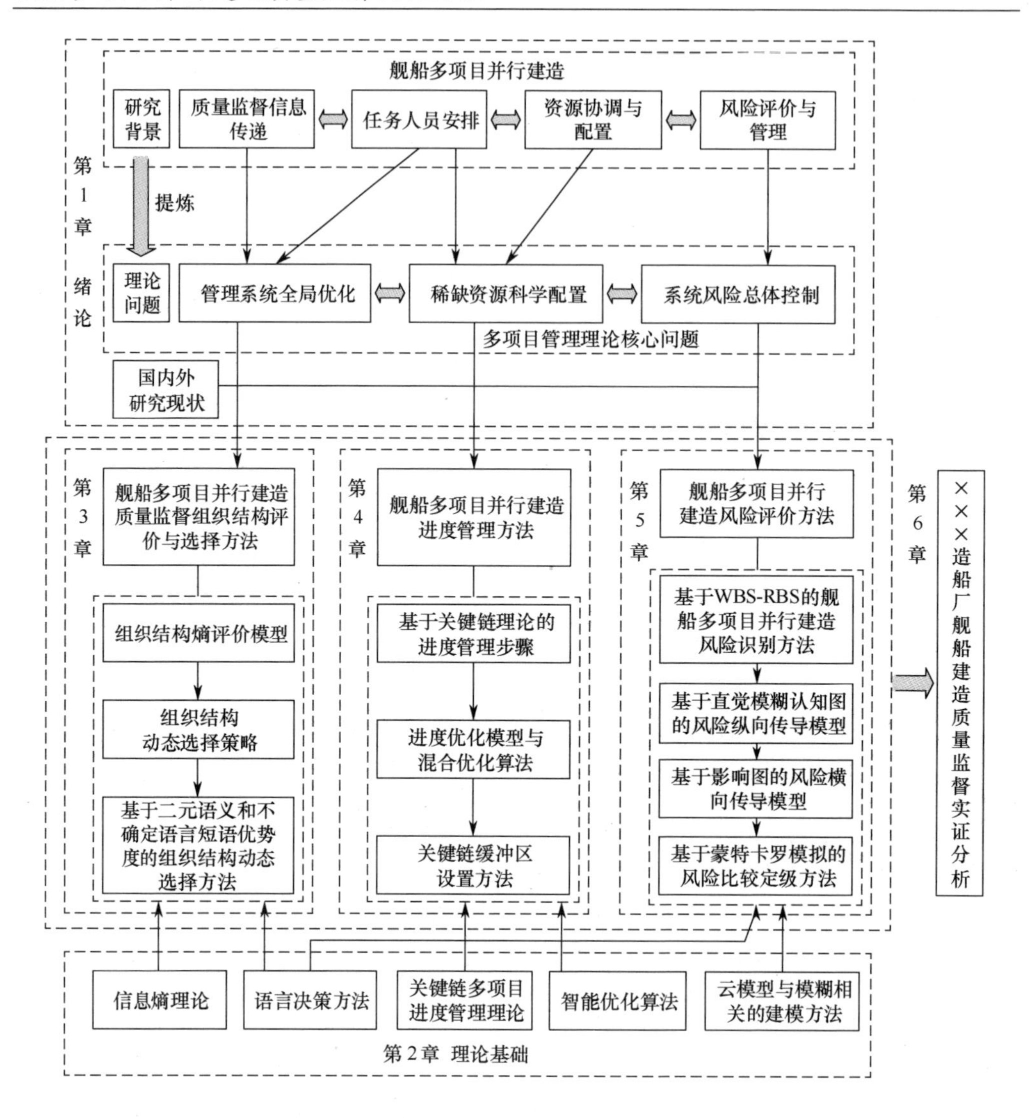

图 1.3　本书具体研究思路与框架

第 2 章——理论基础。研究相关理论基础，包括信息熵理论、语言决策方法、关键链多项目进度管理理论、智能优化算法、云模型与模糊相关的建模方法等内容，为后续章节的研究奠定理论基础。

第 3 章——舰船多项目并行建造质量监督组织结构评价与选择方法。界定舰船多项目并行建造质量监督的相关概念，研究基于任务的舰船建造质量监督的时效、质量与柔性度及其权重的计算步骤与方法，构建基于任务的舰船建造质量监督组织结构熵评价模型，探索组织结构动态选择策略，从而形成一套舰船多项目并行建造质量监督组织结构评价与选择方法。

第 4 章——舰船多项目并行建造进度管理方法。研究多资源约束下舰船多项目并行建造进度管理的步骤，构建进度优化模型，并设计适用于舰船多项目并行建造等大型复杂工程的混合优化算法，基于信息熵理论研究关键链缓冲区设置方法，解决缓冲区设置不合理问题，从而形成一套舰船多项目并行建造进度管理方法。

第 5 章——舰船多项目并行建造风险评价方法。通过对舰船多项目并行建造过程中风险事件的重新梳理与分类，提出风险识别总体思路和具体步骤，搭建风险传导评价框架，提出风险纵向、横向传导模型，改进当前的风险比较与定级方法，从而形成一套完备的舰船多项目并行建造风险评价方法。

第 6 章——×××造船厂舰船建造质量监督实证分析。以×××军事代表室开展质量监督工作为例，从组织结构评价与选择、船台施工阶段建造进度管理和风险评价三个方面对舰船建造质量监督工作进行分析与优化。

第 7 章——结束语。总结全书，对下一步研究的展望。

第 2 章

理论基础

舰船多项目并行建造质量监督优化方法是在现有先进理念、方法融合与综合集成基础上的开发与创新，其理论基础涉及信息熵理论、语言决策方法、关键链多项目进度管理理论、智能优化算法、云模型与模糊相关的建模方法等内容。本章通过研究上述理论与方法为质量监督优化方法的提出奠定理论基础。

2.1 信息熵理论

1856 年，德国物理学家克劳修斯（K.Clausius）最先提出“熵（entropy）是一个表示物质系统中能量衰竭程度的热力学概念”。随后逐步引入物理学、信息论、管理学等学科领域。1948 年，香农首先提出了信息熵的概念，并将其用于分析系统结构有序度评价问题，给出了信息熵公式

$$H=-K\sum_{i}P_i\ln P_i \tag{2.1.1}$$

式中，H 为信息熵；K 为常数；P_i 为系统处于某种状态的概率，且 $P_i\in[0,1]$。

信息熵的基本原理主要体现为：

原理 1 信息熵是表征系统状态的函数，能够反映系统的复杂程度、无序程度或混乱程度，也是系统不确定性的度量。

原理 2 熵值大小反映了系统发展的阶段和层次。如果一个系统任其自由发展，

其熵值必然逐渐增加，混乱程度一定不断上升，最终处于非常复杂、无序的状态。

原理 3　影响系统熵值的主要因素有系统规模、系统复杂性和系统的确定程度。相同条件下，系统规模与熵值成正比；系统元素间关系越多、越复杂，熵值越大；有用信息量越少，熵值越大。

对于多项目中的工序或任务而言，在执行过程中存在诸多不确定性风险因素可能会对其造成潜在影响进而产生进度风险，最终使得整个项目难以按时完成。信息熵是对系统不确定性的一种度量，而工序、任务是一个广义系统。信息熵可以定量化描述其静态与动态特征，反映其无序程度、复杂程度或偏离某项指标的离散程度，可以通过分析信息在工序或任务执行过程中的不确定性程度度量各类风险因素对工序造成的进度风险。

2.2　语言决策方法

语言变量是指以自然语言或人工语言中的词或句子作为变量，而非数字作为变量。由于语言变量比数字变量更接近人类表达和应用知识的方式，更符合人们的认知过程，因此，各类语言变量和模型广泛应用于决策领域。

2.2.1　二元语义

1. 二元语义概述

二元语义是一种基于二元语义符号(s_k,α_k)表示决策者偏好信息β的语言信息处理与分析方法。该方法由西班牙学者 Herrera 提出，其核心思想为将复杂的语言评估信息转化为简单的数字符号，在符号转换的过程中逐步实现各类信息的高效集成。

2. 二元语义的基本概念与算子

定义 2.1　设$s_k \in S$是一个语言短语，则其对应的二元语义形式为

$$\begin{cases}\theta: S \to S\times[-0.5,0.5) \\ \theta(s_k)=(s_k,0), s_k \in S\end{cases} \tag{2.2.1}$$

定义 2.2　设实数$\beta\in[0,T]$是语言信息集结运算之后的结果，其中$T+1$是集合S中元素的个数，则称(s_k,α_k)是与β对应的二元语义形式，可通过下式得到：

$$\begin{cases}\Delta:[0,T] \to S\times[-0.5,0.5) \\ \Delta(\beta)=(s_k,\alpha_k)\end{cases} \tag{2.2.2}$$

式中，$k=\mathrm{round}(\beta)$，round 为四舍五入取整算子；$\alpha_k=\beta-k,\alpha_k\in[-0.5,0.5)$。

定义 2.3 若(s_k,α_k)为一个二元语义，$\alpha_k\in[-0.5,0.5)$，则存在一个逆函数Δ^{-1}，可将此二元语义转化为对应的数值$\beta\in[0,T]$，即

$$\begin{cases}\Delta^{-1}:S\times[-0.5,0.5)\to[0,T]\\ \Delta^{-1}(s_k,\alpha_k)=k+\alpha_k=\beta\end{cases} \tag{2.2.3}$$

定义 2.4 设$(s_j,\alpha_j)^{\sim}=[(s_j,\alpha_j),(s'_j,\alpha'_j)]$，$j=1,2,\cdots,n$是一组区间二元语义信息，$\boldsymbol{\omega}=(\omega_1,\omega_2,\cdots,\omega_n)^{\mathrm{T}}$为对应的权重向量，则区间二元语义加权算数平均算子（ITWAA）定义如下（在 3.3.2 节中引用）：

$$\begin{aligned}&\mathrm{ITWAA}\left[(s_1,\alpha_1)^{\sim},(s_2,\alpha_2)^{\sim},\cdots,(s_n,\alpha_n)^{\sim}\right]\\&=\left[\Delta\left(\sum_{j=1}^{n}\omega_j\Delta^{-1}(s_j,\alpha_j)\right),\Delta\left(\sum_{j=1}^{n}\omega_j\Delta^{-1}(s'_j,\alpha'_j)\right)\right]\end{aligned} \tag{2.2.4}$$

定义 2.5 记$\tilde{S}=\{\tilde{s}_1,\tilde{s}_2,\cdots,\tilde{s}_n\}$为不确定性二元语义变量的集合，则不确定语言平均算子（ULA）定义如下：

$$\mathrm{ULA}(\tilde{s}_1,\tilde{s}_2,\cdots,\tilde{s}_n)=\frac{1}{n}(\tilde{s}_1\oplus\tilde{s}_2\oplus\cdots\oplus\tilde{s}_n) \tag{2.2.5}$$

定义 2.6 将不确定性二元语义有序加权平均算子（UTOWA）定义如下：

$$\mathrm{UTOWA}(\tilde{s}_1,\tilde{s}_2,\cdots,\tilde{s}_n)=\Delta(h_1\overline{c}_1+h_2\overline{c}_2+\cdots+h_n\overline{c}_n) \tag{2.2.6}$$

式中，向量$\boldsymbol{c}=(\overline{c}_1,\overline{c}_2,\cdots,\overline{c}_n)^{\mathrm{T}}$为关联有序区间数向量；$\overline{c}_j(\overline{c}_j\in\overline{c})$为集合$\tilde{S}$中排在第$j$位的元素；$\boldsymbol{h}=(\overline{h}_1,\overline{h}_2,\cdots,\overline{h}_n)^{\mathrm{T}}$为一个关联权向量，且

$$h_i=\frac{\Delta^{-1}(\omega_i)}{\sum_{i=1}^{n}\Delta^{-1}(\omega_i)},i=1,2,\cdots,n \tag{2.2.7}$$

式中，ω_i是不确定性二元语义变量$\tilde{s}_i$的权重。

定义 2.7 记s_m和s_n为任意两个语言变量，$s_m,s_n\in S$，$S=\{s_0,s_1,\cdots,s_L\}$为由奇数个元素构成的有序集合，则定义语言运算为$s_m\oplus s_n=s_c$，其中：$s_c=s_{d+\frac{L}{2}}$，$d=\max\{-\frac{L}{2},\min\{\Delta^{-1}(s_m)+\Delta^{-1}(s_n)-L,\frac{L}{2}\}\}$。

定义 2.8 记$\{(s^1,\alpha^1),(s^2,\alpha^2),\cdots,(s^g,\alpha^g)\}$为二元语义信息集，且$s^i\in S$，$\alpha^i\in[-0.5,0.5),i=1,2,\cdots,g$，可将扩展的二元语义有序加权平均算子（ETOWA）ϕ

定义为

$$\phi((s^1,\alpha^1),(s^2,\alpha^2),\cdots,(s^g,\alpha^g))=\Delta(\sum_{i=1}^{g}h_i c_i) \tag{2.2.8}$$

式中，c_i 为集合 $\{\Delta^{-1}(s^i,\alpha^i | i=1,2,\cdots,g)\}$ 中按大小排在第 i 位的元素；$h_i=\dfrac{\Delta^{-1}(v_i)}{\sum_{i=1}^{l}\Delta^{-1}(v_i)},i=1,2,\cdots,g$，其中：$h_i\in[0,1]$，$v_i\in v$，$\sum_{i=1}^{g}h_i=1$。

3. 二元语义的特点

二元语义的特点主要有以下三个方面。

（1）二元语义符号能更合理地量化评价对象的复杂性与不确定性、专家认知的模糊性与风险偏好，并能同时表达定性信息与定量信息；

（2）二元语义信息具有快速转化、易于融合的优势，评价粒度可调控，其丰富的集结算子可适用于不同的环境和情况，使得评价信息能够高效融合，避免信息运算过程中的扭曲、损失和失真，使得计算结果更为真实可靠；

（3）二元语义方法计算简单迅速、通用性强、应用范围广，能很好地与其他语言决策方法有机结合。

2.2.2　不确定语言短语优势度

1. 不确定语言短语优势度概述

近年来，学者对多粒度或不确定语言信息的决策问题展开了广泛研究。但在现实决策活动中，决策者给出的信息可能既是多粒度又是不确定信息。不确定语言短语优势度决策方法是少有的能同时处理多粒度和不确定语言信息的方法，该方法也称为基于优势可能度的决策方法。

2. 不确定语言短语优势度的基本概念与算子

定义 2.9　对于不确定语言评价信息 $\tilde{\lambda}^l=\left[s_a^l,s_b^l\right]$，因每项评价信息均等可能地对应真实评价信息，故其概率密度函数为

$$p_{\tilde{\lambda}^l}(x)=\frac{1}{s_b^l-s_a^l+1},x=s_a^l,\cdots,s_b^l \tag{2.2.9}$$

定义 2.10　记 $\tau(S^l)$ 粒度下有 r 个语言短语信息 $\tilde{\lambda}_1^l,\tilde{\lambda}_2^l,\cdots,\tilde{\lambda}_r^l$，其中 $\tilde{\lambda}_j^l=\left[s_{ja}^l,s_{jb}^l\right]$，其特征向量为 $\boldsymbol{\xi}(\tilde{\lambda}_j^l)$，则有

$$\xi(\tilde{\lambda}_j^l)=\left(\sum_{x=s_{ja}^l}^{s_{jb}^l}[R(x)p_{\tilde{\lambda}^l}(x)]\right)\Bigg/\left(\sum_{x=s_{j0}^l}^{s_{j,\tau(S^l)-1}^l}[R(x)p_{\tilde{\lambda}^l}(x)]\right),\ j=1,2,\cdots,r \quad (2.2.10)$$

式中，$\tilde{\lambda}_j^l=\left[s_0^l,s_{\tau(S^l)-1}^l\right]$；$R(x)$为取下标函数；$R(s_w^l)=w$。

定义 2.11 记$\tau(S^l)$粒度下的两个语言短语$\tilde{\lambda}^l=\left[s_a^l,s_b^l\right]$和$\tilde{\theta}^l=\left[s_c^l,s_d^l\right]$，则称

$$d\left(\tilde{\lambda}^l>\tilde{\theta}^l\right)=\xi(\tilde{\lambda}^l)\Big/\left(\xi(\tilde{\lambda}^l)+\xi(\tilde{\theta}^l)\right) \quad (2.2.11)$$

为$\tilde{\lambda}^l$优于$\tilde{\theta}^l$的优势度。

$$d\left(\tilde{\theta}^l>\tilde{\lambda}^l\right)=\xi(\tilde{\theta}^l)\Big/\left(\xi(\tilde{\lambda}^l)+\xi(\tilde{\theta}^l)\right) \quad (2.2.12)$$

为$\tilde{\theta}^l$优于$\tilde{\lambda}^l$的优势度。

优势度的概念体现了不同组织结构之间的优势程度。假设$\tilde{\lambda}^l$和$\tilde{\theta}^l$分别为组织结构X_i、X_j在某影响因素下的语言短语，当$d\left(\tilde{\lambda}^l>\tilde{\theta}^l\right)=1$时，$X_i$严格优于$X_j$，记为$X_i\underset{1}{>}X_j$；当$d\left(\tilde{\lambda}^l>\tilde{\theta}^l\right)=0.5$时，$X_i$与$X_j$等价，$X_i\underset{0.5}{>}X_j$；当$d\left(\tilde{\lambda}^l>\tilde{\theta}^l\right)\in(0.5,1)$时，$X_i$优于$X_j$且优势度为$d\left(\tilde{\lambda}^l>\tilde{\theta}^l\right)$，记为$X_i\underset{d\left(\tilde{\lambda}^l>\tilde{\theta}^l\right)}{>}X_j$。

定义 2.12 记优势度矩阵$\boldsymbol{D}=(d_{ij})_{n\times n}$，则由排序公式

$$\pi_i=\frac{1}{n(n-1)}\cdot\left(\sum_{j=1}^{n}d_{ij}+\frac{n}{2}-1\right),i=1,2,\cdots,n \quad (2.2.13)$$

可以得到$\boldsymbol{D}$的排序向量$\boldsymbol{\pi}=(\pi_1,\pi_2,\cdots,\pi_n)^{\mathrm{T}}$。

3. 不确定语言短语优势度的特点

不确定语言短语优势度决策方法将优势度理论融入基于多粒度语言信息的评价过程，具备同时处理多粒度和不确定语言信息的独特优势，能够根据决策对象的不同属性或专家偏好调整评价粒度，具有较好的通用性、兼容性和可扩展性，通过适当改进能与其他决策方法或集成算子有效融合，具有很好的应用前景。

2.2.3 区间直觉梯形模糊数

1. 区间直觉梯形模糊数概述

保加利亚学者 Atanassove 提出的直觉梯形模糊数是对直觉模糊集的拓展与完善，由于同时考虑了隶属度、非隶属度和犹豫度信息，因此能够较好地描述评价对

象的不确定性和犹豫性，避免评价信息的丢失，也可以表达不同物理量纲的决策信息，具有很好的信息集结质量与效率。区间直觉梯形模糊数是直觉梯形模糊数的特殊形式，其最可能值、隶属度、非隶属度均为区间形式。

2. 区间直觉梯形模糊数的基本概念与算法

定义 2.13 设 $\tilde{\alpha}$ 为实数集上一个直觉模糊数，其隶属函数为

$$\mu_{\tilde{\alpha}}(x)=\begin{cases}\dfrac{(x-a)\mu_{\tilde{\alpha}}}{b-a} & ,a\leqslant x<b\\ \mu_{\tilde{\alpha}} & ,b\leqslant x\leqslant c\\ \dfrac{(d-x)\mu_{\tilde{\alpha}}}{d-c} & ,c<x\leqslant d\\ 0 & ,\text{其他}\end{cases} \tag{2.2.14}$$

非隶属函数为

$$\nu_{\tilde{\alpha}}(x)=\begin{cases}\dfrac{b-x+(x-a)\nu_{\tilde{\alpha}}}{b-a} & ,a\leqslant x<b\\ \nu_{\tilde{\alpha}} & ,b\leqslant x\leqslant c\\ \dfrac{x-c+(d-x)\nu_{\tilde{\alpha}}}{d-c} & ,c<x\leqslant d\\ 0 & ,\text{其他}\end{cases} \tag{2.2.15}$$

式中，$\mu_{\tilde{\alpha}},\nu_{\tilde{\alpha}}\in[0,1]$，$\mu_{\tilde{\alpha}}+\nu_{\tilde{\alpha}}\leqslant 1$，$a,b,c,d\in\mathbf{R}$；称 $\tilde{\alpha}=([a,b,c,d]$；$\mu_{\tilde{\alpha}},\nu_{\tilde{\alpha}})$ 为直觉梯形模糊数。当 $\mu_{\tilde{\alpha}}$ 和 $\nu_{\tilde{\alpha}}$ 均为 $[0,1]$ 时，$\tilde{\alpha}$ 为区间直觉梯形模糊数，记 $\mu_{\tilde{\alpha}}=[\underline{\mu},\overline{\mu}]$，$\nu_{\tilde{\alpha}}=[\underline{\nu},\overline{\nu}]$，$\tilde{\alpha}$ 可简记为 $\tilde{\alpha}=([a,b,c,d]$；$[\underline{\mu},\overline{\mu}],[\underline{\nu},\overline{\nu}])$。$\pi_{\tilde{\alpha}}(x)=1-\mu_{\tilde{\alpha}}(x)+\nu_{\tilde{\alpha}}(x)$ 为犹豫函数，$\pi_{\tilde{\alpha}}(x)$ 越大，模糊数的不确定性越大。

定义 2.14 设 $\tilde{\alpha}_i=([a_i,b_i,c_i,d_i];[\underline{\mu}_i,\overline{\mu}_i],[\underline{\nu}_i,\overline{\nu}_i])$，$i=1,2$ 为两个区间直觉梯形模糊数，则它们之间的 Hamming 距离为

$$\begin{aligned}d_h(\tilde{\alpha}_1,\tilde{\alpha}_2)=[&\left|(\underline{\mu}_1-\overline{\nu}_1)a_1-(\underline{\mu}_2-\overline{\nu}_2)a_2\right|+\left|(\overline{\mu}_1-\underline{\nu}_1)a_1-(\overline{\mu}_2-\underline{\nu}_2)a_2\right|+\\ &\left|(\underline{\mu}_1-\overline{\nu}_1)b_1-(\underline{\mu}_2-\overline{\nu}_2)b_2\right|+\left|(\overline{\mu}_1-\underline{\nu}_1)b_1-(\overline{\mu}_2-\underline{\nu}_2)b_2\right|+\\ &\left|(\underline{\mu}_1-\overline{\nu}_1)c_1-(\underline{\mu}_2-\overline{\nu}_2)c_2\right|+\left|(\overline{\mu}_1-\underline{\nu}_1)c_1-(\overline{\mu}_2-\underline{\nu}_2)c_2\right|+\\ &\left|(\underline{\mu}_1-\overline{\nu}_1)d_1-(\underline{\mu}_2-\overline{\nu}_2)d_2\right|+\left|(\overline{\mu}_1-\underline{\nu}_1)d_1-(\overline{\mu}_2-\underline{\nu}_2)d_2\right|]/8\end{aligned} \tag{2.2.16}$$

综合文献[152]、文献[153]，改进区间直觉模糊数的加性运算法则如下。

定义 2.15 设 $\tilde{\alpha}_i=([a_i,b_i,c_i,d_i]$；$[\underline{\mu}_i,\overline{\mu}_i],[\underline{\nu}_i,\overline{\nu}_i]),i=1,2$ 为两个区间直觉梯形模糊数，其加性运算法则为

$$\begin{aligned}\tilde{\alpha}_1 \oplus \tilde{\alpha}_2 = \Bigg(&[a_1+a_2, b_1+b_2, c_1+c_2, d_1+d_2]; \\ &\left[\frac{A(\tilde{\alpha}_1)\underline{\mu}_1 + A(\tilde{\alpha}_2)\underline{\mu}_2}{A(\tilde{\alpha}_1)+A(\tilde{\alpha}_2)}, \frac{A(\tilde{\alpha}_1)\overline{\mu}_1 + A(\tilde{\alpha}_2)\overline{\mu}_2}{A(\tilde{\alpha}_1)+A(\tilde{\alpha}_2)}\right], \\ &\left[\frac{A(\tilde{\alpha}_1)\underline{\nu}_1 + A(\tilde{\alpha}_2)\underline{\nu}_2}{A(\tilde{\alpha}_1)+A(\tilde{\alpha}_2)}, \frac{A(\tilde{\alpha}_1)\overline{\nu}_1 + A(\tilde{\alpha}_2)\overline{\nu}_2}{A(\tilde{\alpha}_1)+A(\tilde{\alpha}_2)}\right]\Bigg)\end{aligned} \tag{2.2.17}$$

$$\lambda\tilde{\alpha}_1 = ([\lambda a_1, \lambda b_1, \lambda c_1, \lambda d_1]; \left[1-(1-\underline{\mu}_1)^{\lambda}, 1-(1-\overline{\mu}_1)^{\lambda}\right], \left[(\underline{\nu}_1)^{\lambda}, (\overline{\nu}_1)^{\lambda}\right]), \lambda \geqslant 0 \tag{2.2.18}$$

式中，$A(\tilde{\alpha}_i)$ 为 $\tilde{\alpha}_i$ 的期望值；$A(\tilde{\alpha}_i) = \frac{1}{4} \times (a_i + b_i + c_i + d_i)$。

为便于对 IVITFN 信息进行集成，综合文献[146]、文献[154]和文献[155]提出的直觉语言加权平均算子（ILWA）、区间语言加权算子（ULWA）和诱导有序加权平均算子（IOWA），定义区间直觉梯形模糊数加权平均算子（UITWA）如下。

定义 2.16 设 $\tilde{\alpha}_i = ([a_i, b_i, c_i, d_i]; [\underline{\mu}_i, \overline{\mu}_i], [\underline{\nu}_i, \overline{\nu}_i]), i = 1, 2, \cdots, n$ 为一组区间直觉梯形模糊数，则

$$\text{UITWA}(\tilde{\alpha}_1, \tilde{\alpha}_2, \tilde{\alpha}_n) = \omega_1\tilde{\alpha}_1 \oplus \omega_2\tilde{\alpha}_2 \oplus \cdots \oplus \omega_n\tilde{\alpha}_n \tag{2.2.19}$$

式中，$\boldsymbol{\omega} = (\omega_1, \omega_2, \cdots, \omega_n)^{\mathrm{T}}$ 为 $\tilde{\alpha}_i$ 的权重向量；$\sum_{i=1}^{n} \omega_i = 1$。

3. 区间直觉梯形模糊数的特点

区间直觉梯形模糊数的特点主要有以下两个方面。

（1）在直觉梯形模糊数的基础上，以区间形式表达最可能值、隶属度、非隶属度，更为准确地反映决策者的信息水平和犹豫程度，获取更为丰富、准确、真实的决策信息。

（2）综合了区间模糊数、直觉模糊数和梯形模糊数的多项优势，丰富的信息集结算子使其具有很高的信息集结质量与效率，进一步增强了该法的合理性和实用性，且更适合于基于多决策者的大型或重要决策问题处理，应用前景和范围广阔。

2.2.4 双语言变量及其概念

传统语言变量进行评价时给出的是单语言变量，其潜在含义为评价结果隶属于该评价信息的隶属度为 1，难以表达决策者在实际评价工作中对于该判断的把握程度和信心，如果用精确的数字描述这种把握程度也相当困难。为此，一些学者提出了双语言集的概念。双语言集中包含了一对语言信息，第一项信息描述了决策者在某准则下的评价结果，表达了评价对象的模糊和随机性特征；第二项信息描述了对

于该项评价结果的信息水平，表达了语言标量的隶属信息。双语言变量可以更好地表达不确定性、模糊性和不完善的各类复杂信息，使评价结果更加贴近实际，具有更高的精准度。

定义 2.17　$\tilde{B}$ 为有限论域 X 中的一个双语言集，$\tilde{B}=\left\{\left(x,\left\langle s_{\theta(x)},h_{\sigma(x)}\right\rangle\right)\middle|x\in X\right\}$，其中，$s_\theta:X\to S,x\mapsto s_{\theta(x)}\in S$，$h_\sigma:X\to H,x\mapsto h_{\sigma(x)}\in H$。$S$ 和 H 为两个有序语言标度，对 x 的语言评价为 s_θ，$h_{\sigma(x)}$ 是对 s_θ 的语言隶属度。$\tilde{B}$ 还可以表示为 $\tilde{B}=\left\{\left\langle s_{\theta(x)},h_{\sigma(x)}\right\rangle\middle|x\in X\right\}$。

在实际评价过程中，可根据实际需要选择合适的语言标度作为 S 和 H，以下以 9 标度为例进行说明。$S=\{s_1,s_2,s_3,s_4,s_5,s_6,s_7,s_8,s_9\}$，$H=\{h_1,h_2,h_3,h_4,h_5,h_6,h_7,h_8,h_9\}$。其中，$s_1=\text{ExtremlyPoor}$，$s_2=\text{VeryPoor}$，$s_3=\text{Poor}$，$s_4=\text{MediumPoor}$，$s_5=\text{Fair}$，$s_6=\text{MediumGood}$，$s_7=\text{Good}$，$s_8=\text{VeryGood}$，$s_9=\text{ExtremlyGood}$；$h_1=\text{Zero}$，$h_2=\text{VeryLow}$，$h_3=\text{Low}$，$h_4=\text{MediumLow}$，$h_5=\text{Medium}$，$h_6=\text{MediumHigh}$，$h_7=\text{High}$，$h_8=\text{VeryHigh}$，$h_9=\text{Full}$。如果某专家对一个方案以双语言变量的形式给出评语 $\langle\text{VeryGood},\text{Medium}\rangle$，表示该专家对方案的评价为“非常好”，但专家对自己判断的信息水平是“中等”。

2.3　关键链多项目进度管理理论

2.3.1　多项目进度管理的特点

随着工程领域中项目规模与数量的不断扩展，90%以上的项目是在多项目条件下完成的。各项目在执行过程中纵横交错，传统的单项目管理理论难以有效解决多项目并行过程中工期与资源的冲突与矛盾，由此逐渐产生了多项目管理理论。多项目进度优化是多项目管理的主要目标。多项目进度管理与单项目相比更为复杂，其特殊性主要体现为以下三个方面。

1. 级联效应显著

在多项目条件下，各项目及其工序因共享组织中的稀缺资源而交织在一起，因其对资源的需求在时间、空间和数量上存在冲突与矛盾，故极易出现工期延误，也有可能受到后续工序返工的影响，并不断蔓延放大，从而使各项目之间产生更为复杂的关联关系，使得多项目整体进度控制难度更大。

2. 多重任务处理问题突出

多项目进度优化问题本质上是通过对组织中资源的综合配置确定各项目中工序的时间节点，从而实现多项目进度最优的目标。因此，资源在各项目及其工序中不断调整与转移的过程中会出现多重任务处理问题，造成多项目系统的整体效能不断降低，调度的风险、费用与成本不断增加，对多项目整体优化目标产生较大的负面影响。

3. 进度优化模型求解难度加大

多项目进度优化问题属于 MRCMPSP 问题。该问题主要存在三个优化目标，即工期最短、总成本最低和资源的使用均衡。随着多项目网络规模的急剧扩大，约束条件与不确定程度不断增加，MRCMPSP 问题的综合优化及其相应求解算法的开发将变得更加复杂。

2.3.2 关键链进度管理的思想与方法

1. 关键链进度管理的基本思想

关键链进度管理理论引入了 TOC 的思想，其特点体现在以下几点。

（1）认为项目进度计划的制约因素决定整个项目的工期，在制约环节的拖延等同于整个系统的延迟，而在非制约环节上下功夫毫无意义。因此，需从系统制约环节入手进行整体而非局部优化。

（2）提出了“鼓资源”优先和资源“公共池”分配的理念。“鼓资源”是指项目的瓶颈资源，关键链进度管理打破了稀缺资源对项目进度的制约，以“鼓资源”优先调度作为资源分配原则，同时，为了避免资源冲突，将各类资源并入资源“公共池”进行统一配置，以使并行项目或工序交错运行。

（3）通过分析人的行为因素对项目工期和多项目调度的影响，建立克服人的不良行为因素影响的进度优化模型，提出配套优化算法，有效克服了“学生综合征”“帕金森定律”“墨菲定律”“接力赛原则”等对人为因素多项目进度的影响。

（4）提出了缓冲区保护机制，通过设置各类缓冲可以重点保证关键链或瓶颈链上重要工序的进度控制与资源配置。

（5）将进度计划与控制相结合，依据“接力赛”的管理模式，重点关注紧前工序的提前完工时间，处于关键链上的工序应尽早开始。当进度计划消耗缓冲区时，根据项目的执行状态进行预警管理。

2. 关键链多项目调度

根据 TOC 思想，关键链多项目调度的重点是挖掘内部瓶颈资源，而非增加外部资源，其调度步骤如图 2.1 所示。

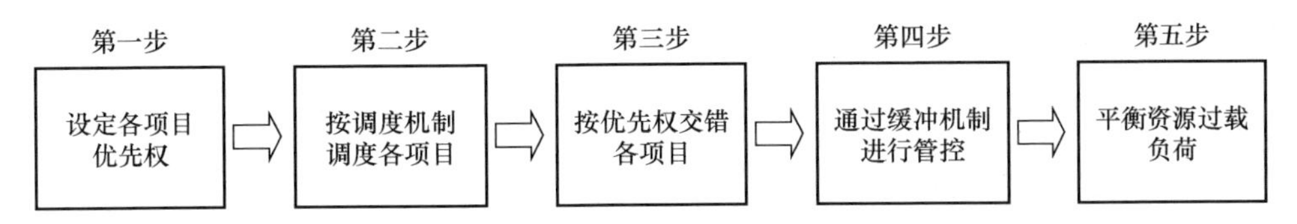

图 2.1　关键链多项目调度步骤

关键链多项目调度算法主要分为两类：基于优先规则的启发式算法和智能优化算法。启发式算法通常采用单项目调度和二次调度的策略调整多项目之间的资源冲突，形成整体进度优化方案，但存在求解计算过程复杂、优先规则的选取对优化结果影响大的问题；智能优化算法需要借鉴 RCPSP 问题求解，通常采用一次调度方式，显著特点是比较适合于大规模的复杂优化问题求解。

3. 关键链或瓶颈链的确定方法

关键链理论与传统关键路线法最大的区别是考虑了项目或工序之间的资源约束与限制，这种资源约束很可能会产生资源冲突进而导致该项目或工序延迟，最终造成项目拖期。因此，对于单项目进度管理，在考虑资源约束条件下工期最长的路径为该项目的关键链；对于多项目而言，工期最长的路径称为瓶颈链。图 2.2 体现了关键路径与关键链路径的区别。图中采用关键路线法时，由于不考虑资源约束，

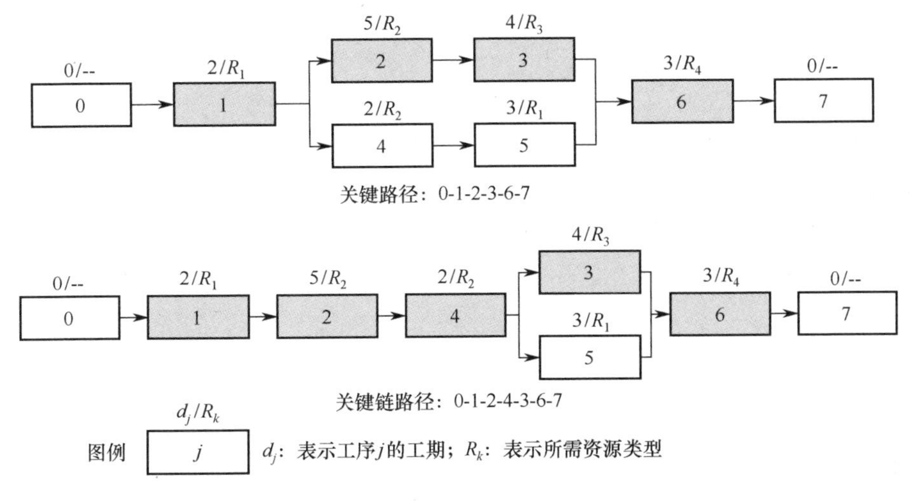

图 2.2　关键路径与关键链路径的区别

因此，工序 2、工序 4 可以并行执行，但又由于工序 2 和工序 4 共用资源“公共池”中的资源 2，且资源 2 不能同时满足工序 2 和工序 4 的资源需求，因此，工序 2 和工序 4 交错执行。

4. 关键链与 RCMPSP 的区别

随着项目管理理论的发展，关键链与 RCMPSP 呈现出相互融合的趋势，进一步丰富完善了项目管理和项目调度理论，也日益成为运筹学领域的一个重要研究方向。虽然关键链与 RCMPSP 均可用于处理多项目管理的资源冲突问题，但二者本质上存在一定区别。

RCMPSP 的研究逻辑为在满足资源约束、紧前紧后约束等约束条件下完成“资源——任务”的优化配置，通过开发各种算法寻求最优解以实现工期最短、总成本最低、资源均衡等优化目标的组合或集成。因此，RCMPSP 的核心在于如何实现多项目的优化目标。关键链理论强调“鼓资源”“瓶颈资源”的挖掘，有效识别资源约束下的关键链和瓶颈链。RCMPSP 能从理论上得到调度问题的最优解，但在实际工程领域，由于风险因素众多，特别是人的不良行为会对项目进度造成较大影响，项目完成的不确定性很高，而关键链具有缓冲控制机制，能够有效降低进度风险。因此，关键链的核心在于寻求最适合关键链项目管理的调度方法。

2.3.3 关键链缓冲区设置方法

1. 缓冲区概述

在 CCPM 中，为了克服人的不良行为因素对项目进度的影响，通常会按照某些原则或方法压缩项目中各工序的持续时间，这在一定程度上会增加项目进度的不确定性。为降低这种不确定性，关键链理论增设了缓冲机制用于以补偿工序持续时间压缩后产生的各种偏差。因此，通过合理设置缓冲区可以有效降低项目进度风险，保证项目高效完成，缓冲机制是项目执行过程中不确定性与进度权衡的有力工具。

2. 缓冲区分类与设置

（1）项目缓冲（Project Buffer，PB）。在单项目中，项目末端设置 PB，目的是吸收项目中各种不确定性风险因素带来的进度风险。对于多项目而言，其关键链称为瓶颈链，设置在最后一个完工工序所在项目的末端，称为多项目缓冲（Multi-Project Buffer，MPB）。

（2）汇入缓冲（Feeding Buffer，FB）。为降低非关键链中不确定因素对关键链的影响，通常在非关键链汇入关键链的入口设置 FB 以有效保护关键链。在非关键链上，FB 也能够发挥项目缓冲的作用。多项目确定瓶颈链后，非瓶颈链上各单项目中的原 PB 均转换为多项目的 FB。

（3）资源缓冲（Resource Buffer，RB）。当关键链上某个工序需要投入新的资源时，通常以预警的方式设置 RB，并不纳入项目网络中。

（4）能力约束缓冲（Capability Constraint Buffer，CCB）。CCB 是专为多项目管理设置的。当多项目因资源限制而交错进行时，在单项目进度计划之间插入 CCB，以降低由于资源不足给单项目带来的进度风险。CCB 通常设置在优先级较低或后续进行的单项目使用冲突资源的工序之前。

3. 缓冲区尺寸设定

缓冲区尺寸设定涉及工序的安全时间估计和缓冲区尺寸大小计算。其典型的计算方法如表 2.1 所示。

表 2.1　关键链缓冲区尺寸设定的典型计算方法

方法名称	工序安全时间	缓冲区尺寸大小
C＆PM	$\Delta t_i=\frac{1}{2}d_i$	$\Delta B=\frac{1}{2}\sum_{i=1}^{n}\Delta t_i$
RSEM	$\Delta t_i\left(标准差取\frac{1}{2}\Delta t_i\right)$	$\Delta B=\text{sqrt}\left[\sum_{i=1}^{n}(\Delta t_i)^2\right]$
APRT	$\text{VAR}_i=(d_i)^2\cdot\left[\exp(\sigma)^2-1\right]$ （用方差表示工序安全时间）	$\Delta B=K'\cdot\text{sqrt}\left(\sum_{i=1}^{n}\text{VAR}_i\right)$

在 APRT 方法中，$K'=1+\text{Max}_q\left[\sum_{i=1}^{n}r(i,q)\cdot\frac{d_i}{T}\cdot\text{Rav}(q)\right]$为资源冲突影响的调节因子；$q$ 为资源类型；$\text{Rav}(q)$ 为 q 类资源总量；T 为链路长度。

2.4　智能优化算法

智能优化算法是随着优化理论与方法在诸多工程领域的迅速推广与应用而发展起来的。由于传统优化方法在解决涉及因素多、规模大、求解难度高的工程优化问题时需要遍历整个解空间，因此不仅难以高效完成搜索任务，在计算速度、收敛性和处置敏感性等方面无法满足需求，还可能存在多个局部最优解或不同的全局最优解，甚至带来“组合爆炸”问题。为解决大空间、非线性、全局寻优、组合优化等复杂优化问题，在生物群体的智能行为或自然现象的启发下，人们逐步提出了诸多智能优化算法。

2.4.1 遗传算法

1. 遗传算法概述

智能优化算法以遗传算法（Genetic Algorithms，GA）为主要代表。GA 起源于人工智能领域的研究，最早由密歇根大学教授 Holland J H 在其著作《自然与人工系统中的适应性》中提出，其学生 Kenneth De Jong 就 GA 用于优化问题进行了深入的分析，20 世纪 80 年代由 Goldberg 总结完善而成。

遗传算法具有运算效率高、鲁棒性好、实用性强等优势，且可以有效解决 NP（Non-deterministic Polynomial）、非线性和多目标优化问题，20 世纪 90 年代以来关于 GA 的研究呈指数级增长，并在机器学习、模式识别、控制系统优化、工业工程和社会科学等领域得到了广泛应用。

2. 遗传算法的基本理论

GA 遵循达尔文的“物竞天择，适者生存”法则，每个种群中的染色体经过若干代的编码、选择、交叉、变异、适应度评价、解码等一系列操作后逐步产生近似最优方案，同时模拟完成了种群的遗传与进化过程。相关基础概念主要有以下几种。

（1）染色体与种群规模。待解决问题的每个可行解对应着一个染色体或个体，染色体由若干基因构成。一群染色体称为种群，染色体数量为种群规模，代表待解决问题的可能解集。

（2）适应值函数。适应值函数表示染色体对生存环境的适应能力，用于评价染色体的优劣，是进行选择操作的基础。在具体应用中需要根据待解决问题本身的特点与实际情况确定。

（3）染色体编码。如何将待解决问题的解通过基因的组合形式编码为染色体是 GA 使用的关键问题。常用的编码方式有二进制编码、实数编码、整数或字母排列编码、一般数据结构编码。其中，整数或字母排列编码对于组合优化问题最有效。

（4）遗传运算。遗传运算包括交叉与变异操作。交叉是将一对父代染色体以一定概率和某种方式方法交换部分基因，生成两个新的子代染色体，以提高算法搜索能力和增加个体多样性，常用方法有单点交叉、两点交叉和多点交叉；变异是以变异概率改变染色体中某一个或多个基因座上的基因值，以增加个体多样性，常用方法有实值变异和二进制变异。

（5）选择策略。在 GA 中，遗传算子的搜索是相对盲目的，而科学地选择策略可控制和引导其搜索方向。通常情况下，在搜索早期应采取广度搜索策略，广泛地探索搜索空间，避免选择方法使种群过早收敛；在搜索晚期应采取深度搜索策略，限制搜索空间，避免选择方法不能较好地偏向适应值高的个体，从而保持搜索深度与广度的平衡，使得种群在通过父代染色体的遗传操作保留优秀个体的同时增加多样性完成进化。常用的选择策略有轮盘赌策略、适应值比例策略、最佳个体策略、排序策略及联赛策略等。

由 Holland J H 提出的轮盘赌策略是最常用的选择方法，但其潜在问题是极有可能漏掉最优个体。例如，在图 2.3（a）中，个体 4 为种群中最优个体，4 次选择均未被选中的概率为 $(0.6)^4=13\%$。随机遍历采样方法在轮盘赌的基础上改进而成，采用带有均匀分布的 4 个指针旋转器，如图 2.3（b）所示，将指针放在轮盘上旋转 1 次就能选出 4 个父代，并且保证至少一个是个体 3、一个是个体 4。

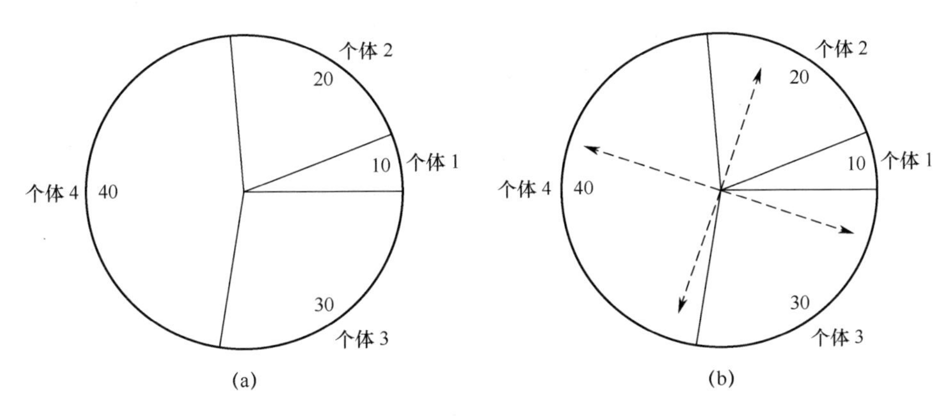

图 2.3　轮盘赌策略与随机遍历采样方法对比

（6）停止准则。通常将达到最大迭代次数或计算精度设置为停止迭代的条件，并把当前解作为最优解或近优解输出。

（7）参数设置。在 GA 中，主要参数包括种群规模 popsize、最大迭代次数 T、交叉概率 p_c 和变异概率 p_m。在程序设计和调试过程中，主要参数的设置至关重要。通常情况下，$\text{popsize}\in[20,100]$、最大迭代次数 $T\in[100,500]$、交叉概率 $p_c\in[0.6,0.9]$、变异概率 $p_m\in[0.001,0.1]$。

遗传算法基本流程如图 2.4 所示。

3. 遗传算法的特点

GA 隶属自适应搜索算法，其原理基于生物遗传与进化过程的模拟。GA 能够自我学习与适应，其显著优势在于通用性强，能对全局解空间进行潜在的并行搜索。其主要有以下特点。

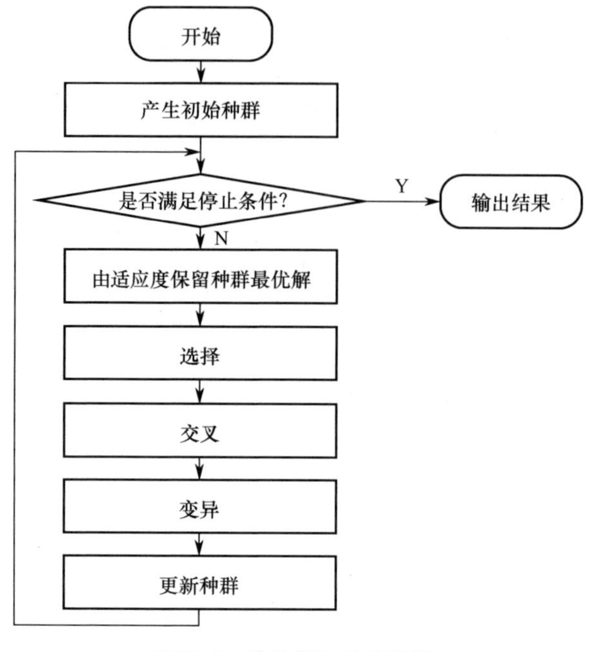

图 2.4　遗传算法基本流程

（1）GA 借鉴生物学中基因和染色体的概念，为待解决问题设置特定等编码与解码规则，并将目标函数直接转换为适应值函数，体现出独特的优越性，应用领域非常广泛。

（2）GA 在一定的搜索概率下同时进行多点搜索，增加了选择、交叉、变异等操作过程的灵活性和信息的多样性，降低了进入局部极致的可能性，使得进化后的种群能够产生更多的优良个体。

（3）GA 存在不成熟收敛而陷入局部最优和收敛速度慢的问题。因此，一方面可以通过改进编码机制、选择策略、遗传算子提高算法性能；另一方面可以将 GA 与其他智能优化算法结合形成混合算法提高求解质量。

2.4.2　禁忌搜索算法

1. 禁忌搜索算法概述

禁忌搜索（Taboo Search，TS）算法由美国工程院院士 Glover F 于 1986 年提出，并于 1990 年对其进行了发展与完善。禁忌搜索算法采取灵活的存储结构，并通过设置禁忌准则避免重复搜索，使其在众多智能优化算法中具有独特的优势。目前，禁忌搜索算法已在组合优化、生产调度、神经网络、机器学习等领域得到了广泛应用。

2. 禁忌搜索算法的基本理论

禁忌搜索算法中，禁忌是指禁止重复前面的操作；藐视准则也称为特赦准则，是指忽略一些特殊移动的禁忌，接受新的移动。

禁忌搜索是相对局部领域搜索而言的。局部领域搜索基于贪婪准则在指定领域持续性搜索，算法具有操作简单、易于实现的优点，但其搜索性能依赖领域结构及初始解，通常情况下只能得到部分领域解，且搜索效率低，极易陷入局部最优。禁忌搜索算法是一种全局性的领域搜索，在局部领域搜索的基础上，模拟人的思想、记忆与行为，记录已经搜索过的领域，避免短期内再次搜索，有利于跳出局部循环，扩大搜索范围；同时，为了不错过符合条件的“移动”，还采用藐视准则对其进行解禁。

禁忌搜索算法的基本思想是：给定一个初始解（当前解）和一种领域结构，在领域范围内进行一系列“移动”后得到若干候选解，并从中选取最优候选解 X^{best}，将其对应的目标值 $f(X^{\text{best}})$ 与当前解对应的目标值 $f(X^{\text{now}})$ 进行比较。若 $f(X^{\text{best}})>f(X^{\text{now}})$，则解禁该候选解，并使 $f(X^{\text{best}})=f(X^{\text{now}})$，然后将 X^{best} 列入禁忌表；如果所有的候选解均不优于当前解，则新的当前解为所有候选解中没有被禁忌的最佳劣解，且不与当前最优解比较，直接将其列入禁忌表。重复上述搜索过程，直至满足收敛准则。

禁忌搜索算法流程如图 2.5 所示。

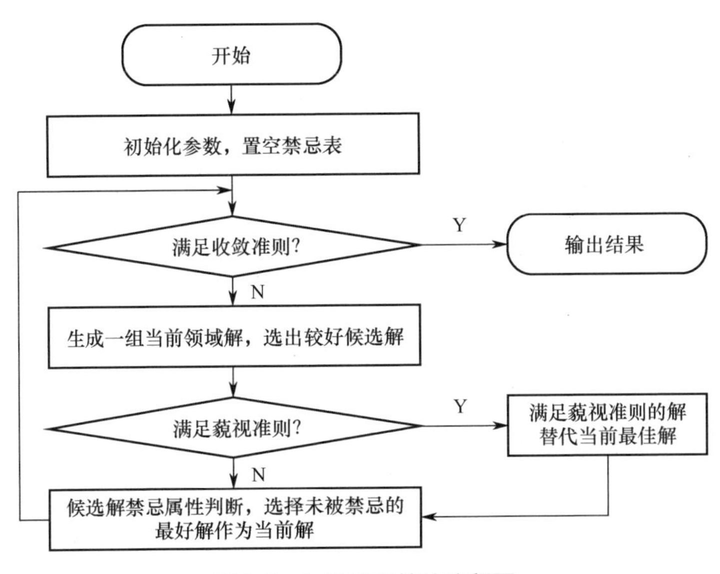

图 2.5　禁忌搜索算法流程图

3. 禁忌搜索算法的特点

禁忌搜索算法主要有以下特点。

（1）禁忌搜索算法是一种以“禁忌机制”和“藐视准则”为记忆策略并通过对不同领域内有效路径的搜索实现优化的智能算法。其中，“禁忌机制”可以避免迂回搜索、重复搜索，提高搜索效率；“藐视准则”用于奖励优良状态。

（2）禁忌搜索算法通过全局领域搜索、逐步寻优的过程实现全局迭代寻优，具有较强的爬山能力和局部搜索能力。

（3）禁忌搜索算法对初始解有较强的依赖性，较差的初始解会降低其搜索速度，且搜索过程为非并行搜索。因此，可与其他智能算法结合，生成初始解，初始解作为禁忌搜索算法输入进行组合优化。

2.4.3 万有引力搜索算法

1. 万有引力搜索算法概述

万有引力搜索算法（Gravitational Search Algorithm，GSA）由伊朗克曼大学的Rashedi于2009年提出，是一种以万有引力定律和牛顿第二定律为基础的新型智能算法。该算法通过计算粒子受到的万有引力作用引导粒子移动，不断进行位置更新，最终找到最佳位置，即最优解。GSA具有很强的实用性，为有效解决高复杂、高约束、建模困难的复杂优化问题提供了新的思路与方法，可广泛应用于各种复杂优化问题，具有广阔的应用与发展前景。

2. 万有引力搜索算法的基本理论

在GSA中，假设解空间的所有粒子均有质量，粒子之间仅受到万有引力的相互作用。根据牛顿第二定律，质量大的粒子会吸引质量小的粒子向其方向运动，并产生加速度，粒子质量越大，对其他粒子产生的作用力越大。因此，解空间的任一粒子在与其他粒子产生的万有引力的综合作用下会朝着质量最大的粒子移动，并不断进行速度与位置的迭代更新，最后粒子都会聚集到质量最大的粒子周围。由于质量最大的粒子占有最优位置，因此算法可以得到最优解。一般情况下，粒子的惯性质量用适应度函数计算。

GSA的基本流程如图2.6所示。

3. 万有引力搜索算法的特点

GSA主要有以下特点。

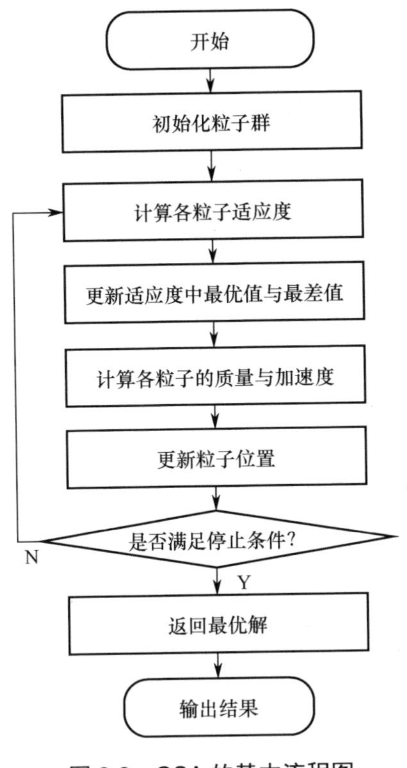

图 2.6　GSA 的基本流程图

（1）GSA 以万有引力定律和牛顿第二定律为基础，由于万有引力是普遍存在的，所以，搜索空间的任一粒子通过所受到其他粒子的万有引力作用不断调整自身速度与位置，故 GSA 具有较强的全局搜索和自适应能力。

（2）在蚁群算法和粒子群算法等集群算法中，粒子需要利用环境因素掌握整个群体的信息，而 GSA 的前提条件是粒子之间仅受到万有引力的相互作用，不受环境因素影响，各粒子可通过自适应搜索实现信息共享。

（3）与模拟退火算法原理类似，GSA 设置了时间的万有引力常数 $G(t)$，在迭代过程中 $G(t)$ 逐渐减小，最终可实现全局收敛。

2.5　云模型与模糊相关的建模方法

2.5.1　云模型

李德毅院士认为，普遍采用精确隶属度函数的模糊集方法有违模糊数学的创立初衷，隶属度可以围绕某个中心值微小波动；同时，传统隶属函数割裂了模糊与随机之间的关联。因此，李德毅院士于 1995 年首次提出将概率论和模糊数学相融合的云模型。

1. 云模型的基本含义与相关概念

定义 2.18 用确定数值表示定量论域U，设C为其中的一个定性概念，x为定量数值，$\mu(x)$为x对C的确定度。若$x(x\in U)$是C的一次随机实现，$\mu(x)\in[0,1]$是一个随机数，且具有稳定倾向的特性，则x在论域U上的分布称为云模型，简称云，且有$\mu:U\to[0,1]$，$\forall x\in U$，$x\to\mu(x)$。每个元素x及其在转换中对概念C的隶属度$\mu(x)$称为一颗云滴，记为$(x,\mu(x))$，云滴是基于特定算法由定性概念进行一次随机数值转化而形成的。

期望E_x、熵E_n和超熵H_e为云模型的三个数字特征，如图 2.7 所示。在云模型中，云滴在整个论域中分布的数学期望值为E_x，即图像的最高点处，云滴的密集程度与靠近E_x的程度成正比，该点最能体现定性概念；E_n为云模型的跨度，用于度量定性概念的不确定性程度，并体现其模糊性与随机性；H_e为熵的超熵，体现了云模型的厚度，根据熵的含义，H_e能够有效度量熵的不确定性，映射出云滴的模糊性与随机性的关联性。

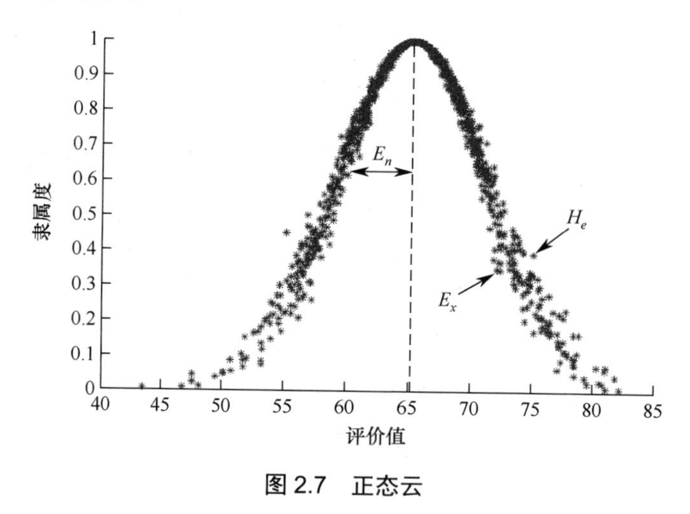

图 2.7 正态云

在云模型中，正态云最具有普适性，其随机隶属度在对应论域上的分布具有正态分布的特征，表达式为

$$\mu=\exp\left[-\frac{\left(x-E_x\right)^2}{2\left(E_n'\right)^2}\right]$$

式中，$x \in U$；x 和 E_n' 均为正态随机数；$x \sim N\left(E_x, E_n'^2\right)$；$E_n' \sim N\left(E_n, H_e^2\right)$。

然而，在正态云模型中，准则值隶属于正态模糊区间的程度为 1，难以处理某些概念的非隶属度和犹豫特性，杨恶恶等在正态云的基础上提出了直觉正态云模型，实现了定性概念模糊性、随机性和犹豫度的高效融合。

定义 2.19　设 X 是一个非空集合，$\tilde{B} = \left\{\left\langle x, \mu_{\tilde{B}}(x), \nu_{\tilde{B}}(x)\right\rangle \middle| x \in X\right\}$ 为直觉模糊集。式中，$\mu_{\tilde{B}}(x): X \to [0,1]$ 和 $\nu_{\tilde{B}}(x): X \to [0,1]$ 分别为元素 $x \in X$ 对 $\tilde{B}$ 的隶属度和非隶属度，且对 $\forall x \in X$，有 $\mu_{\tilde{B}}(x) + \nu_{\tilde{B}}(x) \in [0,1]$。因此，$\pi_{\tilde{B}}(x) = 1 - \mu_{\tilde{B}}(x) - \nu_{\tilde{B}}(x)$，$\pi_{\tilde{B}}(x)$ 为 $x \in X$ 对 $\tilde{B}$ 的犹豫度。

定义 2.20　设 $U = \{x\}$ 是一个用确定数值表示的定量论域，C 是论域 U 上的定性概念，$Y = \left(\left\langle E_x, \rho, \nu\right\rangle, E_n, H_e\right)$ 称为定义在 U 上与 C 对应的直觉正态云，E_x、E_n 和 H_e 的定义与正态云相同。ρ 和 ν 为隶属限和非隶属限，分别表示当 $x = E_x$ 时对应隶属度可能取值的上限和下限。可见，正态云是直觉正态云在 $\rho = 1$ 且 $\nu = 0$ 时的特殊情况。

2. 云模型的基本算法

正向云发生器和逆向云发生器是云模型中重要的算法，能够实现云数字特征 $\left(E_x, E_n, H_e\right)$ 和云滴数据之间定性到定量的相互转换。

1）正向云发生器

输入：数字特征 $\left(E_x, E_n, H_e\right)$，生成云滴个数 N；

输出：N 个云滴 x_i 及其隶属度 μ_i，表示为 $\mathrm{drop}(x_i, \mu_i), i = 1, 2, \cdots, N$。

正向云发生器原理如图 2.8 所示。

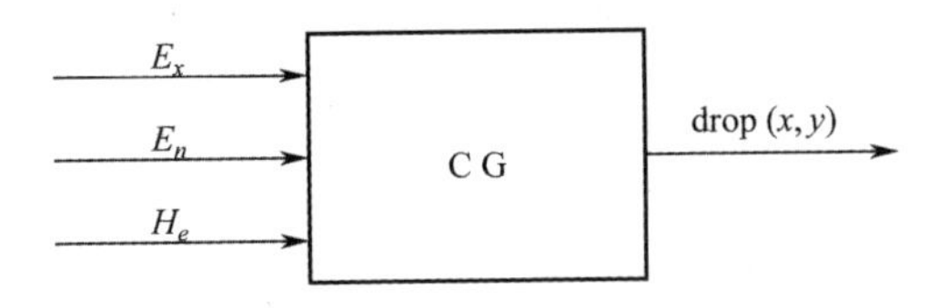

图 2.8　正向云发生器原理

2）逆向云发生器

输入：N 个云滴 x_i 及其隶属度 μ_i，表示为 $i = 1, 2, \cdots, N$；

输出：反映定性概念的数字特征 $\left(E_x, E_n, H_e\right)$。

逆向云发生器原理如图 2.9 所示。

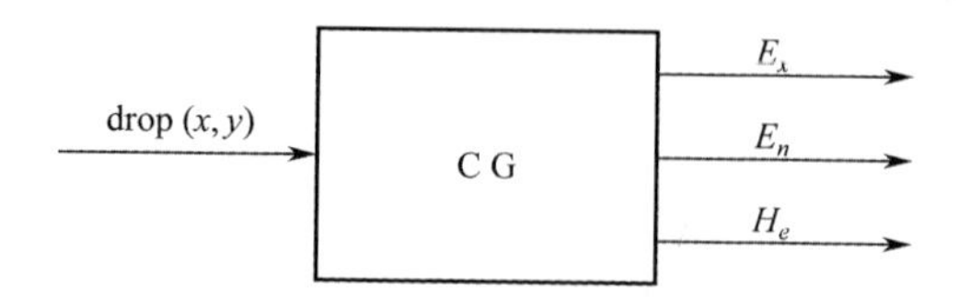

图 2.9　逆向云发生器原理

3. 云模型的特点

云模型的特点主要有以下三个方面。

（1）云模型可以表征定性概念的两种不确定性，即模糊性（亦此亦彼）和随机性（发生概率），构建语言值及其数值表示之间定性与定量的不确定性转换关系，并实现两种不确定性的综合集成。

（2）云模型可以将专家语言判断信息与分布函数结合，彻底解决了用精确隶属度表示模糊事物的问题，实现了计算效率、精度和准确性的平衡。

（3）云模型通过期望 E_x、熵 E_n 和超熵 H_e 三个数字特征将定性概念的模糊性与随机性有机结合在一起，若干云滴构成了云模型，云的整体形状代表了定性概念的特征。因此，云不仅可以减少人的主观性认识偏差造成的计算不准确问题，还能减少认识过程与数据转换中的不确定性。

2.5.2　模糊认知图

1. 模糊认知图概述

模糊认知图（Fuzzy Cognitive Map，FCM）是 Kosko 于 1986 年在融合 Zadeh 模糊集理论和 Axelord 认知图基础上提出的，由概念间的三值关系扩展成为[−1,1]上的模糊隶属关系发展而来。FCM 借助有向弧、节点、状态值等要素描述与表达网络系统中各个概念或节点之间的因果关系和相互作用程度，通过构建推理网络并结合现有知识和专家经验实现对网络系统的模拟、推理和预测，实现定性推理与定量表达的有效融合。与神经网络等其他推理方法相比，FCM 的推理过程和知识表达更接近于人的认知方式，具有很强的语义性、专家介入性和模糊信息处理能力。

2. 模糊认知图的数学模型

FCM 模型的拓扑结构是一个四元序组 $Q=(J,\boldsymbol{W},X,f)$，如图 2.10 所示。

$J=\{J_1,J_2,\cdots,J_n\}$ 表示所有概念节点的集合，节点 J_i 可表达系统的事件、目标或趋势等，具有状态值。

$\boldsymbol{W}:(J_i,J_j)\to\omega_{ij}$ 为一个映射关系，$\omega_{ij}(\omega_{ij}\in\boldsymbol{W})$ 为节点 J_i 对 J_j 有向弧的权值，

表示 J_i 对 J_j 影响程度的大小，$\boldsymbol{W}=(\omega_{ij})_{n\times n}$ 为 FCM 的权值矩阵，$J_i,J_j\in J$ 。当 $\omega_{ij}>0$ 时，J_i 的增加（减少）将会引起 J_j 的增加（减少）；当 $\omega_{ij}<0$ 时，J_i 的增加（减少）将会引起 J_j 的减少（增加）；当 $\omega_{ij}=0$ 时，则表示概念 J_i 与 J_j 不存在因果关系。ω_{ij} 可以是模糊值，且 $\omega_{ij}\in[-1,1]$ 。

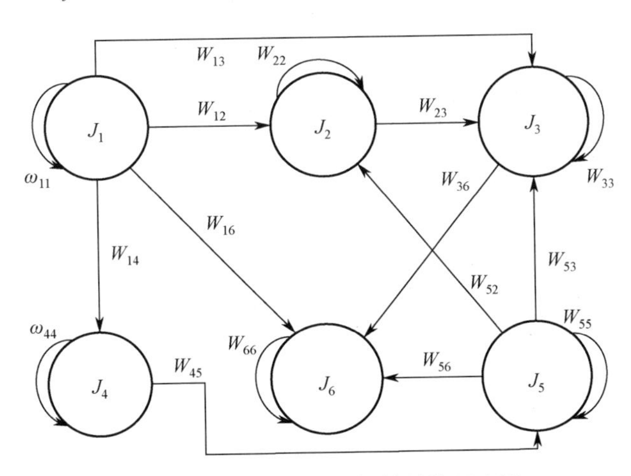

图 2.10　FCM 模型的拓扑结构示意图

$X(t)=[x_1(t),x_2(t),x_i(t),x_n(t)]$ 表示 Q 在 t 时刻的状态。其中，$x_i(t)$ 为节点 J_i 在 t 时刻的状态值，可以是模糊值，且 $x_i(t)\in[-1,1]$ 。

FCM 推理或演化数学模型为

$$x_i(t+1)=f[\sum_{j=1,j\neq i}^{n}w_{ij}x_j(t)+cx_i(t)] \tag{2.5.1}$$

式中，$x_i(t+1)$ 为节点 J_i 在 $t+1$ 时刻的状态值；f 为阈值函数，可以保证 FCM 模型迭代后的输出处于 $[-1,1]$ 范围内，一般情况下 f 选用二值函数、三值函数或 S 型函数。

由 FCM 模型可知，在初始状态确定后，节点间的相互作用与影响均通过连接权进行双向传导，并由此不断进行状态转移与变更，系统也因此而处于动态变化中，从而实现对系统行为与状态的推理与模拟；同时，在 $\boldsymbol{W}=(\omega_{ij})_{n\times n}$ 已知的情况下，系统在 $t+1$ 时刻的状态 $X(t+1)$ 可通过式（2.5.2）得到。

$$X(t+1)=\begin{bmatrix}x_1(t+1)\\x_2(t+1)\\\vdots\\x_n(t+1)\end{bmatrix}=f[\boldsymbol{W}\boldsymbol{X}^{\mathrm{T}}(t)]=f\left\{\begin{bmatrix}w_{11}&w_{12}&\cdots&w_{1n}\\w_{21}&w_{22}&\cdots&w_{2n}\\\vdots&\vdots&\vdots&\vdots\\w_{n1}&w_{n2}&\cdots&w_{nn}\end{bmatrix}\begin{bmatrix}x_1(t)\\x_2(t)\\\vdots\\x_n(t)\end{bmatrix}\right\} \tag{2.5.2}$$

3. 模糊认知图的特点

FCM 将模糊逻辑、认知图和神经网络的各自优势有机融合为一体，具有强大的知识表达能力和逻辑推理机制，通过整个网络中节点间的相互作用与影响模拟系统行为，其特点主要有以下三个方面。

（1）FCM 建模过程相对简单方便，通用性强，相关概念节点通过有向弧形成环环相扣的网络图，能直观呈现系统结构及其要素间的相互影响与作用，便于对系统进行预测和模拟，也易于专家知识的准确表达。

（2）FCM 具有较强的数据推理与计算能力，不仅可以提高专家知识的使用效率，利用专家知识提高数据学习能力，还能利用数据矩阵实现数据化推导，具有更高的计算能力和灵活性。

（3）FCM 具有反馈机制，提高了知识表达和推理能力，所建模型更加贴近真实系统的状态和行为，同时也为引入学习机制提供了支持。

2.5.3 影响图

1. 影响图概述

影响图（Influence Diagram，ID）是 R. A. Howard 和 J. E. Matheson 于 1984 年在决策树理论基础上提出的一种用于表达不确定信息和求解复杂决策问题的图模型，其本质上为贝叶斯网络的一般化，现已发展为一种全新、有效、标准的建模工具和图形表征语言。与 FCM 类似，ID 由节点集、有向弧构成，能够存储更为丰富的决策和状态信息，具有更强的建模能力。

2. 影响图的基本理论

ID 的拓扑结构是一个二元序组 $G=(H,A)$， $H=\{h_i,i=1,2,\cdots,n\}$ 是节点集，表示所有概念节点的集合，$A=\{(h_i,h_j),h_i\to h_j\}$ 为有向弧集，表示节点间的相互关系。ID 的节点包括三类：决策节点、机会节点和价值节点，对应有向弧为功能弧、信息弧和条件弧。ID 的优势在于其能从拓扑层、函数层和数值层三个层面描述系统行为。图 2.11 为一个简单的 ID 模型，该图可以直观地描述节点和有向弧之间的相互影响和作用。

在拓扑层，D 为决策节点，表达决策后系统可能采取的行为；V 为价值节点，表达了决策后产生的效用；C_1 为不确定性机会节点，且具备概率型特征；C_2 为确定性机会节点，机会节点描述了随机变量。各节点之间通过有向弧连接，表达了节点间的关联关系。在函数层，每个机会节点都满足以下条件概率分布：

$$P(h_i)=P(h_i|\mathrm{Pa}(h_i))$$

式中，$\mathrm{Pa}(h_i)$ 为 h_i 的父节点集或者称为前序节点集。在数值层，可以确定机会节点和价值节点对父节点的相关程度，同时可以明确效用节点对父节点的效用函数。概率分布和效用函数细节均能存储于相应节点中。因此，ID 非常适用于风险决策，并能有效表达所需信息。

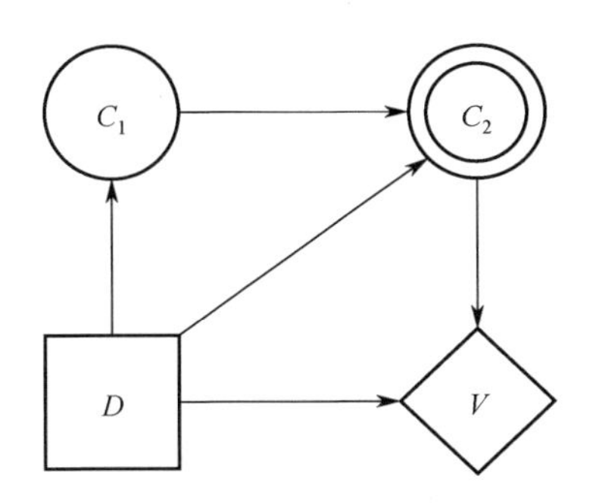

图 2.11 简单的 ID 模型示意图

3. 影响图的特点

ID 可直观地描述与表达各影响因子，并对其相互作用进行融合与定量分析以进行辅助决策。因此，ID 可广泛应用于各个领域，特别是在风险分析中。与 FCM 相比，ID 的优势主要有以下三个方面。

（1）ID 是一种特殊的贝叶斯网络，通过条件概率方式可确定各级风险之间的相互关系，所建模型更为直观、更好理解，不仅可将专家知识通过有向图进行准确的表达，模型中还融入了条件概率的统计数据，有利于各类风险信息的有效融合。同时，利用变量之间的相互独立性，在风险参数推理计算时效率更高。

（2）ID 中的三类节点能够存储更多的风险信息，不仅包含风险事件的发生概率，还包括风险损失及其合成后的风险影响值，并将风险信息通过有向弧进行传导与集结，其输出为所有风险节点共同作用的结果。因此，ID 可直接用于风险耦合类计算和风险影响值综合分析。

（3）ID 模型能够清晰描述和解决不确定性复杂决策问题，是一种将风险识别、风险分析与评价过程有效融合的技术方法。特别是全景式影响图可凭借其强大的建模能力全面展示各风险因子之间的复杂关系及其对风险事件的影响，有效识别每个风险因素对整个系统的综合影响。

2.6 本章小结

本章从理论背景、基本概念、基本思想、基本算法、数学模型、基本理论、特点优势等方面分别对信息熵理论、语言决策方法、关键链多项目进度管理理论、智能优化算法、云模型与模糊相关的建模方法等理论与方法进行研究与总结，对后续章节引用的公式和算法进行了推理、分析与验证，宏观上有利于各种理论方法的辨析、比较与决策，有利于应用时机与条件的准确把握；微观上为各种方法的融合创新和后续章节的内容奠定理论基础。

第3章

舰船多项目并行建造质量监督组织结构评价与选择方法

优化舰船并行建造质量监督的组织结构及其管理模式是提高质量监督效能的首要问题，组织结构的调整与优化需要有科学的量化评价工具。因此，本章在对舰船多项目并行建造质量监督相关概念与特点进行界定的基础上，为了科学评价、选择与优化组织结构，促进各专业部门和人员在舰船建造全过程形成合力，本书将分析舰船多项目并行建造质量监督组织结构评价与选择的影响因素，构建组织结构熵评价模型，研究组织结构动态选择策略，从而形成一套舰船多项目并行建造质量监督组织结构评价与选择方法。

3.1 舰船多项目并行建造质量监督概述

3.1.1 相关概念界定

1. 多项目管理

随着工程领域中项目规模与数量的不断扩展，90%以上的项目是在多项目条件下完成的，各项目在执行过程中纵横交错，传统的单项目管理理论难以有效解决多项目并行过程中工期与资源的冲突与矛盾，由此，逐渐产生了多项目管理理论。

多项目管理是运用系统思想从整体上对组织中的项目进行选择评估、计划控制、协调优化的活动。舰船建造过程为典型的多项目管理，与单项目管理相比，多项目管理侧重从系统工程的视角在资源约束条件下对各项目进行整体控制、协调及多目标优化，研究多项目间的动态管理。多项目管理与单项目管理的主要区别如表 3.1 所示。

表 3.1　多项目管理与单项目管理的主要区别

比较项	单项目管理	多项目管理
目标	满足质量、工期、费用要求，实现单项目效益最大化	多项目多目标的协调，实现整体资源配置最优化
关注层次	战术层次	战略层次
管理重点	单项目的质量、工期、费用	多项目进度优化，多项目间工期冲突、资源约束与均衡
项目资源	独占	存在约束，多项目之间可共享
项目周期	同项目生命周期	伴随组织生命周期
项目风险	包含在单项目内部	横跨各项目，影响因素更多

2. 舰船建造质量监督

（1）质量监督的含义分为狭义和广义。狭义的质量监督是指为了确保满足规定的要求，对组织、过程、产品的质量与性能状况进行连续的监视和验证并对记录进行分析，发现问题后实施纠正偏差工作等一系列活动。广义的质量监督范围更广，不仅包括对产品全寿命过程的监督，还包括对承制单位资格审查、质量管理体系审核等工作；不仅包括对影响产品质量和性能的因素进行监视，还包括对进度和费用的监管与控制；不仅包括质量监督工作，还包括产品的检验验收。本书研究的是广义的质量监督。

（2）舰船建造质量监督是一项全员工程，军方和承制单位共同参与、相互合作以确保舰船建造质量、进度和费用满足合同要求。本书立足于军事代表室在合同履行监督工作中的基本职责，以军方为主导开展的各项质量监督工作。本书中的军事代表室主要针对总装厂军事代表室，研究成果可辅助其开展合同监管工作并推广至其他军事代表室，也可用于指导和协助承制单位开展相关工作；同时，质量监督工作主要涉及舰船的设计、建造、使用与保障等过程，本书的研究限定为舰船建造过程。

3. 舰船多项目并行建造

项目管理理论认为：项目是指为了实现组织目标，在各项资源约束下开展的一种具有目的性、一次性、独特性和风险性的工作。舰船是一个项目，其本身也包含不同层次的子项目。文中“舰船多项目并行建造”不仅指代多条舰船并行建造，同时也包括一条舰船中多个子项目并行的情况。

综上所述，舰船多项目并行建造质量监督是指在多条舰船并行建造的条件下，军事代表室依据舰船订货合同及有关法规，对舰船建造过程中的产品质量、进度和费用进行监视、验证、分析、督促和验收的一系列活动。

3.1.2 舰船建造与其他军品的区别

舰船建造过程是一个极为复杂的系统工程，具有小批量建造、建造周期长、立体交叉作业、涉及单位众多、外购配套设备多、施工场地分散、检测项目繁多等特点，与其他军品制造有着显著的区别。

1. 小批量建造成为常态

舰船是根据船厂与军方签订的相关合同进行生产或建造的。与其他军品制造相比，由于舰船设计研制、建造和服役周期长，建造和保障费用高，加之舰船装备的特殊性，通常情况下舰船建造批量较小，因此，船厂的生产方式为按照合同进行小批量建造。

2. “中间产品”生产贯穿全程

为解决舰船建造过程难以采用流水线或专用设备组织建造的问题，舰船建造通常采用总装化造船模式，其基本特征为大量中间产品的专业化生产。中间产品的划分由相对完整的船体首部、中部、尾部、上层建筑依次划分至总段、分段、组件、部件、零件等，再根据区域、阶段或类型组织具有相同工艺的中间产品进行生产，整合所需资源后再进行空间上分道、时间上有序的壳舾涂一体化立体交叉作业，从而创造性地通过大批量中间产品的生产完成小批量舰船建造。

3. 各类资源对建造过程影响较大

舰船建造过程涉及的各类资源较多，对资源的要求也很高，主要包括生产资源和外包资源。生产资源可分为可更新资源和不可更新资源。其中，可更新资源为经过一段时间可以恢复的资源，主要包括人力资源、场地资源、生产设备、检验设备和工装等；不可更新资源为消耗性资源，主要包括各类材料、舾装件、装船设备、生产耗材等。建造过程中生产资源的调配不科学、不均衡必然会对建造进度产生较大影响并引发蝴蝶效应，特别是船台、搭载车间等稀缺场地资源及吊车等大型生产设备。

外包资源可分为外包人力资源和外包装备设备。部分人力资源如电焊工有时采取外包形式，会在一定程度上削弱各项制度的执行约束力度，对建造过程中的管理工作产生一定影响，特别是可能使产品合格率产生波动，影响建造质量；舰船建造过程外包产品较多，会涉及设备供应商、项目分包商、其他合作伙伴等众多单位，使沟通协调难度加大、误工成本增加，更重要的是极易对建造进度造成较大影响，如来货延迟、生产计划变更引起的物料紧急调度等。

4. 多项目并行造成管理难度加大

舰船建造过程是典型的项目管理，通常为多项目并行建造状态，涉及大量的项目、工序和部门，需要协调的关系复杂，具体工作事项多，检测项目多，施工场地相对分散，会造成点多面广、交叉并行的局面，并进一步延缓信息传递的速度，各职能部门和人员沟通和协调的难度相对较大，质量、进度和费用冲突的协调难度加剧，质量监督与管理的工作量和难度不断增加。

5. 潜在质量问题与风险较高

舰船建造过程为大型、复杂的系统工程，涉及大量设备的加工制造和“中间产品”的装配、搭载、合拢。在建造过程中，有相当一部分工序、任务为隐蔽工程，完工或装配后在相对狭小、密闭的空间很难再进行检测或发现质量问题；同时，由于建造过程离散，产品变异性大，某一关键部位出现质量问题，将可能影响整条舰船建造质量；而且，受质量监督方式、工具、人员能力水平制约，或者新产品检测项目内容不够优化等原因，终检有时存在一定的局限性，潜在质量问题与风险较高。

3.1.3 舰船多项目并行建造质量监督工作特点

与单项目相比，舰船多项目并行建造过程更为复杂，其质量监督工作呈现出以下特点。

1. 质量监督信息链较长

舰船多项目并行建造过程中涉及大量的项目与工序，信息流交叉运行，信息链较长。由于军事代表室多采用职能制组织结构，独立性较强，如果各部门之间不能建立有效的横向沟通与合作机制，容易出现“铁路警察，各管一段”的现象，质量监督信息传递与接收滞后、信息冲突和信息链断裂的风险较高；同时，由于任务或项目分解到个人，信息流通方向由上至下呈金字塔式递减、人数递增，在信息流动过程中易出现逆向失真，可能会造成质量监督信息难以在部门内及时、准确传递与共享，信息链没有形成闭环，在一定程度上影响信息流传递质量和效率。

2. 任务人员安排受任务影响大

在多项目并行条件下，舰船型号多、数量大，建造周期长，质量监督呈现点多面广、交叉并行的新局面。随着军队改革的推进，军事代表室人员编制逐步压缩，日益呈现出“人少事多”工作状态，任务人员安排难以面面俱到，在任务的变化过程中可能产生人员工作负荷分布不均匀、任务周期内主管军事代表调换频繁等现象，在一定程度上造成军事代表不了解“前端输入”、不重视“后端输出”、责权划分模糊和工作负荷超载。

3. 进度控制难度大

舰船多项目并行建造过程最大的特点是多条舰船及其子项目共同竞争和分享船厂内有限的各类资源，造成资源在计划工期内的相对短缺或使用过载。然而，传统舰船建造计划的前提是各类资源能够得到保障，且计划的粒度较粗，如果忽视多项目之间的资源冲突或资源限制，则在计划实施过程中易出现各层计划脱节，加之舰船建造过程周期长、外购配套设备多，上游工作变更、出现质量问题等不确定因素对下游工作带来的返工和进度压力较大，可能会出现工期延误等现象。

4. 各类风险在任务与工序间多向传导

现代舰船具有大型化、复杂化、精密化的特点，信息化程度高，各系统和设备的结构、种类、数量较以往大幅增加，各系统间的关联程度更加紧密，设备技术状态更加复杂。因此，在舰船多项目并行建造过程中，风险在纵、横两个方向的关联关系、传导机制与规律更为复杂。如果风险在上游发生后没有被及时发现、有效释放与化解，将会随着项目的推进在项目之间（纵向）、项目内部任务与工序间（横向）多向传导，造成风险扩散、放大并产生连锁反应。

3.2 舰船多项目并行建造质量监督组织结构及其评价影响因素

3.2.1 舰船多项目并行建造质量监督组织结构

组织结构是描述组织的框架体系，表明组织中各部门排列顺序、空间位置、聚散状态及相互关系的一种模式。科学合理的组织结构有利于组织运转过程中信息传递的时效性、准确性及对外界环境的适应性，有利于各项任务与工作在不同部门之间高效衔接，有利于提升组织工作质量与效率。

舰船多项目并行建造质量监督为典型的多项目管理，对于一般的项目组织而言，常见的组织结构形式主要有职能制、项目制和矩阵制，不同组织结构形式各有其优缺点。目前，总装厂军事代表室多数采用职能制形式，根据舰船的不同系统与功能分为总体组、船体组、轮机组、电气组、武备组等职能部门，在舰船建造的不同阶段根据专业进行组织与分工。采用职能制组织结构能够充分发挥职能部门的专业管理作用，充分发挥军事代表的专业优势。但是，其组织结构本身也存在职能部门各自为战、集成管理能力不强等问题。

1. 信息传递质效低

由于各职能部门完整按照专业进行分工，造成了舰船建造的完整业务流程被分割，部门之间缺乏有效的沟通与合作机制，质量监督过程中庞大的信息流无法及时、准确传递，信息链无法形成闭环。

2. 集成管理能力弱

由于各职能部门在舰船的不同建造阶段开展相应质量监督工作，容易忽视“前端输入”和“后端输出”，出现各自为战的状况；同时，由于工作安排与人员分配更多从本部门出发，造成舰船建造全过程军事代表调换频繁，不利于统筹管理。

3. 人员配置不合理

由于船厂承建的舰船型号多、数量大，军事代表承担的质量监督任务也很重，加之职能制的组织结构形式易造成军事代表室“人少事多”的困境，一人负责多条舰船的现象非常普遍；同时，由于集成管理能力不足，还会导致舰船监造不同阶段各部门军事代表工作量分配不合理、承担的任务与人员配置不协调等问题出现。

部分军事代表室采用矩阵制组织结构，通常按照舰船型号成立若干项目组，能够充分识别舰船监造过程中专业的特殊性及相关专业之间的交叉关联关系，在一定程度上打通专业分工，促进专业之间的融合，协调与优化任务和人员配置，使各专业部门和人员在舰船监造全过程形成合力，质量信息实现共享、形成闭环，最大限度地发挥组织结构的整体优势，但该结构存在缺乏稳定性、矩阵制组织成员接受双重领导等问题，矩阵制组织结构如图 3.1 所示。

从组织管理的角度出发，为有效解决职能制与矩阵制组织结构存在的管理问题，进一步提升舰船质量监督整体效能，应建立舰船质量监督组织结构评价模型，对上述两种组织结构进行定量分析，为科学选择、调整或优化组织结构及其管理模式提供理论依据。

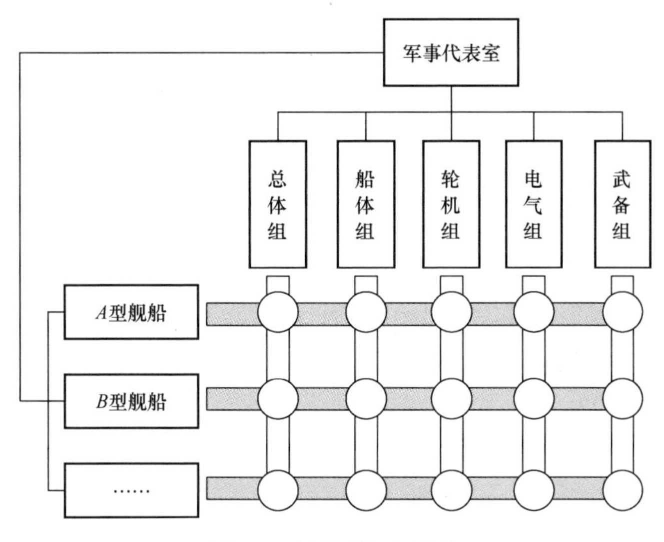

图 3.1　矩阵制组织结构

3.2.2　舰船多项目并行建造质量监督组织结构评价影响因素

舰船多项目并行建造质量监督过程中，大量的信息流、工作流、物流、价值流交叉运行，信息流的堵塞与混乱将会在很大程度上影响舰船建造的质量、周期与成本。可见，信息流是影响舰船并行建造质量监督质量与效益的重要因素，且对工作流、物流和价值流起支配作用。由于信息在不同组织结构中纵向、横向各单元之间的流动速度与准确性有着显著差别，因此，可以通过对信息传输过程的测度实现组织结构评价。

根据邱菀华的研究成果，对于舰船多项目并行建造质量监督组织结构而言，结构熵能有效度量组织结构有序度。组织结构越有序，结构熵越小；组织结构越无序，结构熵越大。结构熵由时效熵（H_1）和质量熵（H_2）组成，其中，时效熵表征组织内部信息传输的时效性，反映出信息在组织结构中各纵向单元之间的流动速度，体现了信息传递的时效（R_1）；质量熵表征组织内部信息传输的准确性，反映出信息在组织结构中各单元之间的流动准确性，体现了信息传递的质量（R_2）。同时，熵还能够通过变化熵（H_3）的形式动态表征组织对环境变化的快速响应能力，反映出信息在组织结构中横向各单元之间的流动速度，体现了组织结构的柔性度

（R_3）。将结构熵与变化熵通过某种方式集成后，其结果不仅体现了组织结构的优劣程度，还可进一步反映组织内部运行秩序及效率。

综上所述，舰船多项目并行建造质量监督将时效熵、质量熵和变化熵作为组织结构评价的影响因素。

3.3 舰船并行建造质量监督组织结构熵评价模型

根据 3.1.1 节的分析，本节从信息流传输的时效性、准确性与组织对环境变化的适应能力出发，通过对时效熵、质量熵和变化熵的测度实现舰船并行建造质量监督组织结构的评价。

由于不同任务及其人员配置对时效熵、质量熵与变化熵及其权重的影响不同。因此，在充分考虑各项具体任务的基础上，构建舰船并行建造质量监督组织结构熵评价模型如下：

$$R = \alpha R_1 + \beta R_2 + \gamma R_3 \tag{3.3.1}$$

式中，R 表示熵评价结果，根据熵的含义，R 不仅能够体现具体任务与质量监督组织结构的匹配程度，还可以在一定程度上反映出该项任务的完成质量，即舰船建造质量 R 越大，该组织结构越好；R_1、R_2、R_3 分别为基于具体任务的组织内部信息传递的时效、质量与柔性度；α、β、γ 分别为具体任务下对应的权重系数，且 $\alpha+\beta+\gamma=1$。

3.3.1 时效、质量与柔性度

假设舰船并行建造质量监督组织结构由 n 个要素组成，纵向分为 m 个层次，元素间的直接信息流称为联系；上下两元素 i、j 之间的最短联系数用联系长度 L_{ij} 表示，若直接联系的长度为 1，每中转一次长度加 1；与 i 直接相连的元素数量用联系跨度 K_i 表示；横向两元素 i、j 之间经过的最短联系数用横向联系长度 F_{ij} 表示，对于 F_{ij}，i 的主动联系数 f_1 为以 i 为起点的所有联系数，所有第一步联系数为 i 的有效主动联系数为 f_2，其余为变化联系数；从某个角度分析得到元素所处的数量状态成为系统的微观态 A，元素 i 的微观态数量与全部微观态总和的比值 i 为微观实现概率 P_i。因此，基于任务的舰船质量监督组织结构的时效、质量与柔性度的计算步骤如下。

步骤 1：确定军事代表室参与该项任务的各部门、人员等要素，绘制军事代表室质量监督组织结构图。

步骤 2：计算联系长度 L_{ij}、联系跨度 K_i、横向联系长度 F_{ij}；分别由式（3.3.2）～式（3.3.4）计算时效微观态总数 A_1、质量微观态总数 A_2 和变化微观态总数 A_3。

$$A_1 = \sum_{j=1}^{n}(L_{ij}\sum_{i=1}^{m}L_{ij}) \tag{3.3.2}$$

$$A_2 = \sum_{j=1}^{n}(K_j\sum_{i=1}^{m}K_i) \tag{3.3.3}$$

$$A_3 = \sum_{j=1}^{n}(F_{ij}\sum_{i=1}^{m}F_{ij}) \tag{3.3.4}$$

步骤 3：计算最大时效熵 $H_{1\max} = lbA_1$，最大质量熵 $H_{2\max} = lbA_2$，最大变化熵 $H_{3\max} = lbA_3$；计算时效微观态实现概率 $P_1(ij) = L_{ij}/A_1$，质量微观态实现概率 $P_2(ij) = K_i/A_2$，变化微观态实现概率 $P_3(ij) = (f_1 - f_2)/A_3$。

步骤 4：由式（3.3.5）计算总时效熵 H_1、总质量熵 H_2 与总变化熵 H_3。

$$H_t = -\sum_{j=1}^{n}\sum_{i=1}^{m}P_t(ij)\cdot\log_2 P_t(ij)\text{，}\quad t = 1,2,3 \tag{3.3.5}$$

步骤 5：由式（3.3.6）计算时效 R_1、质量 R_2 与柔性度 R_3。

$$R_t = 1 - H_t/H_{t\max}\text{，}\quad t = 1,2,3 \tag{3.3.6}$$

3.3.2　模型权重系数计算

在文献[49]、[54]和[55]中，权重系数取 $\alpha = \beta$ 或 $\alpha = \beta = \gamma$。这种算法不仅缺乏理论依据，还会造成评价的不准确。时效熵、质量熵与变化熵的权重会随任务而变化，需根据专家知识与经验针对具体任务对其进行评估。由于专家可能因评价对象复杂程度、知识水平等主客观因素对某些问题的判断缺少把握，故为了获取真实信息、降低评估难度、提高准确性，允许专家根据两两比较结果给出区间语言判断矩阵，因此，权重系数的确定为一种基于不确定语言信息的指标权重评价问题。目前，解决此类评价问题的常用方法为基于二元语义的模型和直接利用语言信息进行运算。二元语义模型能克服信息失真和计算精度不高的问题，但较为烦琐，实用性欠缺；直接计算的方法虽然简便，但精度不如二元语义模型。鉴于此，综合两种方法，本书提出一种基于不确定语言信息的指标权重确定方法。

记 $U = \{U_1, U_2, U_3\}$ 表示组织内部信息传递的时效、质量与柔性度组成的评价指标集合；$e = \{e_1, e_2, \cdots, e_x\}(x \geqslant 2)$ 为 x 个专家的集合，其中：e_k 表示第 k 个专家，

$\boldsymbol{q}=\{q_1,q_2,\cdots,q_x\}^{\mathrm{T}}$ 为专家权重向量，q_k 表示第 k 个专家的权重。建立语言短语集 $S=\{S_0,S_1,\cdots,S_T\}$，假设第 k 个专家 e_k 针对具体任务下各评价指标给出判断矩阵 $\tilde{\boldsymbol{S}}^{(k)}=[\tilde{s}_{ij}^{(k)}]_{3\times3}$，其中 $\tilde{s}_{ij}^{(k)}=\left[s_{ija}^{(k)},s_{ijb}^{(k)}\right]$ 表示专家 e_k 给出的评价指标 i 针对评价指标 j 的评价信息为第 a 个到第 b 个语言短语的不确定语言信息。下面给出由 $\tilde{\boldsymbol{S}}^{(k)}$ 和 $\boldsymbol{q}$ 确定评价指标权重 ω 的方法，具体步骤如下所述。

步骤 1：邀请专家根据具体任务的特点对各评价指标两两比较打分，得到区间语言判断矩阵 $\tilde{\boldsymbol{S}}^{(k)}=[\tilde{s}_{ij}^{(k)}]_{3\times3}=\left[s_{ija}^{(k)},s_{ijb}^{(k)}\right]_{3\times3}$。

步骤 2：根据定义 2.1～定义 2.3，将 $\tilde{\boldsymbol{S}}^{(k)}$ 转化为区间二元语义判断矩阵 $\widehat{\boldsymbol{S}}^{(k)}=\left[(s_{ija}^{(k)},0),(s_{ijb}^{(k)},0)\right]_{3\times3}$。

步骤 3：根据专家权重向量 $\boldsymbol{q}=\{q_1,q_2,\cdots,q_x\}^{\mathrm{T}}$ 和式（2.2.4），将 $\widehat{\boldsymbol{S}}^{(k)}$ 集结为群体区间二元语义判断矩阵 $\widehat{\boldsymbol{S}}$。

步骤 4：根据定义 2.1～定义 2.3，将群体区间二元语义判断矩阵 $\widehat{\boldsymbol{S}}$ 转化为群体区间语言判断矩阵 $\boldsymbol{S}$。

步骤 5：根据式（2.2.5），将 $\boldsymbol{S}$ 中第 i 行的所有元素集结为评价指标 U_i 优于其他指标的区间综合偏好度 $\tilde{s}_i(i=1,2,3)$。

步骤 6：假设 $\tilde{s}_1=\left[s_a,s_b\right]$ 和 $\tilde{s}_2=\left[s_c,s_d\right]$，则由式（3.3.7）得到 $\tilde{s}_1\geqslant\tilde{s}_2$ 的可能度 $p(\tilde{s}_1\geqslant\tilde{s}_2)$。

$$p(\tilde{s}_1\geqslant\tilde{s}_2)=\min\left\{\max\left(\frac{b-c}{(b-a)+(d-c)},0\right),1\right\}\tag{3.3.7}$$

对 $\tilde{s}_i$ 中元素进行两两比较，根据式（3.3.7）构造可能度矩阵 $\boldsymbol{P}=\left(p_{ij}\right)_{3\times3}$，其中 $p_{ij}=p(\tilde{s}_i\geqslant\tilde{s}_j)$。

步骤 7：根据式（3.3.8）得到评价指标的权重 $\omega=(\omega_1,\omega_2,\omega_3)^{\mathrm{T}}=(\alpha,\beta,\gamma)^{\mathrm{T}}$。

$$\omega_i=\frac{1}{n\times(n-1)}\left(\sum_{j=1}^{n}p_{ij}+\frac{n}{2}-1\right),\ i=1,2,3\tag{3.3.8}$$

式中，$n=3$。

3.4 舰船并行建造质量监督组织结构动态选择方法

3.4.1 组织结构动态选择策略

根据文献[45]、[49]、[50]、[55]、[57]的研究结论，从信息流的角度分析，通常情况下矩阵制组织结构要优于职能制和项目制。然而，由于各军事代表室承担的任务类型、数量、特点和人员编制不尽相同，若整体采用矩阵制组织结构可能会随着任务的不断增加带来项目组任务与人员配置不协调等问题。不仅如此，舰船并行建造质量监督组织结构评价与选择的影响因素除信息流外，还应考虑任务周期、任务重要性、工作总量、管理模式、军事代表能力素质与积极性、资源配置、工作环境、组织文化等因素。因此，为提高舰船并行建造质量监督的质量与效益，军事代表室应在保持现有组织结构的基础上，以不同任务周期为起点，通过综合分析以上各项影响因素实现对组织结构的动态选择与调整，具体过程如图 3.2 所示。图中，已在任务周期内的 A、B 等任务保持现有职能制组织结构；t_1 时刻，新到任务 M、N，军事代表室通过组织结构评价，决定任务 N 保持职能制及其管理模式，任务 M 改为矩阵制，同理，任务 Y 保持不变，任务 Z 改为项目制。该策略以舰船型号任务为模块，综合考虑了包括信息流在内的组织结构选择各影响因素，通过动态选择与调整组织结构，最大限度地发挥其整体优势，实现任务和人员的优化配置。

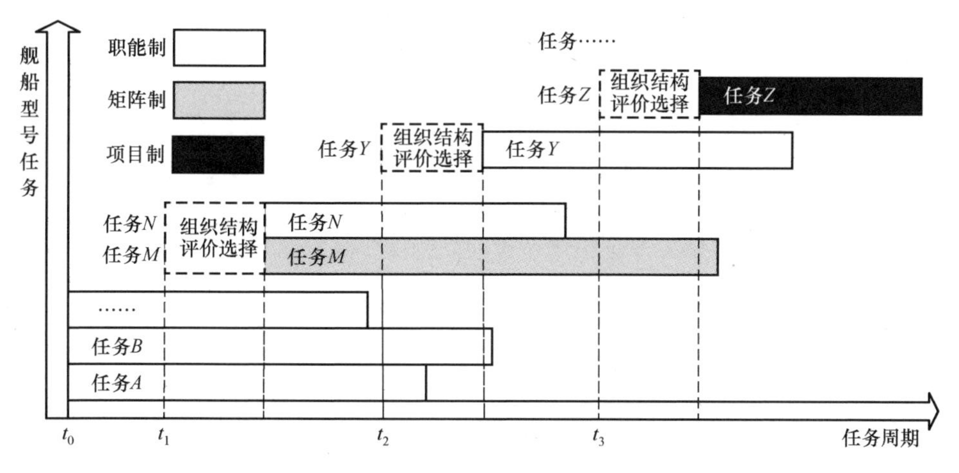

图 3.2　基于任务的舰船并行建造质量监督组织结构动态选择策略

基于任务的舰船质量监督的组织结构动态选择策略确立后，如何科学评价与选择组织结构成为该策略能否高效运转的关键。

3.4.2　组织结构动态选择原理与方法

3.4.2.1　问题描述

假设军事代表室承担了某项舰船建造任务后决定选择适合该项任务的组织结构。记 $X=\{X_1,X_2,\cdots,X_n\}$ 表示 n 个备选组织结构的集合（ $n\geqslant 2$ ）；军事代表室邀

请了 x 个专家 $e=\{e_1,e_2,\cdots,e_x\}(x\geqslant 2)$，其中：$e_k$ 表示第 k 个专家，$\boldsymbol{q}=\{q_1,q_2,\cdots,q_x\}^{\mathrm{T}}$ 为专家权重向量，q_k 表示第 k 个专家的权重；$U=\{U_1,U_2,\cdots,U_m\}$ 表示 m 个组织结构影响因素构成的集合。

鉴于组织结构选择影响因素多、随任务变化大的特点，在给定既定任务后，采取第一轮初步评估的方法对所有影响因素进行筛选。由于邀请的专家来自不同部门，可能因自身专业局限、知识水平或其他外部原因对某些影响因素的判断缺少把握，为获取最真实的信息、降低评价难度，允许专家根据两两因素比较结果给出反映自身偏好的残缺语言判断矩阵。建立语言短语集 $S=\{S_0,S_1,\cdots,S_T\}$，记 $\boldsymbol{R}^k=[r_{ij}^k]_{m\times m}$ 为第 k 个专家针对 m 个影响因素给出的残缺语言判断矩阵。如何根据 $\boldsymbol{R}^k$ 对组织结构选择各影响因素进行筛选是需要解决的第一个问题。

完成第一轮初评后，筛选出对既定任务影响较大的因素，记为因素集 $U^s=\{U_1^s,U_2^s,\cdots,U_L^s\}$，设影响因素的权重集 $\omega^s=\{\omega_1^s,\omega_2^s,\cdots,\omega_L^s\}$。考虑到专家的个人经验、习惯等差别，为提高评估准确性，针对 x 个专家设置不同粒度语言信息集 $S^1,S^2,\cdots,S^x$，$S^l=\left\{s_i^l\middle|i\in\left\{0,1,\cdots,\frac{T_l}{2}-1,\frac{T_l}{2},\frac{T_l}{2}+1,\cdots,T_l\right\}\right\}$，$l\in\{1,2,\cdots,x\}$，$S^l$ 表示第 l 个语言信息集；S^l 中的元素个数 T_l+1 即 S^l 的粒度，记为 $\tau(S^l)$。假设第 k 个专家 e_k 针对备选组织结构集合 X 给出的偏好信息为 $\tilde{S}^{(k)}=\left[\tilde{s}_{ij}^{l(k)}\right]_{n\times L}\left(k=1,2,\cdots,L\right)$，其中，$\tilde{s}_{ij}^{l(k)}=\left[s_{ija}^{l(k)},s_{ijb}^{l(k)}\right]$ 表示专家 e_k 根据 $\tau(S^{l(k)})$ 粒度的语言信息给出的组织结构 X_i 针对影响因素 U_j^s 的评价信息，该评价信息为第 a 个到第 b 个语言短语的不确定语言信息。如何根据 $\tilde{S}^{(k)}$ 对组织结构进行排序与选择是需要解决的第二个问题。

3.4.2.2 基于二元语义的组织结构选择影响因素筛选方法

根据二元语义的特点及其相关概念与算法，给出基于二元语义的组织结构选择影响因素筛选方法。

定义 3.1 设 C 为专家给出的残缺语言判断矩阵 $\boldsymbol{R}^k=[r_{ij}^k]_{m\times m}$ 的残缺度，则有

$$C=\frac{\chi}{m(m-1)} \tag{3.4.1}$$

式中，χ 表示残缺元素的数目；当 $C\in\left[0,\frac{m-2}{m}\right]$ 时，$\boldsymbol{R}^k$ 为可接受的残缺语言判断矩阵。

由式（3.4.1），判定残缺语言判断矩阵 $\boldsymbol{R}^k=[r_{ij}^k]_{m\times m}(k=1,2,\cdots,x)$ 是否属于可接受范围；由定义 2.7 确定 $\boldsymbol{R}^k$ 中的所有未知元素，得到可接受且完整的语言判断矩阵 $\hat{\boldsymbol{R}}^k=[\hat{r}_{ij}^k]_{m\times m}$；运用式（2.2.8）集结所有专家的 $\hat{\boldsymbol{R}}^k$，得到专家群的完整二元语义判断矩阵 $\boldsymbol{T}=[t_{ij}]_{m\times m}$，且

$$t_{ij}=\phi(\hat{r}_{ij}^1,\hat{r}_{ij}^2,\cdots,\hat{r}_{ij}^x)=\Delta(u_1b_{ij}^1+u_2b_{ij}^2+\cdots+u_xb_{ij}^x),\quad i,j=1,2,\cdots,m \tag{3.4.2}$$

向量 $\boldsymbol{b}_{ij}=(b_{ij}^1,b_{ij}^2,\cdots,b_{ij}^x)^{\mathrm{T}}$ 中的元素 b_{ij}^k 为集合 $\{\Delta^{-1}(\hat{r}_{ij}^k),\big|\hat{r}_{ij}^k\in\hat{\boldsymbol{R}}^k,k=1,2,\cdots,x\}$ 中按大小排在第 k 位的元素，$\boldsymbol{u}=(u_1,u_2,\cdots,u_x)^{\mathrm{T}}$ 中的元素 u_k 为与 b_{ij}^k 对应的权重向量，且

$$u_k=\frac{\Delta^{-1}(v_k)}{\sum_{i=1}^{x}\Delta^{-1}(v_k)},\ k=1,2,\cdots,x \tag{3.4.3}$$

由定义 2.8，集结 $T=[t_{ij}]_{m\times m}$ 中第 i 行的所有元素 $t_{ij}(i,j=1,2,\cdots,m)$，得到影响因素 U_i 高于其他因素的总体偏好程度 $\hat{t}_i(i=1,2,\cdots,m)$。由于各影响因素不存在偏好关系，因此得到

$$\hat{t}_i=\phi(t_{i1},t_{i2},\cdots,t_{im})=\Delta(\frac{1}{m}\sum_{j=1}^{m}d_{ij}),\ i=1,2,\cdots,m \tag{3.4.4}$$

式中，向量 $\boldsymbol{d}_i=(d_{i1},d_{i2},\cdots,d_{im})^{\mathrm{T}}$ 中的元素 d_{ij} 为集合 $\{\Delta^{-1}(t_{ij}),\big|t_{ij}\in T,i,j=1,2,\cdots,m\}$ 中按大小排在第 j 位的元素。

由式（3.4.4）可得到各影响因素集结后的权重向量 $\boldsymbol{\omega}=(\omega_1,\omega_2,\cdots,\omega_n)$，其中

$$\omega_i=\frac{\Delta^{-1}(\hat{t}_i)}{\sum_{i=1}^{m}\Delta^{-1}(\hat{t}_i)} \tag{3.4.5}$$

由 ω_i 的大小对 $U=\{U_1,U_2,\cdots,U_m\}$ 中的 m 个影响因素进行排序。通常情况下，m 个影响因素中 $\omega_i\geqslant 1/m$ 的因素为对既定任务影响较大的因素，从而得到因素集 $U^s=\{U_1^s,U_2^s,\cdots,U_L^s\}$。

3.4.2.3　基于不确定语言短语优势度的组织结构选择方法

在组织结构的选择过程中，专家给出的偏好信息 $\tilde{S}^{(k)}$ 为多粒度不确定语言信息。因此，将不确定语言短语优势度的相关概念引入组织结构评价与选择过程，给出基于不确定语言短语优势度的组织结构选择方法。

专家给出 $\tilde{S}^{(k)}$ 后，根据式（2.2.11）计算组织结构 (X_i, X_j) 之间关于影响因素 U_t^s 的优势度 $d_{ijt}^{(k)}$，并构建优势度矩阵 $\boldsymbol{D}_t^{(k)} = (d_{ijt}^{(k)})_{n\times L}$；由加权平均法，得到单个专家的综合优势度为

$$d_{ij}^{(k)} = \sum_{t=1}^{L} \omega_t^s d_{ijt}^{(k)},\ i, j = 1, 2, \cdots, n; k = 1, 2, \cdots, x \tag{3.4.6}$$

根据式（3.4.6），构建两两组织结构相互比较的单个专家综合优势度矩阵 $\boldsymbol{D}^{(k)} = (d_{ij}^{(k)})_{n\times n}$；再次运用加权平均法，由 $\boldsymbol{D}^{(k)}$ 和专家权重向量 $\boldsymbol{q} = \{q_1, q_2, \cdots, q_x\}^{\mathrm{T}}$ 计算专家综合优势度矩阵 $\boldsymbol{D} = (d_{ij})_{n\times n}$，其中

$$d_{ij} = \sum_{k=1}^{L} q_k d_{ij}^{(k)},\ i, j = 1, 2, \cdots, n \tag{3.4.7}$$

根据式（3.4.6），可得到组织结构的最终排序。结合 $\boldsymbol{D}$ 还可进一步明确组织结构之间的优势度。

3.4.3 组织结构动态选择步骤

舰船并行建造质量监督组织结构选择总体上分为三个过程：首先，采取第一轮初步评估的策略对所有组织结构选择影响因素进行筛选；其次，确定筛选出各影响因素的权重；最后，对舰船质量监督组织结构进行排序与选择。整个流程如图 3.3 所示，具体步骤如下。

步骤 1：根据新任务情况初步梳理组织结构选择各影响因素，建立因素集 $U = \{U_1, U_2, \cdots, U_m\}$。邀请专家对各影响因素两两比较打分，得到残缺语言判断矩阵 $\boldsymbol{R}^k = [r_{ij}^k]_{m\times m}$。

步骤 2：根据式（3.4.1）判定 $\boldsymbol{R}^k$ 是否属于可接受范围，并由定义 2.7 确定 $\boldsymbol{R}^k$ 中的所有未知元素，得到 $\hat{\boldsymbol{R}}^k = [\hat{r}_{ij}^k]_{m\times m}$。

步骤 3：根据式（3.4.2）得到专家群的完整二元语义判断矩阵 $\boldsymbol{T} = [t_{ij}]_{m\times m}$。

步骤 4：根据式（3.4.3）得到影响因素 U_i 高于其他因素的总体偏好程度 $\hat{t}_i (i = 1, 2, \cdots, m)$。

步骤 5：根据式（3.4.4）得到各影响因素的集结权重向量 $\boldsymbol{\omega} = (\omega_1, \omega_2, \cdots, \omega_n)$，并对 $U = \{U_1, U_2, \cdots, U_m\}$ 中的 m 个影响因素进行排序与筛选，得到因素集 $U^s = \{U_1^s, U_2^s, \cdots, U_L^s\}$，完成初步评估。

步骤 6：运用上述步骤计算 $U^s = \{U_1^s, U_2^s, \cdots, U_L^s\}$ 中的各重要影响因素的权重，得到 $\omega^s = \{\omega_1^s, \omega_2^s, \cdots, \omega_L^s\}$。

步骤 7：邀请专家给出组织结构 X_i 针对影响因素 U_j^s 的评价信息，得到多粒度不确定语言信息矩阵 $\tilde{\boldsymbol{S}}^{(k)}$ 。

步骤 8：根据式（2.2.11）、式（2.2.12）、式（3.4.5）构建两两组织结构相互比较的单个专家综合优势度矩阵 $\boldsymbol{D}^{(k)}=(d_{ij}^{(k)})_{n\times n}$ 。

步骤 9：根据式（3.4.6）计算专家群综合优势度矩阵 $\boldsymbol{D}=(d_{ij})_{n\times n}$ 。

步骤 10：根据式（2.2.13）和 $\boldsymbol{D}$ 得到带有优势度的舰船质量监督组织结构的最终排序，根据排序结果进行组织结构优选。

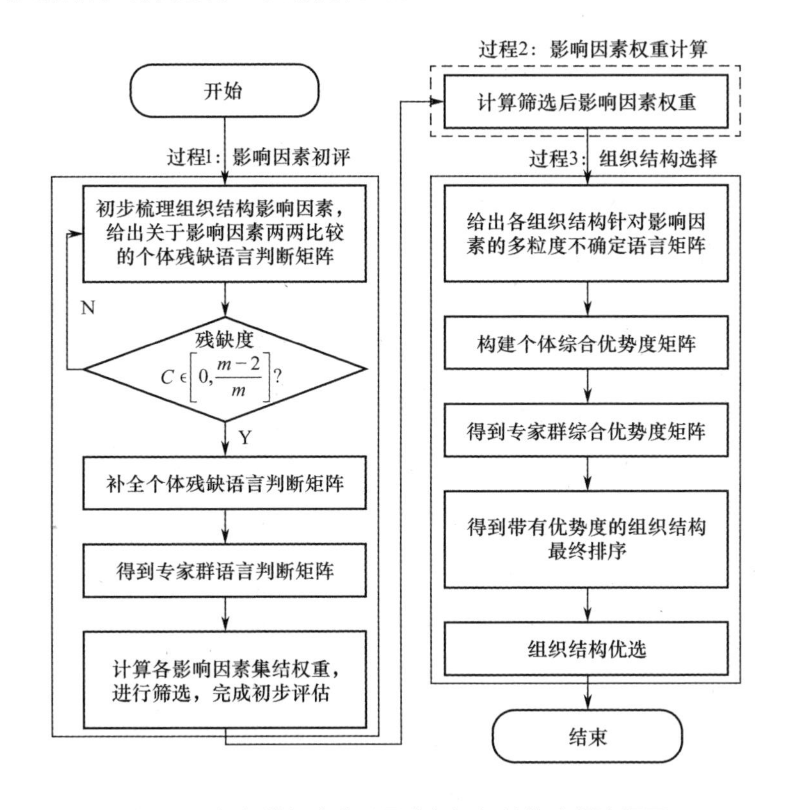

图 3.3　舰船并行建造质量监督组织结构选择流程图

3.5　本章小结

本章首先对舰船多项目并行建造质量监督相关概念进行了界定，分析了舰船多项目并行建造质量监督工作的特点、组织结构评价与选择的影响因素，从信息流传输的时效性、准确性与组织对环境变化的适应能力出发，构建了舰船并行建造质量监督组织结构熵评价模型及其求解方法，提高了组织结构评价的准确性；在此基础上，为有效解决组织结构选择影响因素多、随任务变化大的问题，提出了基于任务的组织结构动态选择策略及其配套的质量监督组织结构选择方法，为进行组织结构创新和管理流程优化提供组织基础，为提高舰船多项目并行建造过程的进度管理能力、降低质量风险提供保证。

第4章

舰船多项目并行建造进度管理方法

对组织结构进行测度、评价、选择与优化后，宏观上可以优化舰船多项目并行建造过程中的任务分配和工作流程，打通专业分工和信息阻塞节点，提升集成管理能力。与单项目相比，舰船多项目并行建造过程最大的变化是多条舰船及其子项目共同竞争和分享船厂内有限的各类资源，造成资源在计划工期内的相对短缺或使用“过载”，从而导致进度拖期与工期延误。因此，进度管理是优化进度计划、平衡资源分配和化解进度风险的有效手段。为提高舰船多项目并行建造条件下进度管理与整体规划能力，本章主要研究多项目并行建造进度管理方法，提出多资源约束下进度管理步骤及对应的进度优化模型和缓冲区设置方法，为军事代表室指导装备承制单位开展质量监督工作提供有效的进度管理工具。

4.1 舰船多项目并行建造进度管理步骤

基于关键链的多项目进度管理的本质是依据约束理论通过挖潜制约舰船建造过程的“瓶颈”，核心是研究对资源的合理调配机制，协调项目间的多资源冲突，提高整体进度规划与管理能力。根据舰船建造特点，结合约束理论的五步骤法，从总体上给出基于关键链的舰船多项目并行建造进度管理步骤。

4.1.1 网络概念模型构建

舰船多项目并行建造进度管理问题可以用网络概念模型表示。I 个项目分别隶属于 I 艘并行建造的舰船，任何一个项目 $i(i=1,2,\cdots,I)$ 表示为 $G_i=(V_i,E_i)$，I 个项目共包含 $N(N=\sum_{i=1}^{I}N_i)$ 个工序。

在网络概念模型中，G_i 为一个单代号网络计划图（Activity on Node，AON），工序节点集 $V_i=\{N_{i-1}+1,N_{i-1}+2,\cdots,N_i\}$ 表示项目 i 中包含若干工序，其中 $N_{i-1}+1$ 和 N_i 为首尾工序，均为虚节点，E_i 为有向箭线集，表示工序紧前紧后关系。为了使后续求解具有可操作性，分别设置虚拟起始节点和终止节点 0 和 $N+1$，将节点 0 和 $G_i(i=1,2,\cdots,I)$ 的所有起始节点、节点 $N+1$ 和 G_i 的所有终止节点分别连接，并添加相应的有向箭线 E_0 和 E_{N+1}。将 I 个项目连接为一个完整的网络，由此得到舰船多项目并行建造网络图 $G=(V,E)$，如图 4.1 所示。

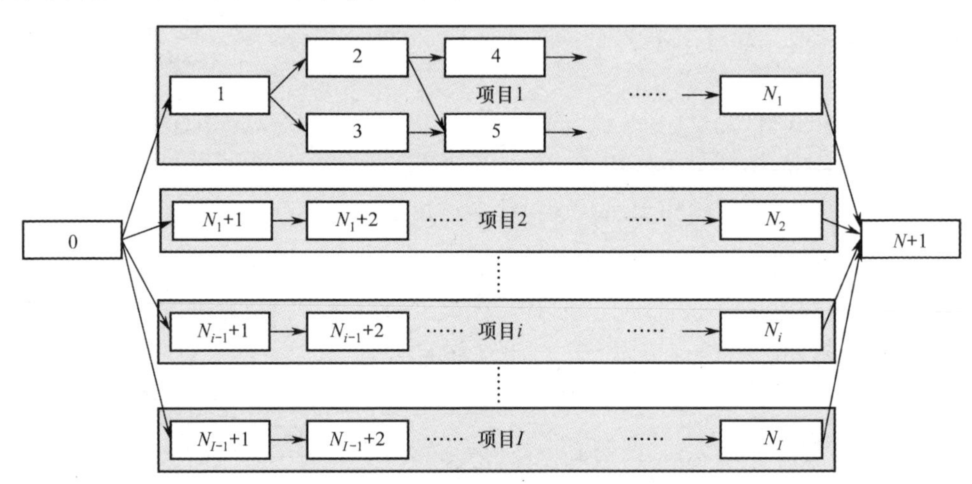

图 4.1　舰船多项目并行建造网络图

对于舰船多项目并行建造网络概念模型，做如下假设和限定。

（1）模型为“静态”模型，I 个项目相互独立且并行展开，虚拟开始时间相同，结束时间可以不同，各虚工序均不占用时间与资源。

（2）模型中对所有项目及其工序进行了编码，编码是连续且唯一的。如项目 1 中包含的工序为 1～N_1，项目 2 中包含的工序为 N_1+1～N_2，依此类推。

（3）各工序仅有一种执行模式，所需独立资源（非共享资源）量均能得到满足，工序开始后中途不能停止。

（4）$G=(V,E)$ 中存在“紧前紧后”约束和资源约束。项目 i 中工序 j 完工所需

要 p 的资源量为 $R_{ij,p}$ ，p 为受限的资源类型，隶属资源类型集 $P=\{1,2,\cdots,p\}$ ，对应的资源容量为 R_p 。各项目和工序共享 p 类资源，各类资源均为可更新资源，且为连续整型变量。

（5）项目 i 中节点 j 的开始时间、结束时间和工期分别表示为 t_{ij}^S 、t_{ij}^F 和 d_{ij} ，且满足 $t_{ij}^S+d_{ij}=t_{ij}^F$ 。当 $j=N_{i-1}+1$ 时，$t_{i(N_{i-1}+1)}^S$ 为项目 i 的开始时间；当 $j=N_i$ 时，$t_{i(N_i)}^F$ 为项目 i 的完工时间，项目 i 的工期为 $d_i=t_{i(N_i)}^F-t_{i(N_{i-1}+1)}^S$ 。

（6）I 个项目的权重为 $\omega_1,\omega_2,\cdots,\omega_I$ 。确定项目优先权的目的是作为后续多项目优化模型的输入，由于合同订立阶段对各型舰船会提出明确要求，制订生产计划时也会重点安排。因此，I 个项目的优先级与权重是相对明确的，且在模型中直接给出。

（7）每个工序及其对应参数根据模型需要均有两种表示方式。如 t_{ij}^S 表示项目 i 中节点 j 所代表工序的开始时间，$t_{N_i}^S$ 表示多项目 0～$(N+1)$ 个节点中第 N_i 个节点所代表工序的开始时间。由于节点 N_i 所代表的工序属于第 i 个项目，因此 $t_{N_i}^S$ 也可以表示为 $t_{i(N_i)}^S$ 。

4.1.2　单项目进度管理

在 $G=(V,E)$ 中，对每个项目分别进行单项目进度管理，识别单项目关键链。具体过程如下。

（1）确定各项目中工序的工期 d_{ij}^X 和安全时间 σ_{ij} 。

（2）构建单项目进度优化模型，设计模型的求解算法。

（3）确定单项目关键链。根据单项目进度优化模型及其算法确定每个项目的关键链，形成调整后的网络图 $G'=(V,E')$ 。$G'=(V,E')$ 中节点集 V_i 不变，有向箭线集 E_i' 根据关键链原理和工序紧前紧后关系进行调整。

（4）单项目缓冲区设置。确定各项目的项目缓冲 PB_i^X 与汇入缓冲 $(\mathrm{FB}_{ij}^L)^X$ 的位置和大小。PB_i^X 为项目 i 的项目缓冲修正值，$(\mathrm{FB}_{ij}^L)^X$ 为项目 i 中第 L 条非关键链工序 j 后的汇入缓冲修正值。

4.1.3　多项目进度管理

多项目进度管理过程主要针对调整后的网络图 $G'=(V,E')$ 进行多项目进度优化，识别多项目瓶颈链，即总关键链。

由于目前缺乏理想的 CCB 计算与插入方法，在多项目管理中考虑 CCB 不仅会造成缓冲区配置分散，而且影响最短项目排程，因此，应以发掘最适合多项目的调度方法为核心，将关键链理论与 MRCMPSP 相结合。具体过程如下。

1. 构建多资源限制下的多项目进度优化模型，设计模型的求解算法

在进度优化过程中，$(\mathrm{FB}_{ij}^{L})^{X}$ 同与其相接的前序工序作为一个整体进行调度，不考虑单项目中的 PB_{i}^{X}。

2. 仿真计算，识别瓶颈链

确定多项目中各工序的开始时间、结束时间、各项目的初始工期 d_i^C 及初始项目总工期 d^C，识别瓶颈链。

在识别瓶颈链时，对于开始时间、结束时间和工期均相同的工序，在不同项目中选择所在项目优先级高的工序作为瓶颈链，在同一项目中选择单项目调度时已作为关键链的工序作为瓶颈链。

3. 多项目缓冲区设置

确定多项目的项目缓冲 MPB 与多项目汇入缓冲 FB_{ij}^{M} 的位置与大小。

4. 计算各项目的工期 d_i 及项目总工期 d

根据多项目缓冲区设置，由式（4.1.1）～式（4.1.3）确定 d_i 与 d。

$$d_i = d_i^C + \mathrm{PB}_i \tag{4.1.1}$$

$$d_\delta = d_\delta^C + \mathrm{MPB} \tag{4.1.2}$$

$$d = d^C + \mathrm{MPB} \tag{4.1.3}$$

式中，d_i 为非瓶颈链项目工期；d_δ 为最后一个完工工序 δ 所在项目的工期；d 为项目总工期。

4.1.4 缓冲区监控

基于关键链的多项目进度管理方法相比于传统项目管理方法、关键路径法，不仅制定了科学的进度计划方案，在控制机制上更有明显区别。一方面，当多项目进度计划制订后，各工序应重点关注其紧前工序的完工时间，采取“接力赛”模式，依据瓶颈链优先原则，尽早安排瓶颈链上的工序开工，非瓶颈链上的工序越晚开始越好。通常按计划节点开始，使得各项资源能够集中于瓶颈链工序的完成，降低延期和返工风险。另一方面，当工序或项目未按工期节点完工时，会逐渐消耗缓冲区时间，缓冲区监控作为重要的预警控制机制，通过监控各项目缓冲区的消耗情况能够直观掌握各项目的进展，并采取对应的管理控制措施，及时平衡资源配置，进一步降低各种不确定风险因素带来的进度风险。此外，如果缓冲区设置合理，各项目执行过程中缓冲区未完全消耗，则无须重新制订进度计划，这样可以提高管理效率，有效降低各种成本。

缓冲区监控机制是在整个多项目周期内，将多项目实际执行进度与其进度优化方案进行比较，通过监控缓冲区消耗比例实施预警控制。根据 Goldratt 提出的缓冲区监控方法和调整后网络图 $G'=(V,E')$ 中缓冲区的分布情况，制定如下缓冲消耗与监控策略。

（1）瓶颈链上各工序消耗多项目的项目缓冲 MPB 。非瓶颈链上各工序原则上消耗对应的多项目汇入缓冲 FB^M ，FB^M 消耗完后开始消耗 MPB 。隶属最后一个完工工序所在项目且在非瓶颈链上的工序若没有对应 FB^M ，则消耗 MPB 。

（2）缓冲区监控重点监控 MPB 的消耗情况，同时，对各单项目中的原项目缓冲（现多项目中部分汇入缓冲）PB 进行辅助监控。

（3）将缓冲区分为多项目处于执行状态的安全区、临界区和延误区。缓冲区 MPB 消耗量低于1/3时，多项目处于安全区，表示当前多项目总体执行情况良好；缓冲区 MPB 消耗量介于1/3～2/3时，多项目处于安全区临界域，表示当前缓冲区消耗量较大，多项目执行中可能出现返工、拖期等问题，要求管理人员加强进度监管，并对出现进度延迟的工序及其所在车间或部门进行关注；缓冲区 MPB 消耗量高于2/3时，多项目处于延误区，表示项目缓冲被大量占用，多项目执行中产生了较严重偏差，必须做好调整计划方案的准备。同时，深入分析进度延迟的原因，采取必要的管控措施避免工期拖延情况进一步恶化及其可能带来的各项风险，尽可能地将多项目状态调整至临界区或安全区。

（4）缓冲区消耗比例的定量要求应根据多项目完成率进行动态调整，综合考虑各项因素判断是否调整计划方案。当缓冲区 MPB 消耗量高于2/3但项目接近完工时，则不需要调整。根据缓冲区消耗量与多项目进度的关系建立多项目缓冲区管理示意图，如图 4.2 所示。

舰船多项目并行建造进度管理的核心是良好的多项目进度优化方案和缓冲区设置方法，这也是多项目高效执行的根本保证。因此，本书将重点对进度优化模型与缓冲区设置进行研究。

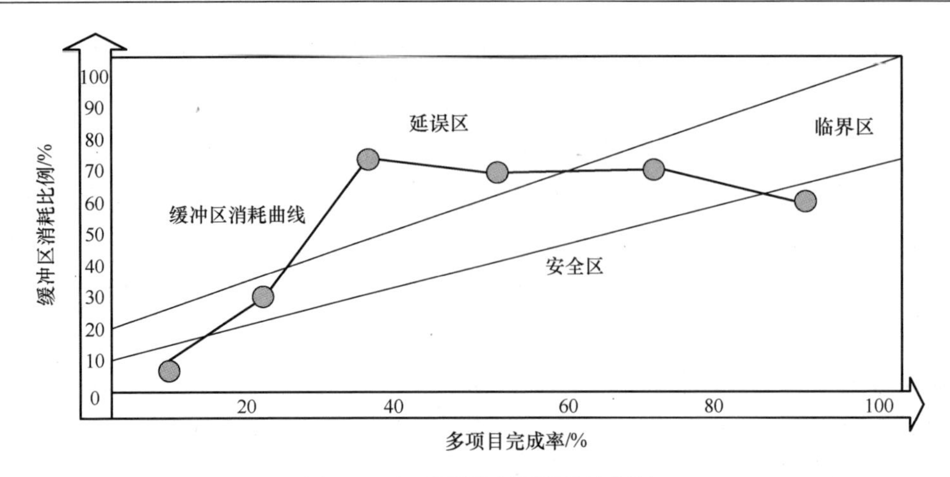

图 4.2　多项目缓冲区管理示意图

4.2　舰船多项目并行建造进度优化模型

依据舰船多项目并行建造进度管理步骤，实现进度优化的关键步骤是对网络概念模型中的单项目和多项目分别调度，进度优化模型是调度的基础。在关键链多项目管理理论中，项目进度优化通常基于“鼓资源”优先调度的思路，通过挖潜对整个系统进度贡献最明显且负荷最重的“鼓资源”、次要化单项目进度计划等环节完成。然而，“鼓资源”评价受主观因素影响较大，对“鼓资源”和其他资源先后进行调度又会破坏原有调度序列，降低系统整体规划能力。因此，不单独对“鼓资源”进行调度，而是通过设计单项目与多项目进度优化模型及其算法实现对限制资源配置的综合优化。

4.2.1　进度优化模型构建

4.2.1.1　单项目进度优化模型

单项目进度优化的目的是识别舰船建造网络概念模型中各项目的关键链，在满足各项约束条件的前提下寻求项目的最短周期。因此，针对网络图 $G=(V,E)$，给出的数学模型如下：

$$\min t_{iN_i}^F \tag{4.2.1}$$

$$\text{s.t.}\quad t_{i(j-1)}^F + d_j^X \leqslant t_{ij}^F, \forall i,j \tag{4.2.2}$$

$$\sum_{j\in A_t} r_{ij,p} \leqslant R_p \tag{4.2.3}$$

$$t_{ij}^F \geqslant 0, \forall i,j \tag{4.2.4}$$

式（4.2.1）为目标函数，表示项目 i 的最短周期为优化目标；式（4.2.2）为紧前约束，表示项目 i 中工序 j 只有在所有紧前工序完成后才能开始；式（4.2.3）为资源约束，表示 t 时刻进行的所有工序对资源 p 的分配数量不能超过其资源容量，$r_{ij,p}$ 为分配给工序 j 的资源 p 的数量，A_t 为 t 时刻进行的所有工序的集合；式（4.2.4）要求工序的完成时间是非负的。

4.2.1.2　多项目进度优化模型

在舰船多项目并行建造过程中，I 个项目分别隶属 I 艘舰船。从横向来看，项目 i 是舰船 i 建造过程的一个节点，船厂需要优化项目 i 的工期以加快舰船的建造进度；从纵向来看，I 个项目在有限的时空范围和资源约束下同时进行，船厂需要在优化并行项目总工期的过程中合理协调与分配各种资源获取最佳项目实施组合。因此，针对网络图 $G'=(V,E')$，给出数学模型如下：

$$\min\left\{\lambda_1\cdot t_{i(N+1)}^F+\lambda_2\cdot\sum_{i=1}^{I}\left[\alpha_i\cdot\left(t_{iN_i}^F-t_{i(N_{i-1}+1)}^S\right)\right]\right\} \tag{4.2.5}$$

$$\text{s.t.}\qquad t_{i(j-1)}^F+d_{ij}\leqslant t_{ij}^F,\forall i,j \tag{4.2.6}$$

$$\sum_{j\in A_t} r_{ij,p}\leqslant R_p \tag{4.2.7}$$

$$t_{ij}^F\geqslant 0,\forall i,j \tag{4.2.8}$$

式（4.2.5）为目标函数，表示把并行项目总工期与各项目工期加权和的综合优化为目标，式中，λ_1 为整个项目完工时间即并行项目总工期 $t_{i(N+1)}^F$ 的权重；λ_2 为各项目工期加权和的权重；α_i 为项目 i 的权重，$\sum_{i=1}^{I}\alpha_i=1$。式（4.2.6）～式（4.2.8）为调整后的网络图 $G'=(V,E')$ 中的约束关系。

4.2.2　混合优化算法

4.2.2.1　进度优化模型的求解策略

进度优化模型的求解是典型的 NP-hard 问题，通常采用基于优先规则的启发式算法和智能算法。启发式算法虽然快速、简便，但需要针对待求解问题开发特定的启发式规则，并且其优化效果还受到项目规模、网络复杂度和资源限制情况等因素的影响。智能算法是将智能化局域搜索技术与启发式方法相结合而形成的，其基本思路是基于某个领域，对可行集中的子集进行局部搜索，通过不断的迭代寻求“最好”，直到满足终止条件，并把终止时的“最好”解作为最优解。智能算法虽然不一定能得到问题的最优解，但能在求解质量与效率上达到相对平衡，高效地在复杂而庞大的搜索空间发掘最优解，因而更适用于舰船建造等大型复杂工程项目求解。

智能算法以 GA 为主要代表。由于 GA 存在不成熟收敛而陷入局部最优和收敛速度慢的问题，针对单项目进度优化模型，以 GA 为基本框架融入了 GSA 和禁忌搜索算法，设计了万有引力遗传禁忌搜索算法（Genetic Algorithms in Gravitational and Taboo Search，GAGTS）。GSA 具有较强的全局搜索能力，故将 GSA 引入遗传算法的选择与交叉环节，可以充分利用个体运动法则和最优个体信息保持种群多样性和算法的全局寻优能力，解决不成熟收敛的问题；禁忌搜索算法具有较强的局部搜索能力，但对初始解有较高的依赖性，故在算法后期引入禁忌搜索算法，将寻优结果作为禁忌搜索算法的初始值，不仅能进行局部的爬山优化，更有利于提高算法整体性能和收敛速度。

4.2.2.2 混合优化算法设计

混合优化算法以求解多项目进度优化模型为例进行说明。

针对多项目进度优化模型，在 GAGTS 的基础上设计了双层混合优化算法：在上层算法中，重点依据 GAS 对初始种群进行遗传操作，进一步增加种群的广度与多样性，避免算法进入局部最优；在下层算法中，重点对输入合并后的若干子种群及其最优解进行禁忌搜索操作，增加种群的深度，提高算法的局部搜索能力与求解质量。

基于进度优化模型的求解策略，针对多项目进度优化模型设计了双层混合优化算法。双层混合优化算法以遗传算法的进化过程为基本框架，在上层算法中，将初始种群随机均分为 β 个子种群，采取 GSA 进行选择、交叉与变异；在下层算法中，输入合并后的若干子种群及其最优解，分别采取种马进化算法和 GSA 进行选择与交叉，并对变异后的个体进行禁忌搜索操作。两层算法均设计 10 次迭代，其中，上层算法的 β 个子种群进化 10 次后合并，连同其最优解输入至下层算法。下层算法每次迭代前须进行终止条件判断，若不满足终止条件，则迭代 10 次后返回下层算法继续寻优多项目混合优化算法流程如图 4.3 所示。

混合优化算法的具体步骤如下。

1. 染色体编码产生初始种群

混合优化算法以遗传算法为基本框架，首先解决染色体编码问题。在多项目进度优化模型中，紧前紧后约束体现了时序关系，是一种“硬”约束，进度优化时必

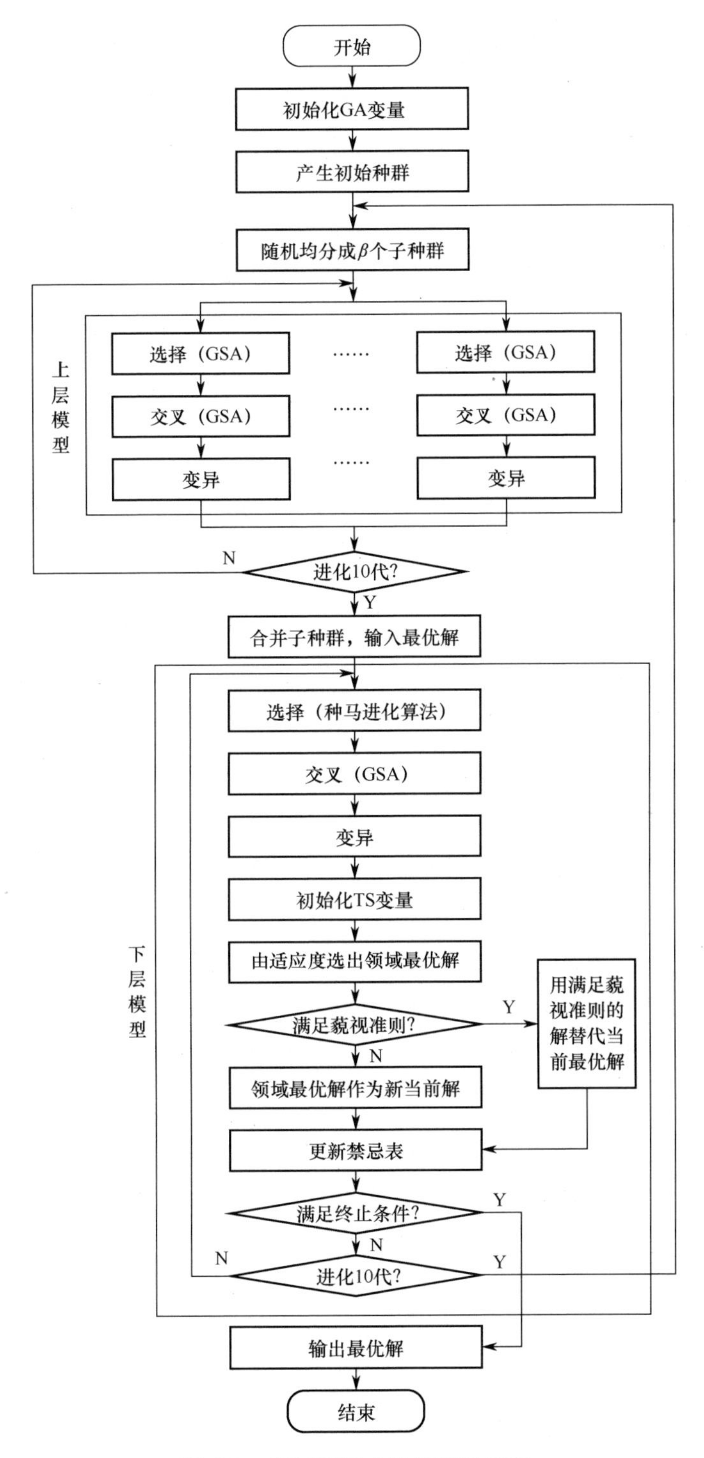

图 4.3　多项目混合优化算法流程

须满足；资源约束将影响到工序的优先顺序，属于“软”约束，对于每个工序而言，孰先孰后均可行，但会影响到整个项目周期。因此，染色体编码应去除“硬”约束（采用相关方法直接生成满足“紧前紧后”关系的基因序列），优化“软”约束，使染色体在优化目标下不断进化。

基于上述思想，对项目中的所有工序采用基于优先权的编码方式进行编码。每个基因代表一个工序，用基因座（基因在染色体中的位置）表示工序的 ID，等位基因（基因值）表示工序的优先权。基因值为整数，基因值越小则优先级越高。在网络图 $G=(V,E)$ 中，I 个项目共包含 N 个工序，基因座对应各工序（虚工序除外）的节点编号，基因值为 $[1,N]$ 的整数，且不能重复出现，编码后每条染色体代表多项目的一种进度优化方案。第 k 条染色体的表达式为 $X_k=[x_k^1,x_k^2,\cdots,x_k^i,\cdots,x_k^N]$，$x_k^i$ 表示染色体 k 中第 i 个基因对应的基因值，如图 4.4 所示。

1	2	3	4	……	N	位置：工序的ID
1	4	2	3	……	N	基因值：工序的优先权

图 4.4　基于优先权的编码

种群的初始化对提高算法效率具有重要作用。由于存在紧前紧后约束，如果以随机方式生成种群后再对不满足约束条件的染色体进行删减，不仅会降低算法效率，还会使初始种群在解空间分布的均匀性和搜索的全局性受到影响，因此，采用如下步骤产生满足“紧前紧后”约束关系的初始种群。

以第 k 条染色体 $X_k=[x_k^1,x_k^2,\cdots,x_k^i,\cdots,x_k^N]$ 为例，$x_k^1,x_k^2,\cdots,x_k^i,\cdots,x_k^N$ 分别表示 N 个工序，设 3 个一维数组 A_1、A_2、A_3 分别表示未完成工序集、可执行工序集和已完成工序集，二位数组 B 表示紧前关系约束，每一列为 A_1 中未完成的工序所对应的紧前工序集。

步骤 1：令 $j=1$，$A_1=[x_k^2,\cdots,x_k^i,\cdots,x_k^N]$，$A_2=[x_k^2,\cdots,x_k^i,\cdots,x_k^N]$，$A_3=[x_k^1]$，设 P_i 为基因 x_k^i 所表示工序的紧前工序集，则 $B=[P_2,\cdots,P_i,\cdots,P_N]$。

步骤 2：若 $j\leqslant N$，则 $j=j+1$，令 $i=1$，转步骤 3；否则转步骤 6。

步骤 3：若 $i\leqslant N$，则 $i=i+1$，转步骤 4；否则转步骤 2。

步骤 4：若 $P_i\subseteq A_3$，则 $A_2=A_2+x_k^i$，$A_1=[x_k^2,\cdots,x_k^{i-1},0,x_k^{i+1},\cdots,x_k^N]$，转步骤 3；否则转步骤 5。

步骤 5：$x_k^{\text{rand}}=\text{rand}(A_2)$，$A_3=A_3+[x_k^{\text{rand}}]$，$A_2=A_2-[x_k^{\text{rand}}]$。

步骤 6：返回 A_3，结束。

循环结束时，A_1 和 A_2 为空，A_3 为随机排列的满足紧前紧后约束的工序集。由于染色体中的基因与工序一一对应，因此 A_3 为代表符合种群初始化要求的染色体。

2. 适应值评价

染色体的适应值是多项目进度优化方案的评价标准。适应值评价过程分为两个阶段：染色体解码和适应值计算。

由于染色体中仅包含各工序的优先排列顺序，即“紧前紧后”关系，并未体现资源约束和各工序的开始与结束时间。因此，需要对染色体进行解码操作，将染色体编码转换为进度优化模型中满足约束条件的输入值。

假设有 I 个并行项目，X_k 为第 k 条染色体，染色体中对应工序 j 的开始时间为 t_j^S，工期为 d_j'，P_j 为 j 的紧前工序集。染色体解码算法的伪代码如下。

```
Begin
  j ← 1, t_1^S ← 0;
   For j ← 1 to j <= N
       t_i^S ← max{t_π^S + d'_π};（max{t_π^S + d'_π} 为工序 j 所有紧前工序完成时间的最大值，π ∈ P_i）
       If Σ_{j∈A_t} r_{j,p} > R_p（判断工序 j 在持续时间内是否存在资源冲突）
       Then t_i^S ← t_i^S + 1;
       Break;
  End
```

染色体解码后，得到 $t_j^S (j=1,2,\cdots,N)$，对应至 $G=(V,E)$ 中，可得项目 i 中工序 j 的开始时间 t_{ij}^S。由于 d_{ij} 已知，求得 t_{ij}^F，根据多项目进度优化模型可求得第 k 条染色体的目标函数值 $f(k)$。由于目标函数值取最小，故算法的适应度函数为 $F(k)=1/f(k)$。

3. 选择操作

在上、下两层模型中，选择操作均采取种马进化算法。种马是指每代最好的个体，在每次选择时始终选择种马，然后以随机遍历采样方法选出其他父代与种马组合。

对于遗传算法的选择操作，早期通常对搜索空间进行广度搜索，晚期则会限制搜索空间。因此，在上层模型中，采用 GSA 选择种马，并与随机遍历采样后的个体作为交叉操作的输入；在下层模型中，直接从合并后的种群中选择种马。下面给出上层模型中的种马选择方法。

GSA 是以万有引力定律和牛顿第二定律为基础的智能算法，该算法模拟各粒子间的万有引力作用产生的合力，使惯性质量较小的粒子不断向质量较大的粒子方向运动，并更新位置信息，最终产生最优解。因此，GSA 可以用于染色体的寻优过程。

假设染色体的种群规模为 popsize ，搜索领域的维度为 N ，第 k 条染色体的表达式 $X_k=\left[x_k^1,x_k^2,\cdots,x_k^i,\cdots,x_k^N\right]$ 即该染色体在搜索领域中的位置。

定义 4.1 $M_k(t)$ 为 t 时刻染色体 k 的惯性质量，$M_k(t)$ 的计算公式如下：

$$\begin{cases} m_k(t)=\dfrac{\mathrm{fit}_k(t)-\mathrm{worst}(t)}{\mathrm{best}(t)-\mathrm{worst}(t)} \\ M_k(t)=m_k(t)\Big/\sum\limits_{j=1}^{\mathrm{popsize}} m_j(t) \end{cases} \tag{4.2.9}$$

式中，$\mathrm{fit}_k(t)$ 为染色体 k 的适应度值；$\mathrm{best}(t)$ 和 $\mathrm{worst}(t)$ 分别为 t 时刻的最好解和最坏解，计算公式为

$$\mathrm{best}(t)=\max\nolimits_{k\in\{1,2,\cdots,\mathrm{popsize}\}}\mathrm{fit}(t) \tag{4.2.10}$$

$$\mathrm{worst}(t)=\min\nolimits_{k\in\{1,2,\cdots,\mathrm{popsize}\}}\mathrm{fit}(t) \tag{4.2.11}$$

由定义 4.1 可知，惯性质量 $M_k(t)$ 由染色体的适应值计算而来，$M_k(t)$ 越大，表示染色体 k 的万有引力越大，该染色体越接近最优解。

定义 4.2 $F_{mn}^i(t)$ 为 t 时刻维度为 i 的搜索空间内主动染色体 m 对被动染色体 n 产生的万有引力，$F_{mn}^i(t)$ 的计算公式如下：

$$F_{mn}^i(t)=G(t)\frac{M_m(t)M_n(t)}{R_{mn}(t)+\varepsilon}\left(x_n^i(t)-x_m^i(t)\right) \tag{4.2.12}$$

式中，ε 为一个非常小的常量，使分母不为零且不影响计算结果；$M_m(t)$ 、$M_n(t)$ 分别为染色体 m 与染色体 n 的惯性质量；$x_m^i(t)$ 、$x_n^i(t)$ 分别为 m 与 n 在 i 维搜索空间的位置；$R_{mn}(t)$ 为染色体 m 与 n 体的欧氏距离，计算公式如下：

$$R_{mn}(t)=\left\|X_m(t)X_n(t)\right\|_2 \tag{4.2.13}$$

在式（4.2.12）中，$G(t)$ 为时间的万有引力常数，会随着宇宙年龄的增长而减小，具体关系如下：

$$G(t)=G_0\mathrm{e}^{-\frac{\alpha t}{T}} \tag{4.2.14}$$

式中，G_0 为 t_0 时刻 G 的取值；T 为最大迭代次数。这里，$G_0=100$ ，$\alpha=20$ 。

由定义 4.2 可知，在 t 时刻，针对 i 维搜索空间内，染色体 k 收到的作用力总和为所有染色体对其作用力的矢量和，计算公式如下：

$$F_k^i(t)=\sum_{n=1,n\neq k}^{\mathrm{popsize}}\mathrm{rand}\;F_{kn}^i(t) \tag{4.2.15}$$

式中，rand 为（0,1）的随机数，旨在增强搜索的随机性，避免过早陷入局部搜索。

由式（4.2.15）可得在 t 时刻 i 维搜索空间内染色体 k 获得的加速度为

$$a_k^i(t) = \frac{F_k^i(t)}{M_k(t)} \tag{4.2.16}$$

由此可得，迭代过程中染色体 k 的速度与位置更新公式为

$$\begin{cases} v_k^i(t+1) = \text{rand}\, v_k^i(t) + a_k^i(t) \\ x_k^i(t+1) = x_k^i(t) + v_k^i(t+1) \end{cases} \tag{4.2.17}$$

算法每迭代一次，染色体的位置就更新一次。GSA 主要适用于变量为连续实数值的非线性函数优化，对于由离散整数变量及其编码构成的项目进度优化问题，经过迭代后的速度与位置信息由整数变为实数，不能直接用于染色体解码。因此，可将迭代后的 N 个实数值按照大小升序排列的方法分别映射至整数 $1 \sim N$，将实数恢复为自然整数编码，满足染色体解码要求，从而将 GSA 用于离散问题的求解。整数与实数编码的转换实例如图 4.5 所示。

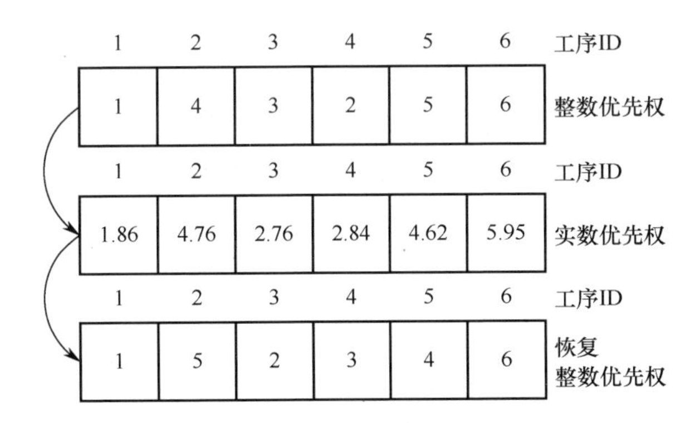

图 4.5　整数与实数编码的转换实例

编码转换后，根据 2.4.3 节中万有引力搜索算法的流程，将 β 个子种群 10 次迭代后的最优染色体 X_{best} 与随机遍历采样方法选择的染色体 X_s 作为交叉操作的输入。

4. 交叉操作

交叉操作主要依据 GSA 将选择操作后的染色体进行交叉。

定义 4.3　根据凸集理论，个体 ψ_1 与 ψ_2 和经过算数交叉后得到的新个体为 ψ_1' 与 ψ_2'，定义交叉算子为

$$\begin{cases} \psi_1' = \chi\psi_1 + (1-\chi)\psi_2 \\ \psi_2' = \chi\psi_2 + (1-\chi)\psi_1 \end{cases} \tag{4.2.18}$$

式中，$\chi = \text{rand} \in (0,1)$。

定义 4.4 根据定义 4.3，结合万有引力搜索算法，将选择操作后的染色体 X_s 与 X_{best} 进行交叉运算，定义万有引力交叉算子为

$$\begin{cases} X_s' = a_s X_s + (1-a_1) X_{\text{best}} \\ X_{\text{best}}' = a_{\text{best}} X_{\text{best}} + (1-a_{\text{best}}) X_s \end{cases} \tag{4.2.19}$$

式中，X_s'、X_{best}' 为交叉后的染色体；a_s 为 X_s 在 X_{best} 作用下的加速度；a_{best} 为 X_{best} 在 X_s 作用下的加速度。

交叉操作后同样要进行编码转换。完成编码转换后须验证染色体的紧前约束关系。通过分析 GSA 的计算原理并验证后可知，选择、交叉产生非法解的概率较小。因此，当出现非法解时，将父代直接复制为子代。

5. 变异操作

变异操作的目的是在进化后期增加种群的多样性，从而避免算法进入局部最优。因此，为避免变异后产生非法解，根据设置的变异概率采用 4.2.2.2 小节中“染色体编码产生初始种群”的方法生成新的染色体。

6. 禁忌搜索操作

禁忌搜索操作的基本思想是，如果在搜索过程中已经访问过搜索空间的某个领域，这个领域就成为禁忌，要避免再度访问，同时运用藐视准则赦免一些优良个体，具体步骤如下。

步骤 1：将变异操作后种群中的染色体作为初始解空间 $\{X_1', X', \cdots, X_{\text{popsize}}'\}$ 进行禁忌搜索，从中选定一个 X_k' 为初始解，设置禁忌表为空，迭代次数 $k=0$，最大允许迭代次数为 $\max It$。

步骤 2：以 $t = \max It = 10$ 为终止条件，若满足，则结束算法并输出结果；否则转步骤 3。

步骤 3：采取集中性搜索策略，根据适应度 $F(k) = 1/f(k)$ 选出领域最优解。

步骤 4：判断领域最优解是否满足藐视准则，若满足，则用满足藐视准则的解替代当前最优解，更新禁忌表，转步骤 2；否则，转步骤 5。

步骤 5：将领域最优解作为新的当前解，并更新禁忌表，转步骤 2。

以上混合优化算法适用于多项目进度优化模型。

对于单项目进度优化模型，在“染色体编码产生初始种群”阶段，以项目为单位进行编码，每条染色体代表单个项目 i 的一种进度优化方案；同时，优化算法的

设计参照 GAGTS，即将 GSA 引入遗传算法的选择与交叉环节，变异后的种群作为 TS 的输入。单项目混合优化算法流程如图 4.6 所示。

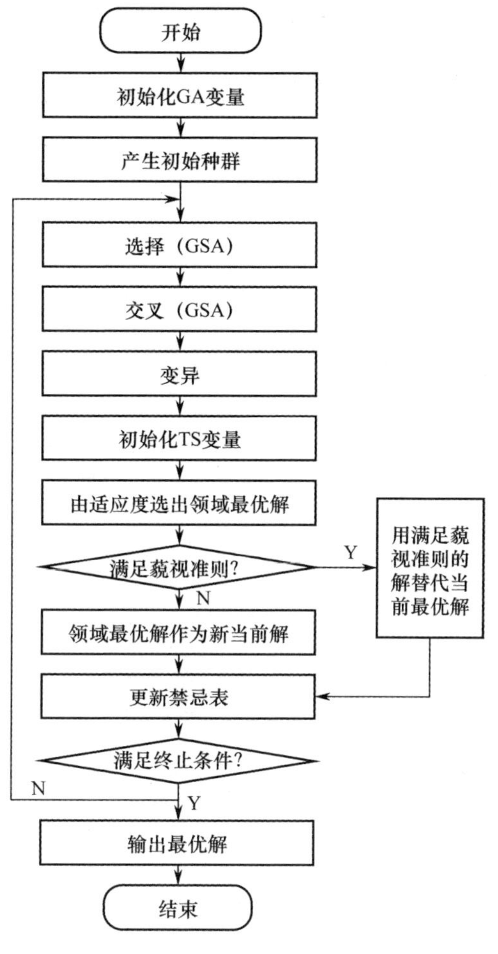

图 4.6　单项目混合优化算法流程

4.3　基于信息熵的关键链缓冲区设置方法

在 CCPM 中，缓冲机制是项目执行过程中不确定性与进度权衡的有力工具，通过合理设置缓冲区的大小与位置可以有效降低项目进度风险，保证项目高效完成。对于项目中的一个工序而言，在执行过程中存在的诸多不确定性风险因素可能会对其造成潜在影响导致延期，最终使得整个项目难以按时完成。熵是对系统不确定性的一种度量，而工序是一个广义系统，信息熵可以定量化描述其静态与动态特征，反映工序的无序程度或偏离某项指标的离散程度。因此，通过分析信息在工序执行过程中的不确定性程度（信息熵）进而修正缓冲区设置和工序工期，可以更合理、精确和全面地度量诸多不确定风险因素可能产生的进度风险。

4.3.1 缓冲区影响因素及其熵分析

在$G=(V,E)$中，现有单项目工期与计划对项目网络的综合复杂度、多资源约束情况（特别是人的行为因素）考虑不足，从而导致项目及其工序难以按期完成。因此，将缓冲区主要影响因素分为三类：网络复杂度、资源约束情况、人的行为因素。

网络复杂度分为综合复杂度（C）、项目复杂度（C_i）和工序复杂度（C_{ij}）。C指$G=(V,E)$中工序紧前与紧后关系的综合复杂程度，用综合复杂熵（H_f）度量；C_i是指项目i工序紧前与紧后关系的综合复杂程度，用项目复杂熵（H_{f_i}）度量；C_{ij}是指项目i中工序j的复杂度，用工序复杂熵（$H_{f_{ij}}$）度量，工序的工期受紧前工序的影响最大，紧前工序越多，工期越容易拖延。项目复杂熵、综合复杂熵和工序复杂熵统称复杂熵。复杂熵越大，该项目或工序工期受不确定因素的影响越大，引起工期拖延的可能性也越大。C、H_f、C_i、H_{f_i}、C_{ij}、$H_{f_{ij}}$可分别通过式（4.3.1）～式（4.3.6）计算得到：

$$C=\frac{3\sum_{j=1}^{N-1}(K_j-S_j)\cdot j}{A(N+1)}\cdot\frac{\log_2\prod_{j=1}^{N-1}S_j}{\log_2(N-1)!} \tag{4.3.1}$$

$$H_f=-C\ln C \tag{4.3.2}$$

$$C_i=\frac{3\sum_{j=N_{i-1}+1}^{N_i-1}(K_j-S_j)\cdot j}{A(N_i-N_{i-1})}\cdot\frac{\log_2\prod_{j=N_{i-1}+1}^{N_i-1}S_j}{\log_2(N_i-N_{i-1}-2)!} \tag{4.3.3}$$

$$H_{f_i}=-C_i\ln C_i \tag{4.3.4}$$

$$C_{ij}=\frac{L_{ij}}{L_t} \tag{4.3.5}$$

$$H_{f_{ij}}=-C_{ij}\ln C_{ij} \tag{4.3.6}$$

式（4.3.1）中，N为$G=(V,E)$中的网络节点数（不含虚节点），A为对应的工序数，K_j为节点j的紧前工序数，S_j为节点j的紧后工序数；式（4.3.3）中，$N_{i-1}+1$和N_i分别为项目i的开始节点与结束节点；式（4.3.5）中，L_{ij}为工序j的紧前工序数，L_t

为工序 j 所在链路的工序总数。

资源约束情况主要由资源紧张度确定，主要体现了项目或工序对资源的综合使用强度。当该项资源的消耗达到或超过供给上限时，工序工期拖延可能性加大。资源紧张度分为项目资源紧张度（α_i）和工序资源紧张度（α_{ij}）。这里，资源紧张度特指 α_{ij}，用资源熵（$H_{z_{ij}}$）度量。资源熵越小，表明该工序资源使用量或需求量越小，工期受资源约束的影响越小。特别地，对资源 p 的工序紧张度表示为 $\alpha_{ij}{}^p$。各类资源紧张度和资源熵可由式（4.3.7）～式（4.3.9）计算得到：

$$\alpha_{ij}{}^p = \frac{r_{ij}{}^p}{R^p} \cdot \frac{d_{ij}}{D} \tag{4.3.7}$$

$$\alpha_{ij} = \max_{p \in \varphi_{ij}} \left\{ \alpha_{ij}{}^p \right\} \tag{4.3.8}$$

$$H_{z_{ij}} = -\alpha_{ij} \ln \alpha_{ij} \tag{4.3.9}$$

式（4.3.7）中，$r_{ij}{}^p$ 为网络中项目 i 中工序 j 对资源 p 的需求量，R^p 为资源 p 的总量，d_{ij} 为工序 j 的工期，D 为工序所在关键链或非关键链长度；式（4.3.8）中 φ_{ij} 为工序 j 中所需资源的集合。

人的行为因素对项目进度的影响主要源于学生综合征和帕金森定律，主要表现为工期拖延习惯养成（习惯于工期末尾完成工作）、冗余时间设置过大（工期中包含了过多的安全时间）、预算执行心态不良（由于担心提前完成会导致下次工期减少，工作完成后并不汇报）等。这些因素对工序工期的综合影响程度表示为 ξ_{ij}，用人因熵（$H_{r_{ij}}$）度量。人因熵越大，表明该工序实施过程中受人的不良行为与习惯的影响越大，工期拖延的可能性越大。$H_{r_{ij}}$ 可通过式（4.3.10）计算得到：

$$H_{r_{ij}} = -\xi_{ij} \ln \xi_{ij} \tag{4.3.10}$$

4.3.2　基于区间直觉梯形模糊数的人因熵度量方法

项目执行过程中可能会出现诸多不确定性因素和潜在事件，由这些因素引发的可能导致项目拖延的事件称为风险事件。风险事件尤其是由人的行为因素产生的风险事件由于具有很强的不确定性，故难以对其做出明确的预测和评价。

区间直觉梯形模糊数是直觉梯形模糊数的特殊形式，由于同时考虑了区间形式的隶属度、非隶属度和犹豫度信息，它与直觉梯形模糊数相比具有更好的信息集结质量与效率，专家在评价与判断风险事件的不确定性时使用区间形式也更为合理。

因此，运用区间直觉梯形模糊数可以更精确地量化人的行为因素对工序的影响，从而实现对人因熵的度量。

4.3.2.1　问题描述

假设某军事代表室计划组织分析因人的行为产生的不确定性对舰船并行建造进度产生的影响，拟组织专家对 $G=(V,E)$ 中各项目的工序进行评价。这里，以项目 i 评价为例进行说明。

为便于表达，本节中 $X_\alpha=\{X_1,X_2,\cdots,X_m\}$ 表示由 $m(m\geqslant 2)$ 个工序组成的单项目；邀请了 x 个专家 $e=\{e_1,e_2,\cdots,e_x\}(x\geqslant 2)$，$e_k$ 表示第 k 个专家，$\boldsymbol{q}=\{q_1,q_2,\cdots,q_x\}^{\mathrm{T}}$ 为专家权重向量，q_k 表示第 k 个专家的权重；$U=\{u_1,u_2,\cdots,u_n\}$ 为待评价工序的属性集，表示由 n 个人因熵影响因素构成的集合，属性的权重集为 $\omega=\{\omega_1,\omega_2,\cdots,\omega_n\}$。专家 k 给出的工序 X_α 在属性 u_β 下的评估值可用直觉梯形模糊数表示为

$$\tilde{d}_{\alpha\beta}^k=([h_{1\alpha}^k(u_\beta),h_{2\alpha}^k(u_\beta),h_{3\alpha}^k(u_\beta),h_{4\alpha}^k(u_\beta)];\mu_{\alpha\beta}^k,\nu_{\alpha\beta}^k) \tag{4.3.11}$$

式中，$\tilde{d}_{\alpha\beta}^k$ 为专家 k 认为工序 X_α 因属性 u_β 对工序进度带来的影响；$\mu_{\alpha\beta}^k=[\underline{\mu}_{\alpha\beta}^k,\overline{\mu}_{\alpha\beta}^k]$；$\nu_{\alpha\beta}^k=[\underline{\nu}_{\alpha\beta}^k,\overline{\nu}_{\alpha\beta}^k]$ 分别为工序 X_α 在属性 u_β 下的值属于、不属于 $\tilde{d}_{\alpha\beta}^k$ 的程度，得到专家 k 的模糊判断矩阵 $\boldsymbol{D}^k=(d_{\alpha\beta}^k)_{m\times n}$。

下面探讨的是如何根据 x 个专家给出的模糊判断矩阵 $\tilde{\boldsymbol{D}}=\{\tilde{D}^1,\tilde{D}^2,\cdots,\tilde{D}^x\}$ 及相关信息计算人因熵。

4.3.2.2　人因熵度量方法

度量各工序人因熵的关键是计算人的各种行为因素对工序进度的综合影响程度。这里，利用 TOPSIS 法中贴进度的概念计算各工序的人因熵，具体步骤如下。

步骤 1：将专家 k 给出的模糊判断矩阵 $\boldsymbol{D}^k=(d_{\alpha\beta}^k)_{m\times n}$ 规范化为 $\tilde{\boldsymbol{G}}^k=(\tilde{g}_{\alpha\beta}^k)_{m\times n}$。其中，

$$\tilde{g}_{\alpha\beta}^k=([g_{1\alpha}^k(u_\beta),g_{2\alpha}^k(u_\beta),g_{3\alpha}^k(u_\beta),g_{4\alpha}^k(u_\beta)];\mu_{\alpha\beta}^k,\nu_{\alpha\beta}^k) \tag{4.3.12}$$

由于工序属性集为人因熵影响因素，属于风险性指标，则有

$$g_{c\alpha}^k(u_\beta)=\frac{\max\limits_\beta h_{4\alpha}^k(u_\beta)-h_{5-c,\alpha}^k(u_\beta)}{\max\limits_\beta h_{4\alpha}^k(u_\beta)-\min\limits_\beta h_{1\alpha}^k(u_\beta)},c=1,2,3,4 \tag{4.3.13}$$

步骤 2：由式（2.2.19）和专家权重向量 $\boldsymbol{q}=\{q_1,q_2,\cdots,q_x\}^{\mathrm{T}}$ 集结所有专家的 $\tilde{G}^k$，

得到专家群的模糊判断矩阵 $\boldsymbol{G}^q=(\tilde{g}_{\alpha\beta})_{m\times n}$，式中 $\tilde{g}_{\alpha\beta}=([h_{1\alpha}(u_\beta),h_{2\alpha}(u_\beta),h_{3\alpha}(u_\beta),h_{4\alpha}(u_\beta)];\mu_{\alpha\beta},\nu_{\alpha\beta})$。

步骤 3：确定正理想解 U^+ 和负理想解 U^-。$U^+=\{\tilde{u}_1^+,\tilde{u}_2^+,\cdots,\tilde{u}_n^+\}$ 在属性 u_β 下相对于最大梯形模糊数的隶属度和非隶属度分别为 $[1,1]$ 和 $[0,0]$；$U^-=\{\tilde{u}_1^-,\tilde{u}_2^-,\cdots,\tilde{u}_n^-\}$ 在 u_β 下相对于最小梯形模糊数的隶属度和非隶属度分别为 $[0,0]$ 和 $[1,1]$。其中，$\tilde{u}_\beta^+$ 和 $\tilde{u}_\beta^-$ 可由式（4.3.14）计算得到。

$$\begin{cases}\tilde{u}_\beta^+=\left(\left[\max\limits_{1\leqslant\alpha\leqslant m}h_{1\alpha}(u_j),\max\limits_{1\leqslant\alpha\leqslant m}h_{2\alpha}(u_j),\max\limits_{1\leqslant\alpha\leqslant m}h_{3\alpha}(u_j),\max\limits_{1\leqslant\alpha\leqslant m}h_{4\alpha}(u_j)\right];[1,1],[0,0]\right)\\ \tilde{u}_\beta^-=\left(\left[\min\limits_{1\leqslant\alpha\leqslant m}h_{1\alpha}(u_j),\min\limits_{1\leqslant\alpha\leqslant m}h_{2\alpha}(u_j),\min\limits_{1\leqslant\alpha\leqslant m}h_{3\alpha}(u_j),\min\limits_{1\leqslant\alpha\leqslant m}h_{4\alpha}(u_j)\right];[0,0],[1,1]\right)\end{cases} \tag{4.3.14}$$

由于在步骤 1 中已将模糊判断矩阵规范化，因此，正理想解表示人的各种行为因素对工序 X_α 进度产生影响最小的情况，负理想解表示人的各种行为因素对工序 X_α 进度产生影响最大的情况。

步骤 4：根据式（4.3.15）、式（4.3.16）计算相对贴近度矩阵 $\boldsymbol{C}=(c_{\alpha\beta})_{m\times n}$。

$$s_{\alpha\beta}=\frac{d_{\alpha\beta}^+}{d_{\alpha\beta}^-}=\frac{d_h(\tilde{g}_{\alpha\beta},u_\beta^+)}{d_h(\tilde{g}_{\alpha\beta},u_\beta^-)} \tag{4.3.15}$$

式中，$s_{\alpha\beta}$ 为工序 X_α 在属性 u_β 下与正理想解的相对贴进度，表示 $\tilde{g}_{\alpha\beta}$ 到正理想解 u_β^+ 与到负理想解 u_β^- 的距离比。$s_{\alpha\beta}$ 越大，说明 $\tilde{g}_{\alpha\beta}$ 与正理想解的相对距离越大，人因熵影响因素 u_β 对工序 X_α 进度的综合影响程度较大。

为满足信息熵的计算需要和贴进度 $[0,1]$ 的约束，由式（4.3.16）得到 $c_{\alpha\beta}$。

$$c_{\alpha\beta}=\frac{s_{\alpha\beta}}{\max\limits_{\alpha}\{s_{\alpha\beta}\}} \tag{4.3.16}$$

步骤 5：根据式（4.3.17）和工序属性的权重集 $\omega=\{\omega_1,\omega_2,\cdots,\omega_n\}$ 计算各工序 X_α 的总贴近度 C_α。

$$C_\alpha=\sum_{\beta=1}^{n}\omega_\beta c_{\alpha\beta},\ \alpha=1,2,\cdots,m \tag{4.3.17}$$

式中，$\omega_\beta=\dfrac{\sum\limits_{\alpha=1}^{m}c_{\alpha\beta}}{\sum\limits_{\beta=1}^{n}\sum\limits_{\alpha=1}^{m}c_{\alpha\beta}}$，$\beta=1,2,\cdots,n$。

步骤 6：计算 ξ_α。由于工序 X_α 总贴近度 C_α 的物理意义是人的各种行为因素对

工序 i 进度的综合影响程度。因此，$\xi_\alpha = C_\alpha$。

步骤 7：根据式（4.3.10）计算工序 X_α 的人因熵 H_{r_α}。

H_{r_α} 对应到 $G=(V,E)$ 中，即项目 i 中工序 j 的人因熵。

4.3.3 缓冲区设置的熵模型

4.3.3.1 基于人因熵的工序工期模型构建

运用关键链技术进行进度优化的基础是确定 I 个项目中各工序工期和安全时间。文献[89]给出了一种基于工期分布和蒙塔卡罗仿真的工序工期与安全时间计算方法，由专家给出项目 $i(i=1,2,\cdots,I)$ 中各工序的最乐观时间 a、最可能时间 b 和最悲观时间 c，根据三角概率分布，工序 $j(j\in V_i)$ 的最可能完成时间 d_{ij} 和安全完成时间 S_{ij} 分别选取置信度为 50%和 95%的工序工期。安全时间 σ_{ij} 的计算公式为

$$\sigma_{ij} = S_{ij} - d_{ij} = T_{95\%} - T_{50\%} \tag{4.3.18}$$

由于人的行为因素会对项目进度产生较大影响，造成安全时间浪费、项目工序间松弛、工作效率降低，甚至工期延误，因此，需要将人的行为因素合理融入项目执行过程中。一方面，通过合理压缩各工序的初始工期，减少工期中过多的安全时间或者由于人的不良习惯和心态造成的工期延长；另一方面，通过适当增加缓冲有效降低由于人的因素带来的进度风险。

根据人因熵的含义，由式（4.3.19）得到工序的修正工期。

$$d_{ij}^X = d_{ij}(1-H_{r_{ij}}) \tag{4.3.19}$$

4.3.3.2 单项目缓冲区设置

单项目缓冲区设置是进行多项目进度优化的前提与基础，因此，优化模型对单项目汇入缓冲与项目缓冲大小精度要求更高。

1. 初始缓冲区模型的构建

根据 4.3.1 节缓冲区影响因素和基于信息熵的度量方法，以根方差法为基础，构建初始缓冲区模型。

项目 i 的初始项目缓冲大小由式（4.3.20）计算得到。

$$\mathrm{PB}_i = (1+H_{f_i})\sqrt{\sum_j [(1+H_{z_{ij}})(1+H_{r_{ij}})\sigma_{ij}]^2} \tag{4.3.20}$$

式中，PB_i 为项目 i 的初始项目缓冲；H_{f_i} 为项目 i 的综合复杂熵；$H_{z_{ij}}$ 和 $H_{r_{ij}}$ 分别

为关键链上工序 j 的资源熵和人因熵；σ_{ij} 为工序 j 的安全时间。

初始汇入缓冲大小由式（4.3.21）计算。

$$\mathrm{FB}_{ij}^{L}=\sqrt{\sum_{j}[(1+H_{f_{ij}})(1+H_{z_{ij}})(1+H_{r_{ij}})\sigma_{ij}]^{2}} \tag{4.3.21}$$

式中，FB_{ij}^{L} 为项目 i 中第 L 条非关键链工序 j 后的汇入缓冲；$H_{f_{ij}}$、$H_{z_{ij}}$、$H_{r_{ij}}$ 分别为非关键链 L 上工序 j 的复杂熵、资源熵和人因熵；σ_{ij} 为工序 j 的安全时间。

2. 初始缓冲区模型的修正

初始缓冲区模型确定后，如果非关键链汇入缓冲过大，可能造成关键链的调整变化甚至断裂，引起新的资源冲突等一系列问题。如图 4.7 所示，工序 B-C 所在链路为关键链，根据关键链思想，应在工序 A 后插入汇入缓冲 FB_i。当 $\mathrm{FB}_i>\mathrm{FF}_A$ 时，A-FB_i-C 所在链路成为最长路径，FF_A 为工序 A 的自由时差。为避免类似情况出现，需要对初始缓冲区模型进行修正，具体步骤如下。

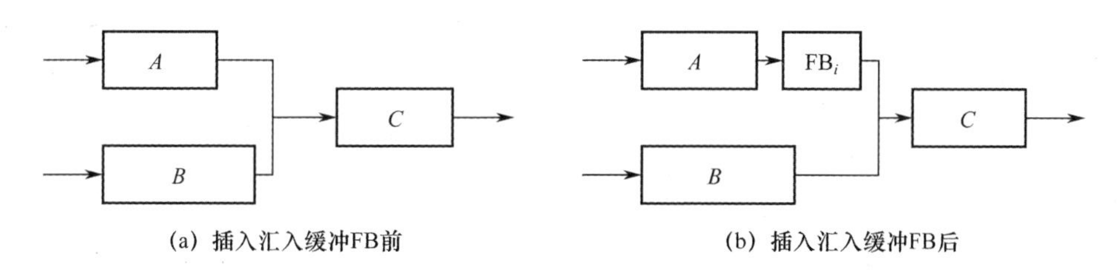

(a) 插入汇入缓冲FB前　　(b) 插入汇入缓冲FB后

图 4.7　汇入缓冲对关键链的影响示意图

步骤 1：由式（4.3.22）、式（4.3.23）修正初始汇入缓冲，得到修正后的汇入缓冲 $(\mathrm{FB}_{ij}^{L})^{X}$。

$$(\mathrm{FB}_{ij}^{L})^{X}=\min(\mathrm{FB}_{ij}^{L},\mathrm{FF}_{ip}) \tag{4.3.22}$$

$$\mathrm{FF}_{p}=\min_{j\in A_p}\left|\mathrm{ES}_{A_j}-\mathrm{EF}_{ip}\right| \tag{4.3.23}$$

式（4.3.22）中，FF_{ip} 表示项目 i 中第 L 条非关键链上最后一个工序 p 的自由时差，$(\mathrm{FB}_{ij}^{L})^{X}$ 取 FB_{ij}^{L} 与 FF_{ip} 的较小者，可以有效避免由于 $\mathrm{FB}_{ij}^{L}>\mathrm{FF}_{ip}$ 造成关键链调整的情况出现；式（4.3.23）中，A_p 为第 L 条非关键链上最后一个工序 p 考虑逻辑和资源约束关系的所有紧后工序 j 的集合，ES_{A_j} 为工序 j 的最早开始时间，EF_{ip} 为 p 的最早结束时间。

步骤 2：由式（4.3.24）计算第 L 条非关键链的冗余缓冲。

$$\Delta t_{iL} = \left|\mathrm{FB}_{ij}^{L} - \mathrm{FF}_{ip}\right| \tag{4.3.24}$$

步骤 3：由式（4.3.25）修正初始项目缓冲，得到修正后的项目缓冲 PB_i^X。

$$\mathrm{PB}_i^X = \mathrm{PB}_i + \sum_L \Delta t_{iL} \tag{4.3.25}$$

式中，$\sum_L \Delta t_{iL}$ 为各条非关键链上冗余缓冲之和，将冗余缓冲汇入初始项目缓冲可以有效降低因修正汇入缓冲给整个关键链带来的进度风险。

步骤 4：由式（4.3.26）计算项目 i 单独执行时的计划工期。

$$d_i^d = \sum_L d_{ij}^X + \mathrm{PB}_i^X \tag{4.3.26}$$

式中，$\sum_L d_{ij}^X$ 为关键链上各工序的修正工期之和。

4.3.3.3 多项目缓冲区设置

多项目缓冲区设置以单项目缓冲区设置为基础。设 MPB 为多项目的项目缓冲，FB_{ij}^M 为项目 i 中工序 j 后接入的汇入缓冲，各缓冲区的位置与大小设置如下。

在瓶颈链上，最后一个工序所在项目 δ 的 PB_δ^X 变为 MPB 的一部分，MPB 位置在虚工序 $N+1$ 之后，有

$$\mathrm{MPB} = (1 + H_f)\sqrt{\sum_{j \in L}[(1 + H_{z_{ij}})(1 + H_{r_{ij}})\sigma_{ij}]^2} + \mathrm{PB}_\delta^X \tag{4.3.27}$$

式中，H_f 为多项目综合复杂熵；$H_{z_{ij}}$ 和 $H_{r_{ij}}$ 分别为瓶颈链上工序 j 的资源熵和人因熵；σ_{ij} 为工序 j 的安全时间。

在非瓶颈链上，原项目中的 PB_i^X 与 $(\mathrm{FB}_{ij}^L)^X$ 均转变为 FB_{ij}^M，大小与位置不变。

4.4 本章小结

本章以网络概念模型为基础，将关键链理论与 MRCMPSP 相结合，提出了多资源约束下舰船多项目并行建造进度管理步骤，分别构建了单项目和多项目进度优化模型，基于 GA、GSA、TS 设计了具有更强全局搜索能力和收敛性且适用于舰船多项目并行建造等大型复杂工程的混合优化算法。在此基础上，针对缓冲区设置不合理的问题，基于信息熵理论提出了一种关键链缓冲区设置方法。通过研究信息在项目与工序执行过程中的不确定性程度度量各类风险因素对工序造成的影响，从而形成了一整套舰船多项目并行建造进度管理方法，可提高多舰并行建造过程整体规划

能力，有效化解由于资源约束和各种不确定风险因素而导致的进度风险及其可能对舰船建造产生的质量隐患。

本章提出的舰船多项目并行建造进度管理方法主要用于军事代表室对舰船建造进度计划的合理性、可行性进行确认，从整体上对进度计划进行优化与控制，可在一定程度上化解进度风险。然而，军事代表室在进度管理工作中需要进一步精准挖掘引起进度延误的深层次原因，厘清各阶段或工序应重点关注的风险及其可能带来的系列连锁反应。因此，还需进一步研究引起进度延误的各类风险事件和量化分析方法，为提出有效的风险防控措施提供方法和数据支撑。

第 5 章

舰船多项目并行建造风险评价方法

第 3 章、第 4 章分别提出了舰船多项目并行建造过程中组织结构选择和进度管理方法，一方面可以通过优化组织结构提高质量监督效率，促进各专业部门和人员在舰船建造全过程形成合力；另一方面有利于突破多资源约束下缺乏科学有效的进度管理方法的瓶颈，提高多舰并行建造过程进度的整体规划能力。然而，在舰船多项目并行建造过程中，大量的子项目与工序交叉进行、纵横交错，使得风险传导、扩散与反馈不仅发生在单个项目内部，更大量存在于多项目之间。各级风险如果未能被及时发现并得到及时有效控制，很可能在传导过程中被放大甚至激化，对舰船质量、进度与费用带来难以接受的后果与损失。因此，本章以风险事件为研究对象，旨在通过辨识风险事件、构建风险传导量化分析模型，在多项目的整体框架范围内从纵横两个方向进行定量分析，进一步明确需要重点关注的风险事件及其可能带来的连锁反应，为准确、细致地发掘隐藏风险、提出有效的风险防控措施提供方法和数据支撑，为军事代表室开展风险分析工作提供指导。

5.1 舰船多项目并行建造风险识别

5.1.1 舰船多项目并行建造风险的概念

舰船多项目并行建造风险是指在舰船多项目并行建造条件下，由于技术、管理、资源、环境等原因产生各类风险事件，这些风险事件引起的风险后果可能造成舰船建造质量不过关、进度拖期、费用增加等风险损失，从而对多项目目标产生影响。用函数形式可以表示为

$$R = F(P,C) \tag{5.1.1}$$

式中，R 为风险影响值；P 为风险事件的发生概率；C 为风险事件发生后引起风险后果进而可能造成的风险损失。风险损失包括质量损失(C_Q)、进度损失(C_S)和费用损失(C_P)。

舰船多项目并行建造过程中各项目的组合方式为典型的非独立交叉方式。横向看，单个项目的完成需要多个部门相互配合，各类子项目与工序紧密衔接；纵向看，同类项目之间相互交叉、共享资源。因此，风险具有连锁扩散性、隐蔽滞后性、差异性和结果反馈性等特性。

1. 连锁扩散性

舰船多项目并行建造条件下大量的项目与工序交叉进行，风险因素多、风险载体多、传导链路多、耦合关系多、影响环节多、涉及单位多，风险传导机制与规律非常复杂，各类风险事件沿着纵横交错的项目、任务与工序多向传导，极易扩散放大并产生连锁反应，产生蝴蝶效应，最终对舰船建造质量、进度和费用产生重大影响。

2. 隐蔽滞后性

舰船建造过程极其复杂，存在大量的工序与环节，中间产品多、隐蔽工程多，加之质量监督方法有限，使得风险隐蔽性强并具有潜伏期，发现风险时往往风险早已发生。特别是在多项目并行条件下，很多风险事件导致的问题直到建造后期才会被发现，甚至集中爆发，并对各项目产生不同程度的影响与损失。

3. 差异性

舰船建造是一个多阶段任务过程，同一风险事件对不同阶段，同一阶段内各类风险事件对不同项目，均会产生不同程度的影响，特别是对于不同型号舰船、新型舰船，发生风险事件的类型及其影响均会有较大的变化。

4. 结果反馈性

舰船建造过程中，上游产生的问题和风险在后续建造过程中存在被发现和被纠正的可能。当风险事件被发现后，为减少可能带来的传导与扩散，必然会采取一系

列的管理与纠偏措施，如返工、加强管控等。这些措施一方面可以有效降低各类风险可能带来的影响，并对本项目上游环节和其他项目产生正向反馈；另一方面会造成项目成本的增加。

5.1.2 舰船多项目并行建造风险事件分类

在舰船多项目并行建造过程中，影响建造的风险事件众多且复杂。这些风险事件的发生概率、引发后果的严重程度各不相同且在项目间与项目内相互影响。风险事件又是由多种风险因素共同作用产生的，在风险分析与评价时，如果将研究对象定位于风险因素，不仅会使分析过程异常复杂，极大地增加分析难度，还会影响风险评价的精准度，不适用于舰船等大型武器装备风险评价工作。因此，本书以风险事件为研究对象，在多项目整体范围内对风险事件进行分类梳理。

常见的风险事件主要根据风险事件发生概率、风险事件引起风险后果的严重程度、风险事件引发的原因、风险事件来源、项目目标形式、风险事件承担主体、风险对象、风险状态、项目生命周期不同阶段、风险事件的传导路径等进行分类。根据本书风险评估方法的需要，在综合考虑舰船多项目并行建造的实际工作和专家访谈的基础上，采用根据风险事件引发的原因进行分类的方法，将风险事件分为技术风险、管理风险、资源风险和环境风险，并作为一级指标。

1．技术风险（A_1）

技术风险是指技术原因导致的风险事件，其二级指标可分为以下几类。

（1）技术状态变更风险（A_{11}）：技术状态未完全固化、确定，或者在建造过程中发生变更，可能造成返工风险或质量问题。如船体线型的变更、主尺度的变更、设备变更可能导致船体结构变化。

（2）技术文件风险（A_{12}）：技术文件准备不足、存在缺陷或漏洞，对各项技术文件理解有偏差、建造方案有误，技术难点分析不充分等，特别是对重难点工序、关键过程识别不准确、不清晰。如在建造过程中，未发现图纸标注不一致或错误，导致建造错误，造成返工、费用增加和质量问题。

（3）新技术应用风险（A_{13}）：新技术的复杂性和技术储备不足等原因导致新技术不成熟应用而引发的风险，如承制方为提高生产效率使用新的焊接技术，但技术储备不足产生质量问题。

（4）技术指标风险（A_{14}）：检验验收时技术指标未达到相关要求。

（5）施工工艺风险（A_{15}）：未按照技术要求、图纸施工造成的风险。

2. 管理风险（A_2）

管理风险是指在舰船多项目并行建造条件下由于管理方法不科学、管理制度不健全、管理体系不完善、组织结构不合理等而导致的风险事件，或者履行正常的质量管理流程而带来的进度或费用损失。其二级指标可分为以下几类。

（1）多项目规模风险（A_{21}）：在建项目或当前任务数量多、规模大，造成集成管理难度加大、协调困难等。

（2）多项目沟通风险（A_{22}）：多项目组、多职能部门之间或承制方与军方缺乏有效沟通、沟通协调不畅造成信息链断裂，信息传导延迟有误、信息理解偏差造成信息失真等。

（3）组织结构风险（A_{23}）：因军事代表室组织结构或承制方管理体系不够优化带来的工作效率不高等问题。

（4）计划冲突风险（A_{24}）：舰船建造计划制订冗余或不足、调度不畅或某项目因故拖期等原因造成连锁反应，缺乏相关应急处理预案或预案不合理，造成的质量隐患。

（5）质量问题处理风险（A_{25}）：各类质量问题的归零或闭环处理造成的风险。如出现焊接质量问题后，需要先分析问题、定位准确原因，再进行问题复现试验，确定问题原因，制订返工计划，实施返工返修，问题归零评审等，处理周期较长，很有可能造成进度拖期、费用增加等损失。

（6）检验验收风险（A_{26}）：检验验收工作不及时、不准确、不到位、出现偏差。如由于工作安排、人员调配等未能按时进行检验验收，或者出现质量问题但检验验收时并未被发现，下游工序发现并反馈后带来的损失。

（7）人员管理风险（A_{27}）：人员责任心不强、培训不足、疏忽大意、流动性强等。

（8）现场管理风险（A_{28}）：施工现场混乱，缺乏有效管理，施工人员难以高效完成工作。

（9）安全管理风险（A_{29}）：出现各类安全事故造成人员伤亡或设备设施损坏，施工人员操作失误。

3. 资源风险（A_3）

资源风险是指由于人、财、物、时间、信息等资源在多项目之间未能合理分配造成冲突所引发的风险事件。舰船多项目并行建造条件下，资源风险更为突出。其二级指标可分为以下几类。

（1）人员配置风险（A_{31}）：军事代表、项目管理人员、施工人员和保障人员，特别是特殊岗位人员配置不足或不到位，导致人员高强度工作或难以满足施工条件；人员知识储备与技能不足，与任务或岗位要求不符，难以高质量完成任务。

（2）订货纳期风险（A_{32}）：主要设备或材料在开工前或阶段节点未能按计划到货，特别是关键的、大型的、定购周期长的或处于研制中的设备。如舰船建造过程中，需要提前安装或预埋的设备未按期到施工现场，导致建造拖期或者调整工序，从而对建造质量产生潜在影响。

（3）资源协调风险（A_{33}）：建造场地、大型设备或紧缺性设备供应不及时。如船厂船台资源有限，未能统筹安排好各个型号和各个产品的建造位置，对后续连续建造带来影响。

（4）设备材料风险（A_{34}）：试验或制造设备出现缺陷、损坏、老化、故障等问题或不符合技术质量标准，各类材料特别是新材料不成熟就使用。如航行试验阶段设备故障导致试验不能正常进行或试验停滞。

4. 环境风险（A_4）

环境风险是影响各项目建造、实施的外部风险事件。其二级指标可分为以下几类。

（1）政策制度风险（A_{41}）：国家或军队的政策、制度变动，军队系统的重大改革引发的风险。

（2）现场条件风险（A_{42}）：施工现场或试验场地及其周边地区环境变化或不满足相关标准要求引发的风险。如系泊试验时，海况能否达到条件或试验海区配合的舰船、飞机不能满足需求。

（3）自然环境风险（A_{43}）：台风、暴雨、涨潮等自然现象引起的风险。

5.1.3 基于 WBS–RBS 的舰船多项目并行建造风险识别方法

工作分解结构（Work Breakdown Structure，WBS）是项目管理的常用方法，其原理是把一个项目按照一定的原则逐层分解，最终分解到一个任务单元的承担主体，诠释了项目的整个工作范围。风险分解结构（Risk Breakdown Structure，RBS）是一种以项目目标为导向的风险分解方法，原理与 WBS 相似，按照一定的规则和分类方法对风险逐层分解，直至底层的风险单元，最终展示出项目中可能发生的各类各层风险。WBS–RBS 法是一种将 WBS 和 RBS 相结合的风险识别方法，通过

WBS 和 RBS 将项目和风险在纵、横两个方向逐层分解，最终将分解之后的任务单元与风险单元进行对应，从而能够全面、系统地识别风险。

5.1.3.1　舰船多项目并行建造风险识别的总体思路

舰船多项目并行建造过程中存在大量的风险传导、扩散与反馈现象，只有准确、细致地发掘出隐藏的风险才能为后续研究风险的传导路径与定量计算提供支撑。然而，这种传导、扩散与反馈现象不仅发生于单个项目内部，在多项目之间也大量存在。因此，舰船多项目并行建造风险识别必须在多项目的整体框架范围内从纵横两个方向进行分析，而分析的基础和关键一是如何确定最佳风险辨识单元，二是如何构建风险识别矩阵，从而为清晰刻画最佳风险辨识单元之间的传导规律提供前提。

风险存在于各层级任务与工序中，并随任务推进和工序流程传导，任务与工序是风险存在并进行传导的基本载体。最佳风险辨识单元是发生风险传导的最小任务单元，为提高风险评价的可操作性和精准度，需要首先确定风险分析的最小任务单元层级。

舰船建造过程通常采用 WBS 将整个过程由高至低逐层分解细化，并得到最小任务单元或任务清单，通常分解为五个层级，舰船—建造过程的五大节点—五大节点中的关键工序—关键工序中的关键任务—可执行的任务包，WBS 分解后，各层级的任务与工序将根据时序、资源和优先级关系制定相应的工程计划和网络结构，如图 5.1 所示。在风险分析时，如果将最小任务单元定位于第五层——可执行的任务包，不仅会使风险分解得过于零散，增加风险之间传导与耦合关系定性分析的难度，还将进一步使风险评价模型更加复杂，不利于从总体上掌握风险传导规律、准确把握风险间影响关系；如果将最小任务单元定位于第三层——五大节点中的关键工序，会造成风险分析的粒度不够精细，难以准确分析风险之间的传导与相互影响关系。因此，综合分析后，将最小任务单元定位于第四层——关键工序中的关键任务，即最佳风险辨识单元为第四层。

确定最佳风险辨识单元后，需要构建风险识别矩阵以刻画风险辨识单元之间的传导关系。为便于风险分析并建立局部与整体之间的连接，这里提出建造模块工序的概念。建造模块工序是指舰船建造 WBS 分解结构第三层中相互独立、互不包含的关键工序及其所属的第四层各项关键任务，如图 5.1 所示。建造模块工序最大的特点是独立性和时序性，一个模块工序具有相对独立的检验验收节点和相对确定的资源需求，同时也是各项目共同存在的通用关键工序，各模块工序间存在时序或流程关系，如船台施工过程中的首总段、中总段、尾总段、合拢工序及其包含的关键任务为建造模块工序，具有紧前紧后关系。

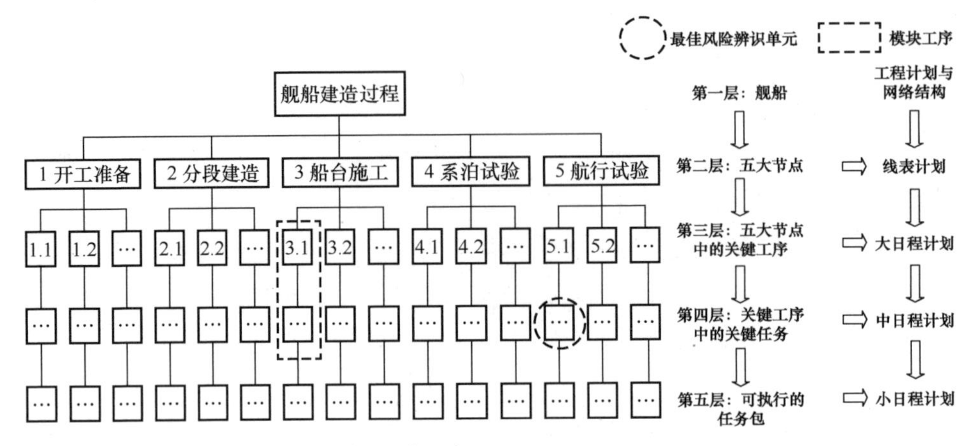

图 5.1　舰船建造 WBS 分解结构与工程计划对照关系图

在舰船建造 WBS 分解的第四层中，各项关键任务在项目间和项目内相互影响与传导，这种影响与传导是典型的因果关系，具有明显的时序特征。因此，在横向范围内，以建造模块工序为单元，根据 5.1.2 节风险事件分类规则基于 RBS 方法逐一识别模块工序内存在的各层级风险，依据各模块工序之间的流程关系形成风险识别矩阵的行向量。在进行风险评价时，通过分析模块工序中所包含关键任务之间的相互关系可以确定单项目内风险传导规律和路径。在纵向范围内，由于项目间的时序特征不确定性较强，风险间传导的因果关系难以确定。根据第 4 章舰船多项目并行建造进度管理方法的研究，为保证多项目总体进度，会尽早安排瓶颈链上的工序开工，并给出多项目间各工序的时序关系。因此，可以通过进度管理优化模型得到纵向范围内各模块工序及其所属风险辨识单元之间的时序关系，从而形成风险识别矩阵的列向量。

5.1.3.2　舰船多项目并行建造风险识别的步骤

根据上述总体思路，舰船多项目并行建造风险识别的步骤如下。

1. 根据舰船多项目并行建造风险识别的目标要求，确定风险识别的范围与对象

2. 形成基于建造模块工序和瓶颈链的网络计划图

步骤 1：在风险研究范围内，按照舰船建造阶段与流程进行 WBS 分解结构，直至确定最佳风险辨识单元。

步骤 2：根据建造模块工序及其最佳风险辨识单元之间的逻辑关系，以图 4.1 为模板形成由不同模块工序构成的多项目网络计划图。

步骤 3：根据第 4 章舰船多项目并行建造进度管理方法识别多项目瓶颈链，形成基于建造模块工序和瓶颈链的网络计划图，如图 5.2 所示。

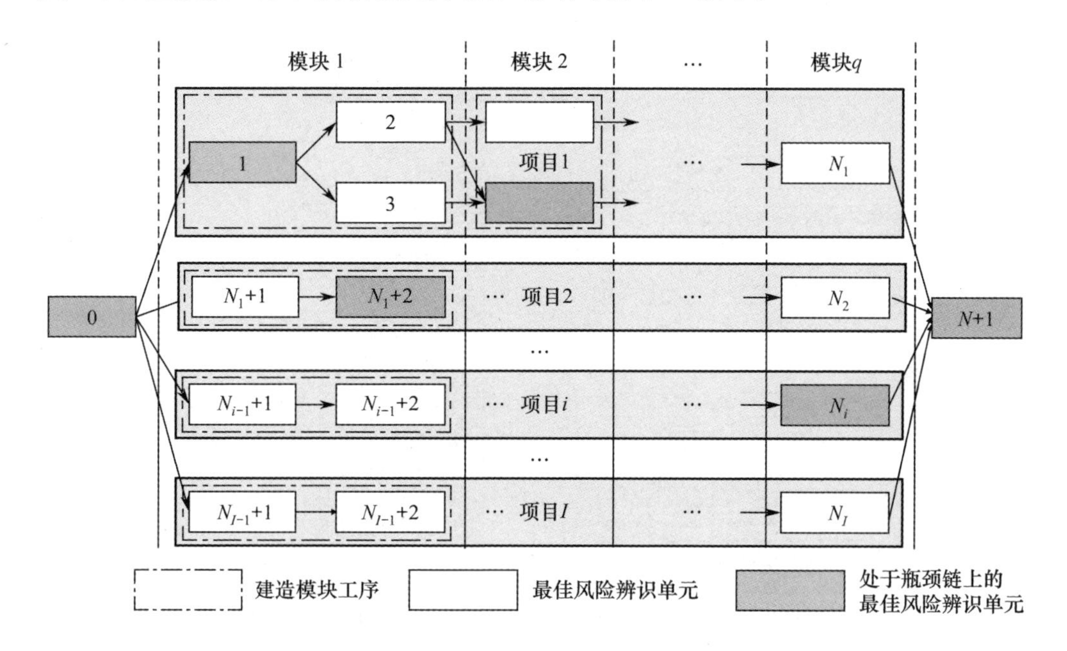

图 5.2　基于建造模块工序和瓶颈链的网络计划图

3. 形成风险分解结构

步骤 1：以单个项目的建造模块工序为分析单元，将模块内所有的最小任务单元可能存在的二级风险按照分类方法逐步分解细化。

步骤 2：将模块内分解后的二级风险按照分类方法归类整理。

步骤 3：将步骤 1 和步骤 2 应用于各个项目的建造模块工序，形成风险分解结构。

4. 构建风险识别矩阵

将 WBS 分解后的建造模块工序和 RBS 的最下层风险分别作为行和列构建风险识别矩阵，如图 5.3 所示。矩阵中，行向量体现了项目内不同模块工序存在的各层风险，列向量体现了不同项目中同一模块工序的各层风险。

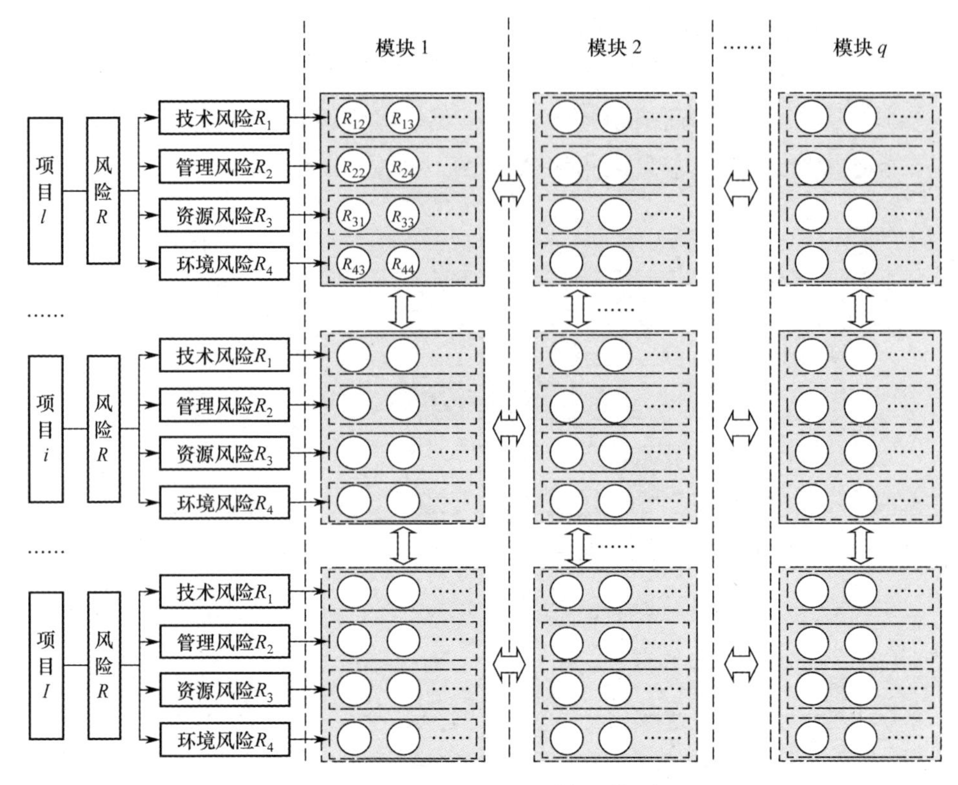

图 5.3 WBS–RBS 风险识别矩阵

5.2 舰船多项目并行建造风险传导评价框架

构建风险识别矩阵后，需要厘清风险在纵横两方向的传导关系与规律。对于一个模块工序而言，因此，在风险评价时先从项目间各级风险的传导进行分析，以风险识别矩阵的纵向量为基础研究纵向各层级风险特别是 RBS 的最下层二级风险之间的相互作用与影响关系；另外，单项目内各模块工序间存在时序或流程关系，由于模块工序具有相对独立的检验验收节点，也是各项目共同存在的通用关键工序，故横向风险评价应以模块工序为研究单元，分析单元内和单元之间风险的传导与耦合关系。通过纵向、横向风险评价，能够使军事代表室和各级质量监督机构精确掌握舰船多项目并行建造条件下各舰在不同阶段的重要风险及其对舰船建造产生的影响。

根据上述思路，在建立舰船多项目并行建造风险纵向、横向传导模型前应当以 WBS–RBS 风险识别矩阵为基础进行风险传导分析，并构建风险传导矩阵。具体方法为：以 WBS–RBS 风险识别矩阵的纵向量为基础分析纵向各层次风险，特别是 RBS 的最下层风险之间的相互作用与影响关系，分析时须以瓶颈链的网络计划图作为风险传导方向的主要依据；以模块工序为研究单元，分析单元之间风险的传导与耦合关系，构建风险传导矩阵图，如图 5.4 所示。为便于表达，以模块工序为单元，对模块 $\beta(\beta=1,2,\cdots,q)$ 内已识别的二级风险 $A_{wv}^{i\beta}(w=1,2,3,4;\ i=1,2,\cdots,I)$ 逐一编号并与 J_{α}^{β} 一一对应，$A_{wv}^{i\beta}$ 为项目 i 内模块 β 中依据 5.1.2 节风险事件分类方法识别出的风险，如 A_{11}^{32} 表示项目 3 内的模块 2 中技术风险 A_1 下的技术状态变更风险，J_{α}^{β} 为模块 β 中的第 α 个风险，ω_{ij}^{β} 表示模块 β 中风险 J_i^{β} 对 J_j^{β} 的影响程度。

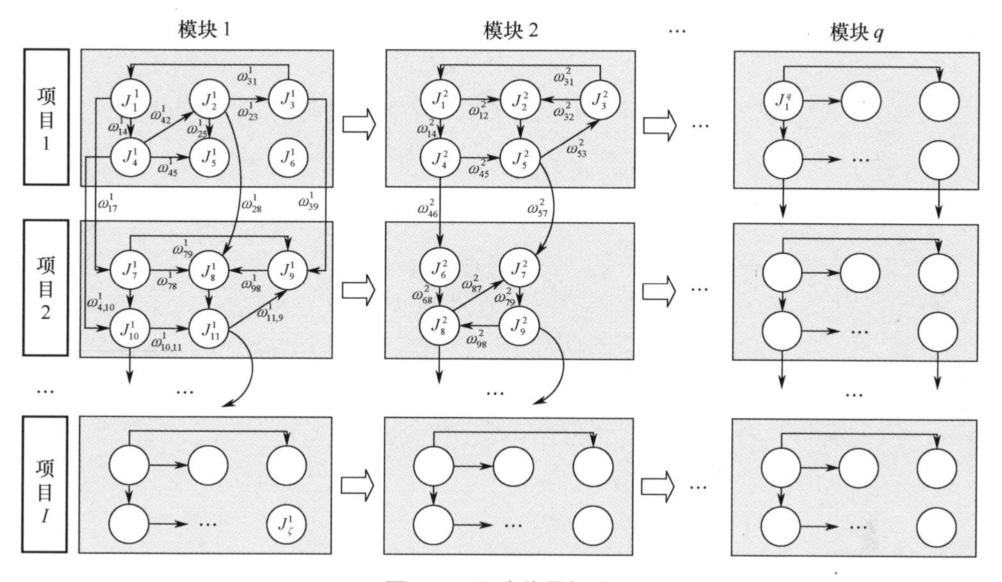

图 5.4　风险传导矩阵

构建风险传导矩阵后，需要采集风险评价基础数据并进行转化与处理。在舰船多项目并行建造风险传导建模过程中，各风险事件发生的概率、造成的损失、耦合程度的大小等由专家依据经验和历史数据给出定性的判断，而这些事件和因素具有模糊性和随机性的特点，专家打分时会呈现出对给定评价信息的犹豫度。因此，获取专家什么形式的定性语言信息、如何将这些定性语言精准地转化为定量信息并进行科学的加工是风险评价的两个重要前提。

2.5.1 节中指出，直觉正态云模型可以构建语言值及其数值表示之间定性与定量的不确定性转换关系，并实现模糊性、随机性和犹豫度的高效融合，如果能够将专家定性语言信息转化为直觉正态云，将可有效解决用精确的隶属度表示风险及其相关信息不彻底的问题，进一步提高风险评价的精准度。同时，为便于专家给出最符合个人认知过程和实际情况的风险评价信息，降低其评估难度，并有利于语言信息准确转化为直觉正态云模型，专家以双语言变量的形式给出相关评价信息。

需要指出的是，在风险传导过程中，每个风险事件发生后均可能造成质量、进度和费用的损失与影响，本书假设风险事件发生后产生的质量损失、进度损失和费用损失彼此独立。因此，风险传导评价时分别计算每个风险事件产生的质量、进度和费用损失影响值后再进行综合。

现将评价问题描述如下。

假设军事代表室邀请了 x 个专家 $e=\{e_1,e_2,\cdots,e_x\}(x\geqslant 2)$ 对 q 个模块工序内并行的 n 个项目中存在的各类风险事件 J_α^β 的初始发生概率 P_α^β 、风险 J_i^β 对 J_j^β 的影响程度 ω_{ij}^β 、风险 J_α^β 可能造成的质量损失 $C_{\alpha Q}^\beta$ 、进度损失 $C_{\alpha S}^\beta$ 和费用损失 $C_{\alpha P}^\beta$ 等进行评价。e_k 表示第 k 个专家，$\boldsymbol{q}=\{q_1,q_2,\cdots,q_x\}^{\mathrm{T}}$ 为专家权重向量，q_k 表示第 k 个专家的权重，语言评价标度 $S=\left\{s_1,s_2,\cdots,s_{k'},\cdots,s_{n'}\right\}$ ，语言隶属度标度 $H=\left\{h_1,h_2,\cdots,h_{k'},\cdots,h_{n'}\right\}$ 。

需要明确的是，在纵向风险评估时，对瓶颈链上风险事件引起进度损失的打分为最高语言标度，非瓶颈链上风险事件引起的进度损失可根据专家经验打分。

第 k 个专家的评价数据分别表示为

$$P_\alpha^{\beta(k)}\to\tilde{B}_\alpha^{\beta(k)}=\left\langle s_\alpha^{\beta(k)},h_\alpha^{\beta(k)}\right\rangle,\quad \omega_{ij}^{\beta(k)}\to\tilde{B}_{ij}^{\beta(k)}=\left\langle s_{ij}^{\beta(k)},h_{ij}^{\beta(k)}\right\rangle,$$

$$C_{\alpha Q}^{\beta(k)}\to\tilde{B}_{\alpha Q}^{\beta(k)}=\left\langle s_{\alpha Q}^{\beta(k)},h_{\alpha Q}^{\beta(k)}\right\rangle,\quad C_{\alpha S}^{\beta(k)}\to\tilde{B}_{\alpha S}^{\beta(k)}=\left\langle s_{\alpha S}^{\beta(k)},h_{\alpha S}^{\beta(k)}\right\rangle,$$

$$C_{\alpha P}^{\beta(k)}\to\tilde{B}_{\alpha P}^{\beta(k)}=\left\langle s_{\alpha P}^{\beta(k)},h_{\alpha P}^{\beta(k)}\right\rangle$$

下面给出专家双语言变量决策信息 $\tilde{B}=\langle s,h\rangle$ 转化为直觉正态云模型定量信息 $Y=\left(\langle E_x,\rho,\nu\rangle,E_n,H_e\right)$ 的方法与过程。

1. 基于黄金分割法完成 $s\to\left(E_x,E_n,H_e\right)$

黄金分割法可将专家的定性语言精准、便捷地转化为云模型的定量信息，其基本原理为：将区间 $[X_{\min},X_{\max}]$ 均分为两部分，n' 为 S 中的语言标度数量，在区间 $[x_{\min},x_{\max}]$ 上生成与语言标度逐一对应的 n' 朵云，设 $Y_0\left(E_{x_0},E_{n_0},H_{e_0}\right)$ 为处于中间位置的云，则其左右相邻的云分别为 $Y_{-1}\left(E_{x_{-1}},E_{n_{-1}},H_{e_{-1}}\right)$ ，$Y_{+1}\left(E_{x_{+1}},E_{n_{+1}},H_{e_{+1}}\right)$ ；$Y_{-2}\left(E_{x_{-2}},E_{n_{-2}},H_{e_{-2}}\right)$ ，$Y_{+2}\left(E_{x_{+2}},E_{n_{+2}},H_{e_{+2}}\right)$ ，$\cdots$，$Y_{-(n-1)/2}\left(E_{x_{-(n-1)/2}},E_{n_{-(n-1)/2}},H_{e_{-(n-1)/2}}\right)$ ，$Y_{+(n-1)/2}\left(E_{x_{+(n-1)/2}},E_{n_{+(n-1)/2}},H_{e_{+(n-1)/2}}\right)$ 。由于黄金分割法的思想源于对线段的分割，设线

段的两端分别为前一朵云与最后一朵云的 E_x，后一朵云的 E_x 为靠近中间云线段的 0.382 倍对应值，前后两朵云 E_n 与 H_e 之比为 0.618。具体计算公式如表 5.1 所示。

表 5.1　云的生成方法

云	期望 E_x	熵 E_n	超熵 H_e
$Y_{+\frac{(n-1)}{2}}\left(E_{x_{+\frac{(n-1)}{2}}},E_{n_{+\frac{(n-1)}{2}}},H_{e_{+\frac{(n-1)}{2}}}\right)$	$X_{\max}$	$\frac{E_{x_{+(n-3)/2}}}{0.618}$	$\frac{H_{e_{+(n-3)/2}}}{0.618}$
$Y_{+\frac{(n-3)}{2}}\left(E_{x_{+\frac{(n-3)}{2}}},E_{n_{+\frac{(n-3)}{2}}},H_{e_{+\frac{(n-3)}{2}}}\right)$	$E_{x_{+\frac{n-5}{2}}}+0.382(X_{\max}-E_{x_{+\frac{n-5}{2}}})$	$\frac{E_{x_{+(n-5)/2}}}{0.618}$	$\frac{H_{e_{+(n-5)/2}}}{0.618}$
……	……	……	……
$Y_{+1}\left(E_{x_{+1}},E_{n_{+1}},H_{e_{+1}}\right)$	$E_{x_0}+0.382(X_{\max}-E_{x_0})$	$0.382\frac{X_{\max}-X_{\min}}{6}$	$\frac{H_{e_0}}{0.618}$
$Y_0\left(E_{x_0},E_{n_0},H_{e_0}\right)$	$\frac{X_{\min}+X_{\max}}{2}$	$0.618E_{n_1}$	给定 H_{e_0}
$Y_{-1}\left(E_{x_{-1}},E_{n_{-1}},H_{e_{-1}}\right)$	$E_{x_0}-0.382(E_{x_0}-X_{\min})$	$0.382\frac{X_{\max}-X_{\min}}{6}$	$\frac{H_{e_0}}{0.618}$
……	……	……	……
$Y_{-\frac{(n-3)}{2}}\left(E_{x_{-\frac{(n-3)}{2}}},E_{n_{-\frac{(n-3)}{2}}},H_{e_{-\frac{(n-3)}{2}}}\right)$	$E_{x_{-\frac{n-5}{2}}}-0.382(E_{x_{-\frac{n-5}{2}}}-X_{\min})$	$\frac{E_{x_{-(n-5)/2}}}{0.618}$	$\frac{H_{e_{-(n-5)/2}}}{0.618}$
$Y_{-\frac{(n-1)}{2}}\left(E_{x_{-\frac{(n-1)}{2}}},E_{n_{-\frac{(n-1)}{2}}},H_{e_{-\frac{(n-1)}{2}}}\right)$	$X_{\min}$	$\frac{E_{x_{-(n-3)/2}}}{0.618}$	$\frac{H_{e_{-(n-3)/2}}}{0.618}$

2. 完成 $h\to(\rho,\nu)$

在 $H=\{h_1,h_2,\cdots,h_{k'},\cdots,h_{n'}\}$ 中，n' 为 H 中的语言标度数量，现要将语言隶属度变量 $h_{k'}$ 转化为一个隶属度区间 $(\rho_{k'},\nu_{k'})$。由于 H 中的语言标度是均匀分布的，其对应隶属度值域可分为 n' 个子区间，故有

$$h_{k'}\to(\rho_{k'},\nu_{k'})=\left(\frac{k'-1}{n'+1},\frac{k'+1}{n'+1}\right)\in[0,1]$$

基于上述两个环节即可完成风险评价基础数据采集与转化，第 k 个专家给出的 q 个模块工序内并行的 n 个项目中存在各类风险 J_α^β 的初始发生概率 $P_\alpha^{\beta(k)}$、风险间相互影响关系 $\omega_{ij}^{\beta(k)}$、风险 J_α^β 可能造成的质量损失 $C_{\alpha Q}^{\beta(k)}$、进度损失 $C_{\alpha S}^{\beta(k)}$ 和费用损失 $C_{\alpha P}^{\beta(k)}$ 所对应的直觉正态云模型定量信息分别为

$$P_\alpha^{\beta(k)}=\left(\left\langle E_{x_\alpha}^{\beta(k)},\rho_\alpha^{\beta(k)},\nu_\alpha^{\beta(k)}\right\rangle,E_{n_\alpha}^{\beta(k)},H_{e_\alpha}^{\beta(k)}\right)$$

$$\omega_{ij}^{\beta(k)}=\left(\left\langle E_{x_{ij}}^{\beta(k)},\rho_{ij}^{\beta(k)},\nu_{ij}^{\beta(k)}\right\rangle,E_{n_{ij}}^{\beta(k)},H_{e_{ij}}^{\beta(k)}\right)$$

$$C_{\alpha Q}^{\beta(k)}=\left(\left\langle E_{x_{\alpha Q}}^{\beta(k)},\rho_{\alpha Q}^{\beta(k)},\nu_{\alpha Q}^{\beta(k)}\right\rangle,E_{n_{\alpha Q}}^{\beta(k)},H_{e_{\alpha Q}}^{\beta(k)}\right)$$

$$C_{\alpha S}^{\beta(k)}=\left(\left\langle E_{x_{\alpha S}}^{\beta(k)},\rho_{\alpha S}^{\beta(k)},\nu_{\alpha S}^{\beta(k)}\right\rangle,E_{n_{\alpha S}}^{\beta(k)},H_{e_{\alpha S}}^{\beta(k)}\right)$$

$$C_{\alpha P}^{\beta(k)}=\left(\left\langle E_{x_{\alpha P}}^{\beta(k)},\rho_{\alpha P}^{\beta(k)},\nu_{\alpha P}^{\beta(k)}\right\rangle,E_{n_{\alpha P}}^{\beta(k)},H_{e_{\alpha P}}^{\beta(k)}\right)$$

将专家给出的双语言变量决策信息转化为直觉正态云模型定量信息后，需要建立舰船多项目并行建造风险纵向、横向传导模型进行风险传导定量分析，具体方法见 5.3 节和 5.4 节。

舰船多项目并行建造风险传导评价框架如图 5.5 所示。

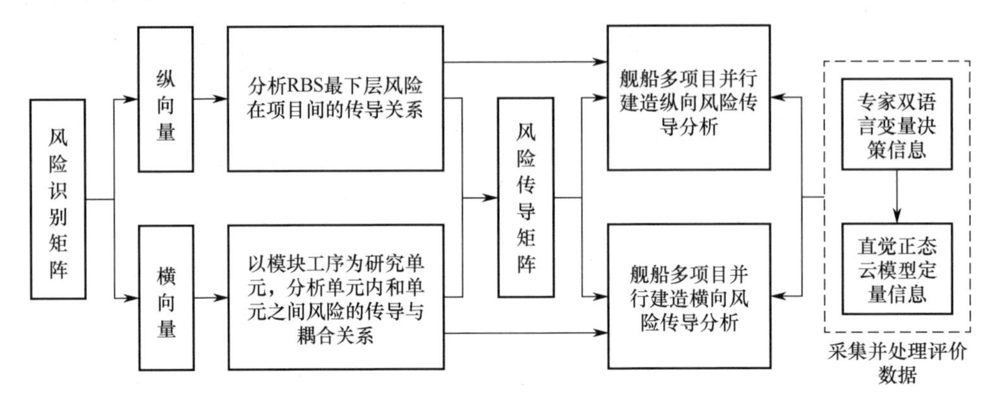

图 5.5　舰船多项目并行建造风险传导评价框架

5.3　舰船多项目并行建造风险纵向传导分析

5.3.1　舰船多项目并行建造风险纵向传导模型

模糊认知图（FCM）可以借助有向弧、节点、状态值等要素表达系统中各节点之间的因果关系和相互作用程度，通过构建推理网络并结合专家的经验与知识实现对系统的预测，用于分析风险传导矩阵中的纵向量即 RBS 最下层风险之间的相互影响关系非常合适。但 FCM 只能描述“亦此亦彼”的单一模糊概念，难以表达风险评价中常见的“非此非彼”概念；同时，FCM 的推理过程无法表示“与”“或”等逻辑关系，引入阙值函数后预测结果还会产生一定偏差。因此，开发直觉模糊认知图模型及其推理算法，不仅能充分利用直觉正态云模型的定量信息，更能有效提升传统 FCM 的建模和预测能力。

5.3.1.1　直觉正态云的运算法则

直觉正态云是特殊的云模型，根据云模型和直觉模糊数的运算规则，相关理论提出直觉正态云的运算法则。

1. 直觉正态云的集结运算法则

给定正实数 λ 与论域 U 中的两朵直觉正态云 $Y_1=\left(\left\langle E_{x_1},\rho_1,\nu_1\right\rangle,E_{n_1},H_{e_1}\right)$ 和 $Y_2=\left(\left\langle E_{x_2},\rho_2,\nu_2\right\rangle,E_{n_2},H_{e_2}\right)$，两朵云集结后形成云 $Y=\left(\left\langle E_x,\rho,\nu\right\rangle,E_n,H_e\right)$，其基本运算法则如表 5.2 所示。

表 5.2　直觉正态云的集结运算

运算	E_x	ρ	ν	E_n	H_e
λY_1	λE_{x_1}	ρ_1	ν_1	λE_{n_1}	λH_{e_1}
$Y_1\oplus Y_2$	$E_{x_1}+E_{x_2}$	$\dfrac{\rho_1E_{x_1}+\rho_2E_{x_2}}{E_{x_1}+E_{x_2}}$	$\dfrac{\nu_1E_{x_1}+\nu_2E_{x_2}}{E_{x_1}+E_{x_2}}$	$\sqrt{E_{n_1}^2+E_{n_2}^2}$	$\sqrt{H_{e_1}^2+H_{e_2}^2}$
$Y_1\otimes Y_2$	$E_{x_1}E_{x_2}$	$\rho_1\rho_2$	$\nu_1+\nu_2-\nu_1\nu_2$	$\left\|E_{x_1}E_{x_2}\right\|\times\sqrt{\left(\dfrac{E_{n_1}}{E_{x_1}}\right)^2+\left(\dfrac{E_{n_2}}{E_{x_2}}\right)^2}$	$\left\|E_{x_1}E_{x_2}\right\|\times\sqrt{\left(\dfrac{H_{e_1}}{E_{x_1}}\right)^2+\left(\dfrac{H_{e_2}}{E_{x_2}}\right)^2}$

2. 直觉正态云有序加权平均算子（Intuitionistic Normal Cloud Ordered Weighted Averaging，INCOWA）

定义 5.1　设一组直觉正态云 $Y_i=\left(\left\langle E_{x_i},\rho_i,\nu_i\right\rangle,E_{n_i},H_{e_i}\right),i=1,2,\cdots,n$，称算子 INCOWA：$\Omega^n\rightarrow\Omega$ 为直觉正态云有序加权平均算子，有

$$\text{INCOWA}_{\lambda}(Y_1,Y_2,\cdots,Y_n)=\sum_{i=1}^{n}\lambda_iY_{\sigma(j)}\tag{5.3.1}$$

式中，$\boldsymbol{\lambda}=(\lambda_1,\lambda_2,\cdots,\lambda_n)^{\mathrm{T}}$ 是与 INCOWA 相关的权重向量；$\lambda_i\in[0,1]$ 且 $\sum_{i=1}^{n}\lambda_i=1$；$Y_{\sigma(j)}$ 是 $Y_{\sigma(i)}(i=1,2,\cdots,n)$ 以降序排列组成的序列中第 j 个直觉正态云。特别地，当 $\lambda_1=\lambda_2=\cdots=\lambda_n$ 时，INCOWA_{λ} 算子退化为直觉正态云算术平均算子。

$$\text{INCAA}_{\lambda}(Y_1,Y_2,\cdots,Y_n)=\frac{1}{n}\sum_{i=1}^{n}Y_i\tag{5.3.2}$$

3. 直觉正态云发生算法

（1）正向直觉正态云发生器。

输入：数字特征 $Y=\left(\left\langle E_x,\rho,\nu\right\rangle,E_n,H_e\right)$，云滴数量 N。

输出：N 个云滴 x_i，每个云滴的隶属度为 o_i，表述为 $\text{Idrop}(x_i,o_i),i=1,2,\cdots,N$。

算法：

步骤1：生成正态随机数 $E'_{n_i}=\mathrm{norm}(E_n,H_e^2)$，其中，$E_n$ 为期望，H_e^2 为方差。

步骤2：生成正态随机数 $x_i=\mathrm{norm}(E_x,E'^2_{n_i})$，其中，$E_x$ 为期望，$E'^2_{n_i}$ 为方差。

步骤3：生成 $[\rho,1-\nu]$ 区间内的均匀分布随机数 ρ'_i。

步骤4：计算 $o_i=\rho'_i\exp\left[-\left(\frac{x_i-E_x}{E'_{n_i}}\right)^2\right]$，$o_i$ 为 x_i 属于表达概念的确定度。

步骤5：(x_i,o_i) 形成一个云滴，表达了定性转化的全部内容。

步骤6：重复步骤1～步骤5，直到产生 N 个云滴为止。

（2）逆向直觉正态云发生器。

输入：N 个云滴 x_i，每个云滴的隶属度为 o_i，表示为 $i=1,2,\cdots,N$。

输出：云模型的数字特征 $Y=\left(\langle E_x,\rho,\nu\rangle,E_n,H_e\right)$。

算法：

步骤1：计算 x_i 的平均值 $E_x=\mathrm{MEAN}(x_i)$，求得期望 E_x。

步骤2：计算 x_i 的标准差 $E_n=\mathrm{STDEV}(x_i)$，求得熵 E_n。

步骤3：根据服从均匀分布的随机数 ρ'_i 得到其分布区间 $[\rho,1-\nu]$。

步骤4：对每一对 (x_i,o_i)，计算 $E'_{n_i}=\sqrt{\frac{\rho'_i(x_i-E_x)^2}{\mathrm{Ln}\,o_i}}$。

步骤5：计算 E'_{n_i} 的标准差 $H_e=\mathrm{STDEV}(E'_{n_i})$，求出超熵。

5.3.1.2 基于直觉模糊认知图的风险纵向传导模型

定义直觉正态云有序加权平均算子 INCOWA 后，将传统 FCM 中的阙值函数与加权求和运算替换为 INCOWA，得到基于直觉模糊认知图的风险纵向传导模型。

1. 风险纵向传导模型

定义 5.2 IFCM 是一个四元序组：

$$\mathrm{IFCM}=(J,\boldsymbol{W},Y,\mathrm{INCOWA}_\lambda)$$

式中，$J=\left\{J_1^\beta,J_2^\beta,\cdots,J_\alpha^\beta,\cdots,J_\eta^\beta\right\}$ 为模块工序 $\beta(\beta=1,2,\cdots,q)$ 内 η 个二级风险事件的集合；$\boldsymbol{W}:(J_i^\beta,J_j^\beta)\to\omega_{ij}^\beta$ 为一个映射关系，$\omega_{ij}^\beta(\omega_{ij}^\beta\in\boldsymbol{W})$ 为模块工序 β 内风险事件 J_i^β 对 J_j^β 有向弧的权值，表示 J_i^β 对 J_j^β 的影响程度，$\boldsymbol{W}=(\omega_{ij}^\beta)_{\eta\times\eta}$ 为 IFCM 的直觉正态云矩阵；$Y:J_\alpha^\beta\to y_\alpha^\beta(t)$，$y_\alpha^\beta(t)$ 表示风险事件 J_α^β 在 t 时刻发生的初始概率，其赋值

为一个直觉正态云信息；$\text{INCOWA}_{\lambda}^{\beta}=(\text{INCOWA}_{\lambda_1}^{\beta},\text{INCOWA}_{\lambda_2}^{\beta},\cdots,\text{INCOWA}_{\lambda_\alpha}^{\beta},\cdots,\text{INCOWA}_{\lambda_\eta}^{\beta})$ 为直觉正态云有序加权平均算子序列，$\text{INCOWA}_{\lambda_\alpha}$ 与 $y_\alpha^\beta(t)$ 相对应，相关权重向量 $\boldsymbol{\lambda}_\alpha=(\lambda_{1\alpha},\lambda_{2\alpha},\cdots,\lambda_{\eta\alpha})$，则称 IFCM 为风险纵向传导模型。其拓扑结构如图 5.6 所示。

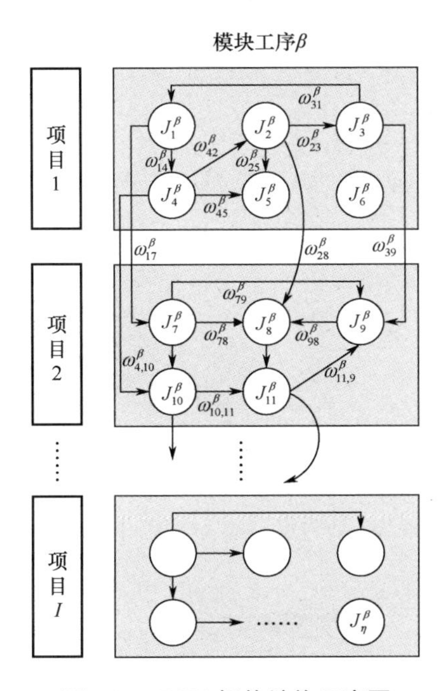

图 5.6　IFCM 拓扑结构示意图

根据 FCM 演化数学模型，IFCM 状态空间的初始条件确立后，风险事件之间的相互作用均通过连接权进行双向传导，并通过 $\text{INCOWA}_{\lambda_\alpha}$ 不断进行状态转移与变更，从而实现状态循环并完成因果状态推理。因此，为使 IFCM 具备时间和记忆状态，引入时间变量，设 $Y^\beta(t)=[y_1^\beta(t),y_2^\beta(t),\cdots,y_\alpha^\beta(t),\cdots,y_\eta^\beta(t)]$ 表示 IFCM 在 t 时刻的风险状态信息，$y_\alpha^\beta(t)=\left(\left\langle E_{x_\alpha}^\beta(t),\rho_\alpha^\beta(t),v_\alpha^\beta(t)\right\rangle,E_{n_\alpha}^\beta(t),H_{e_\alpha}^\beta(t)\right)$，$W=[\omega_{ij}^\beta(t)]_{\eta\times\eta}$，$\omega_{ij}^\beta(t)=\left(\left\langle E_{x_{ij}}^\beta(t),\rho_{ij}^\beta(t),v_{ij}^\beta(t)\right\rangle,E_{n_{ij}}^\beta(t),H_{e_{ij}}^\beta(t)\right)$ 表示 J_i^β 对 J_j^β 在 t 时刻的影响程度信息。

2. 风险纵向传导模型的求解算法

设在时刻 t 风险事件 J_α^β 通过有向弧 $(J_\alpha^\beta,J_j^\beta)$ 对风险事件 J_j^β 产生的影响值信息为 $a_{\alpha j}^\beta(t)$，提出风险纵向传导模型的求解算法。

（1）当 $j \neq \alpha$ 时

$$
\begin{aligned}
a_{\alpha j}^{\beta}(t) &= y_{\alpha}^{\beta}(t) \otimes \omega_{\alpha j}^{\beta}(t) \\
&= \left(\left\langle E_{x_\alpha}^{\beta}(t), \rho_{\alpha}^{\beta}(t), \nu_{\alpha}^{\beta}(t)\right\rangle, E_{n_\alpha}^{\beta}(t), H_{e_\alpha}^{\beta}(t)\right) \otimes \left(\left\langle E_{x_{\alpha j}}^{\beta}(t), \rho_{\alpha j}^{\beta}(t), \nu_{\alpha j}^{\beta}(t)\right\rangle, E_{n_{\alpha j}}^{\beta}(t), H_{e_{\alpha j}}^{\beta}(t)\right) \\
&= \left(\begin{array}{l}
\left\langle E_{x_\alpha}^{\beta}(t) E_{x_{\alpha j}}^{\beta}(t), \rho_{\alpha}^{\beta}(t)\rho_{\alpha j}^{\beta}(t), \nu_{\alpha}^{\beta}(t)+\nu_{\alpha j}^{\beta}(t)-\nu_{\alpha}^{\beta}(t)\nu_{\alpha j}^{\beta}(t)\right\rangle, \\
\left|E_{x_\alpha}^{\beta}(t) E_{x_{\alpha j}}^{\beta}(t)\right| \sqrt{\left(\dfrac{E_{n_\alpha}^{\beta}(t)}{E_{x_\alpha}^{\beta}(t)}\right)^2+\left(\dfrac{E_{n_{\alpha j}}^{\beta}(t)}{E_{x_{\alpha j}}^{\beta}(t)}\right)^2}, \left|E_{x_\alpha}^{\beta}(t) E_{x_{\alpha j}}^{\beta}(t)\right| \sqrt{\left(\dfrac{H_{e_\alpha}^{\beta}(t)}{E_{x_\alpha}^{\beta}(t)}\right)^2+\left(\dfrac{H_{e_{\alpha j}}^{\beta}(t)}{E_{x_{\alpha j}}^{\beta}(t)}\right)^2}
\end{array}\right)
\end{aligned}
\tag{5.3.3}
$$

（2）当 $j \neq \alpha$ 时

$$
a_{\alpha j}^{\beta}(t) = y_{\alpha}^{\beta}(t) \tag{5.3.4}
$$

因此，风险事件 J_j^{β} 在 $t+1$ 时刻的风险状态信息为

$$
y_j^{\beta}(t+1) = \mathrm{INCOWA}_{\lambda_j}^{\beta}(a_{1j}^{\beta}(t), a_{2j}^{\beta}(t), \cdots, a_{\eta j}^{\beta}(t)) \tag{5.3.5}
$$

在舰船多项目并行建造过程中，各风险事件的发生概率及其影响程度已经计入评估过程，为得到更真实的评估结论，设各风险事件的重要程度相同。此时，$\mathrm{INCOWA}_{\lambda}$ 算子退化为直觉正态云算术平均算子 INCAA_{λ}，且有

$$
y_j^{\beta}(t+1) = \mathrm{INCAA}_{\lambda_j}^{\beta}(a_{1j}^{\beta}(t), a_{2j}^{\beta}(t), \cdots, a_{\eta j}^{\beta}(t)) = \frac{1}{\eta}\left[a_{1j}^{\beta}(t) \oplus a_{2j}^{\beta}(t) \oplus \cdots \oplus a_{\eta j}^{\beta}(t)\right] \tag{5.3.6}
$$

可见，各风险事件通过有向弧所体现的因果关系相互作用与影响，每个风险事件通过有向弧将其影响输出至另一个风险事件的过程中还同时接收其他风险事件的因果影响，并最终形成风险事件的动态转化。在 IFCM 模型中，由于对风险事件发生概率和事件之间的关联关系均引入时间变量，使得推理过程能够体现整个系统的实时动态。

3. 风险纵向传导模型的求解步骤

在 5.2 节中，军事代表室邀请了 x 个专家 $e=\{e_1, e_2, \cdots, e_x\}(x \geqslant 2)$ 进行评价，$\boldsymbol{q}=\{q_1, q_2, \cdots, q_x\}^{\mathrm{T}}$ 为专家权重向量，e_k 表示第 k 个专家。根据 IFCM 模型及其求解算法，求解步骤如下。

步骤 1：分析模型中各概念节点所代表的风险事件 $J=\left\{J_1^{\beta}, J_2^{\beta}, \cdots, J_{\alpha}^{\beta}, \cdots, J_{\eta}^{\beta}\right\}$。

步骤 2：确定各个风险事件间的因果关系矩阵 $\boldsymbol{W}=\left[\omega_{ij}^{\beta}\right]_{\eta\times\eta}$ 。

设第 k 个专家给出 $\boldsymbol{W}^{(k)}=\left[\omega_{ij}^{\beta(k)}\right]_{\eta\times\eta}$ ，则

$$\boldsymbol{W}=\mathop{\oplus}_{k=1}^{x}[q_k W^{(k)}]\text{，}\quad \omega_{ij}^{\beta}=\mathop{\oplus}_{k=1}^{x}[q_k\omega_{ij}^{\beta(k)}] \tag{5.3.7}$$

式中，$\mathop{\oplus}\limits_{k=1}^{x}$ 为直觉云的累加符号。

步骤 3：确定模型状态空间的初始值，即 $Y^{\beta}(0)=[y_1^{\beta}(0),y_2^{\beta}(0),\cdots,y_{\alpha}^{\beta}(0),\cdots,y_{\eta}^{\beta}(0)]$，确定各风险事件的 $\mathrm{INCOWA}_{\lambda}^{\beta}$ 及其相关的权重向量。对于舰船多项目并行建造风险纵向评价环节，设各风险事件的重要程度相同，$\mathrm{INCOWA}_{\lambda}^{\beta}$ 算子用 INCAA_{λ} 替代。

设第 k 个专家给出 $Y_{\alpha}^{\beta(k)}(0)=\left(\left\langle E_{x_{\alpha}}^{\beta(k)}(0),\rho_{\alpha}^{\beta(k)}(0),\nu_{\alpha}^{\beta(k)}(0)\right\rangle,E_{n_{\alpha}}^{\beta(k)}(0),H_{e_{\alpha}}^{\beta(k)}(0)\right)$，则

$$Y_{\alpha}^{\beta}(0)=\mathop{\oplus}_{k=1}^{x}[q_k Y_{\alpha}^{\beta(k)}(0)] \tag{5.3.8}$$

步骤 4：根据式（5.3.3）～式（5.3.5）进行计算。

步骤 5：$Y^{\beta}(t+1)=Y^{\beta}(t)$ 或者 $\exists\alpha=1,2,\cdots,t\ \ Y(t+1)=Y(\alpha)$ ，计算过程结束，否则转入步骤 4。最终得到风险事件 α 的实际发生概率

$$\left(\left\langle E_{x_{\alpha}}^{\beta\prime},\rho_{\alpha}^{\beta\prime},\nu_{\alpha}^{\beta\prime}\right\rangle,E_{n_{\alpha}}^{\beta\prime},H_{e_{\alpha}}^{\beta\prime}\right)=Y^{\beta}(t+1)$$

上述步骤和过程通过构建舰船多项目并行建造风险纵向传导模型，可将多项目所有模块工序内各风险事件的初始发生概率转换为考虑风险事件之间相互影响关系的风险事件实际发生概率，即将模块工序 β 内风险事件 α 的初始发生概率 $\left(\left\langle E_{x_{\alpha}}^{\beta},\rho_{\alpha}^{\beta},\nu_{\alpha}^{\beta}\right\rangle,E_{n_{\alpha}}^{\beta},H_{e_{\alpha}}^{\beta}\right)$ 转化为实际发生概率 $\left(\left\langle E_{x_{\alpha}}^{\beta\prime},\rho_{\alpha}^{\beta\prime},\nu_{\alpha}^{\beta\prime}\right\rangle,E_{n_{\alpha}}^{\beta\prime},H_{e_{\alpha}}^{\beta\prime}\right)$ 。此处充分考虑了模块工序 β 中项目内部、多项目之间各风险事件的相互影响和关联关系，为风险影响值的精确计算提供数据和方法保证。

5.3.2　舰船多项目并行建造纵向风险计算与比较定级方法

5.3.2.1　纵向风险影响值计算方法

经过 5.2 节与 5.3.1 节的分析与计算，得到的纵向风险评价数据为：q 个模块工序内并行的 n 个项目中存在二级风险 J_{α}^{β} 的实际发生概率 $P_{\alpha}^{\beta\prime}$ ，第 k 个专家给出的风险 J_{α}^{β} 可能造成的质量损失 $C_{\alpha Q}^{\beta(k)}$ 、进度损失 $C_{\alpha S}^{\beta(k)}$ 和费用损失 $C_{\alpha P}^{\beta(k)}$ ，对应的直觉正态云模型定量信息分别为

$$P_{\alpha}^{\beta'}=\left(\left\langle E_{x_{\alpha}}^{\beta'},\rho_{\alpha}^{\beta'},\nu_{\alpha}^{\beta'}\right\rangle,E_{n_{\alpha}}^{\beta'},H_{e_{\alpha}}^{\beta'}\right)$$

$$C_{\alpha Q}^{\beta(k)}=\left(\left\langle E_{x_{\alpha Q}}^{\beta(k)},\rho_{\alpha Q}^{\beta(k)},\nu_{\alpha Q}^{\beta(k)}\right\rangle,E_{n_{\alpha Q}}^{\beta(k)},H_{e_{\alpha Q}}^{\beta(k)}\right)$$

$$C_{\alpha S}^{\beta(k)}=\left(\left\langle E_{x_{\alpha S}}^{\beta(k)},\rho_{\alpha S}^{\beta(k)},\nu_{\alpha S}^{\beta(k)}\right\rangle,E_{n_{\alpha S}}^{\beta(k)},H_{e_{\alpha S}}^{\beta(k)}\right)$$

$$C_{\alpha P}^{\beta(k)}=\left(\left\langle E_{x_{\alpha P}}^{\beta(k)},\rho_{\alpha P}^{\beta(k)},\nu_{\alpha P}^{\beta(k)}\right\rangle,E_{n_{\alpha P}}^{\beta(k)},H_{e_{\alpha P}}^{\beta(k)}\right)$$

用式（5.3.9）和表 5.2 中直觉正态云的集结运算法则可将上述专家评价信息集结后得到风险 J_{α}^{β} 可能造成的质量损失 $C_{\alpha Q}^{\beta}$、进度损失 $C_{\alpha S}^{\beta}$ 和费用损失 $C_{\alpha P}^{\beta}$。

$$\begin{cases}C_{\alpha Q}^{\beta}=\bigoplus_{k=1}^{x}[q_k C_{\alpha Q}^{\beta(k)}]\\C_{\alpha S}^{\beta}=\bigoplus_{k=1}^{x}[q_k C_{\alpha S}^{\beta(k)}]\\C_{\alpha P}^{\beta}=\bigoplus_{k=1}^{x}[q_k C_{\alpha P}^{\beta(k)}]\end{cases}\tag{5.3.9}$$

在 5.2 节中，为表述方便，对项目 i 中模块 $\beta(\beta=1,2,\cdots,q)$ 内已识别的风险 $A_{wv}^{i\beta}$ 依次编号并与 J_{α}^{β} 一一对应，$A_{wv}^{i\beta}$ 为项目 i 内模块 β 中依据 5.1.2 节风险事件分类方法识别的风险。在获取风险评价基础数据后，为计算方便，再次进行风险标识的表达转换，将 $J_{\alpha}^{\beta}\to A_{wv}^{i\beta}$，得到表达方式转换后的评价数据 $P_{wv}^{i\beta'}$、$C_{wvQ}^{i\beta}$、$C_{wvS}^{i\beta}$ 和 $C_{wvP}^{i\beta}$。如 A_{11}^{32} 表示项目 3 内模块 2 中技术风险 A_1 下的技术状态变更风险，$P_{11}^{32'}$ 为风险 A_{11}^{32} 的实际发生概率，C_{11Q}^{32}、C_{11S}^{32} 和 C_{11P}^{32} 分别为该风险可能造成的质量损失、进度损失和费用损失。

由于模糊认知图分析过程中已经考虑到了风险事件之间的相互作用与耦合关系，在综合纵向风险影响值时仅需进行加权求和计算。各级风险指标加权时的权重系数并不是本书的研究重点，故直接给出。假设质量损失 $C_{wvQ}^{i\beta}$、进度损失 $C_{wvS}^{i\beta}$ 和费用损失 $C_{wvP}^{i\beta}$ 的权重分别为 φ_Q、φ_S 和 φ_P，由式（5.3.10）可求得风险事件 $A_{wv}^{i\beta}$ 发生后对质量、进度和费用产生的风险影响值分别为 $R_{wvQ}^{i\beta}$、$R_{wvS}^{i\beta}$ 和 $R_{wvP}^{i\beta}$。

$$\begin{cases}R_{wvQ}^{i\beta}=P_{wvQ}^{i\beta}\otimes C_{wvQ}^{i\beta}\\R_{wvS}^{i\beta}=P_{wvS}^{i\beta}\otimes C_{wvS}^{i\beta}\\R_{wvP}^{i\beta}=P_{wvP}^{i\beta}\otimes C_{wvP}^{i\beta}\end{cases}\tag{5.3.10}$$

设 I 个项目的权重为 $\omega_1,\omega_2,\cdots,\omega_I$，$A_{w}^{\beta}$ 发生后产生的质量损失 C_{wQ}^{β}、进度损失

C_{wS}^{β} 和费用损失 C_{wP}^{β} 彼此独立，其权重分别为 ψ_Q 、 ψ_S 和 ψ_P ，则由式（5.3.11）可求得 I 个项目并行条件下模块工序 β 内风险事件 A_{wv}^{β} 发生后对质量、进度和费用产生的风险影响值 R_{wvQ}^{β} 、 R_{wvS}^{β} 、 R_{wvP}^{β} 和总风险影响值 R_{wv}^{β} 。

$$\begin{cases} R_{wvQ}^{\beta} = \overset{I}{\underset{i=1}{\oplus}}[\omega_i R_{wvQ}^{i\beta}] \\ R_{wvS}^{\beta} = \overset{I}{\underset{i=1}{\oplus}}[\omega_i R_{wvS}^{i\beta}] \\ R_{wvP}^{\beta} = \overset{I}{\underset{i=1}{\oplus}}[\omega_i R_{wvP}^{i\beta}] \\ R_{wv}^{\beta} = \psi_Q R_{wvQ}^{\beta} \oplus \psi_S R_{wvS}^{\beta} \oplus \psi_P R_{wvP}^{\beta} \end{cases} \tag{5.3.11}$$

假设 v' 个二级风险事件 A_{wv}^{β} 的权重分别为 $\delta_1,\delta_2,\cdots,\delta_{v'}$ ，由式（5.3.12）可求得模块工序 β 内一级风险 A_w^{β} 对质量、进度和费用产生的总风险影响值分别为 R_{wQ}^{β} 、 R_{wS}^{β} 和 R_{wP}^{β} 。

$$\begin{cases} R_{wQ}^{\beta} = \overset{v'}{\underset{j=1}{\oplus}}[\delta_j R_{wjQ}^{\beta}] \\ R_{wS}^{\beta} = \overset{v'}{\underset{j=1}{\oplus}}[\delta_j R_{wjS}^{\beta}] \\ R_{wP}^{\beta} = \overset{v'}{\underset{j=1}{\oplus}}[\delta_j R_{wjP}^{\beta}] \end{cases} \tag{5.3.12}$$

由式（5.3.13）可求得 A_w^{β} 产生的总风险影响值 R_w^{β} ，即

$$R_w^{\beta} = \psi_Q R_{wQ}^{\beta} \oplus \psi_S R_{wS}^{\beta} \oplus \psi_P R_{wP}^{\beta} \tag{5.3.13}$$

5.3.2.2　基于蒙特卡罗模拟的风险比较与定级方法

1. 风险影响值比较方法

定义 5.3　(x,o) 为直觉正态云上的一个云滴，$z = xo$ 为该云滴对概念 V 的一次计分，z 会随 (x,o) 的变化而动态调整。设 $\hat{z}$ 为 z 的数学期望，则 $\hat{z}$ 为该云对概念 V 的总计分。设 Y_1 和 Y_2 为同一论域内的两朵云，如果其对应的总计分 $\hat{z}_1 \geqslant \hat{z}_2$ ，则 $Y_1 \geqslant Y_2$ 。

对于舰船建造风险评估工作，各级风险事件的影响值为直觉正态云信息。由于风险的发生规律往往不符合常见的概率分布函数，直觉正态云信息中的云滴 z 同样不符合常见的概率分布函数，难以通过解析方法求得 $\hat{z}$ 。因此，基于蒙特卡罗模拟思想，可借助计算机程序通过 5.3.1 节中直觉正态云的云滴生成算法获取足够的云

滴样本，统计样本值后得到 $\hat{z}$ 的估计值。运用该方法可生成大量的云滴样本（ N 个），将样本均值作为 $\hat{z}$ 的最优估计值，并以此作为风险定级和影响值排序的标准，$\hat{z}$ 的计算方法如下：

$$\hat{z}=\overline{z}=\sum_{i=1}^{N}z_i \tag{5.3.14}$$

根据定义 5.3 和式（5.3.14）可以比较两朵直觉正态云所代表风险事件的影响值大小。

2. 风险定级方法

传统 $R=P\times C$ 定级法是一种硬性的风险等级划分方法，该方法忽视了评价边界的模糊性和不确定性，未考虑计算过程中的各种不确定性，对评价结果的精确性造成影响。不仅如此，该法通过 P 和 C 与矩阵表的对应关系最终确定风险等级，对于集结、综合后的风险信息难以给出定性判断。因此，以下给出一种快速、简便、准确的风险定级方法。

假设 $R_d=\left(\left\langle E_{x_d},\rho_d,\nu_d\right\rangle,E_{n_d},H_{e_d}\right)$ 是待定级风险事件的风险影响值，将风险由低到高分为 t' 个等级，分别为 $f_1,f_2,\cdots,f_{t'}$，则风险定级步骤为

步骤 1：根据表 5.1，将定性等级语言 $f_1,f_2,\cdots,f_{t'}$ 转化为正态云模型的定量信息，$f_l\rightarrow Y_l$，其中，$Y_l=\left(E_{x_l},E_{n_l},H_{e_l}\right)$，$l=1,2,\cdots,t'$。

步骤 2：将正态云信息 Y_l' 看作专家对评价结果信心水平最高时的直觉正态云信息 $Y_l'=\left(\left\langle E_{x_l},\rho_{k'},\nu_{k'}\right\rangle,E_{n_l},H_{e_l}\right)$，根据 5.2 节 $h\rightarrow(\rho,\nu)$ 转化方法可以求解 $\rho_{k'}$、$\nu_{k'}$。

步骤 3：依据风险影响值比较方法，生成 Y_l' 的 N 个云滴样本，得到 $\hat{z}_l(l=1,2,\cdots,t')$，并将其作为风险定级的标准，即 $f_l\rightarrow\hat{z}_l$。

步骤 4：依据步骤 3，将 R_d 转化为 $\hat{z}_d$。

步骤 5：依据贴近度的思想，设实数 $\hat{z}_d$ 介于相邻风险等级 f_l、f_{l+1} 对应的 $\hat{z}_l$、$\hat{z}_{l+1}$ 之间，若 $\left|\hat{z}_{l+1}-\hat{z}_d\right|>\left|\hat{z}_l-\hat{z}_d\right|$，则 R_d 对应的风险定级为 f_l。

5.4 舰船多项目并行建造风险横向传导分析

5.4.1 问题描述

风险横向传导分析之后，由于单个项目各模块工序间存在时序或流程关系，且模块工序具有相对独立的检验验收节点，同时也是各项目共同存在的通用关键工

序。因此，横向风险评价应以模块工序为研究单元，基于单个项目分析单元内和单元之间风险的传导与耦合关系。

设 $A_{wv}^{i\beta}$ 为项目 i 内模块 β 中已识别的风险事件，在多项目之间传导后该风险的实际发生概率为 $P_{wv}^{i\beta'}$，可能造成的质量损失 $C_{wvQ}^{i\beta}$、进度损失 $C_{wvS}^{i\beta}$ 和费用损失 $C_{wvP}^{i\beta}$ 彼此独立，其权重分别为 ψ_Q、ψ_S 和 ψ_P，v' 个二级风险事件 $A_{wv}^{i\beta}$ 的权重分别为 $\delta_1,\delta_2,\cdots,\delta_{v'}$，且 $\sum_{i=1}^{v'}\delta_i=1$。现构建项目 i 的风险横向传导网络结构，如图 5.7 所示。

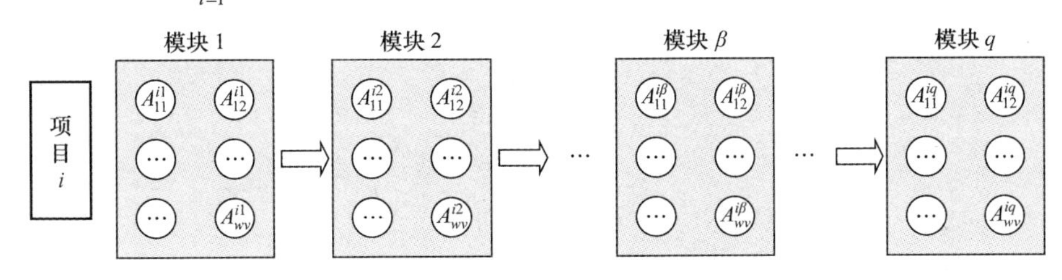

图 5.7 项目 i 的风险横向传导网络结构图

现要根据上述条件求得：①模块工序 β 内各风险事件发生后引起风险后果从而可能造成的质量风险、进度风险与费用风险的影响值；②项目 i 中质量风险、进度风险与费用风险的影响值；③项目 i 总风险影响值。

5.4.2 风险事件的影响图表述方法

5.4.2.1 风险节点及其表述方法

影响图包括决策节点、机会节点和价值节点。根据其基本概念，机会节点存储风险事件概率信息，价值节点存储风险事件的综合风险影响值信息。由于机会节点和价值节点均无法提供风险事件的详细信息，不能为风险管理人员提供具体指导，故引入风险节点概念用于描述风险事件，在模型中采用椭圆形表达。风险节点能够存储风险事件的概率信息、风险损失信息和综合风险影响值信息，具有三重性特点。不同后果的风险信息如果存储在同一个风险节点中会造成无序和混乱，故根据风险损失的类型，将风险节点进一步分为质量风险、进度风险和费用风险三类。例如，风险事件 $A_{wv}^{i\beta}$ 包含的风险节点为质量风险节点 $F_{wvQ}^{i\beta}$、进度风险节点 $F_{wvS}^{i\beta}$ 和费用风险节点 $F_{wvP}^{i\beta}$，三类节点均包含概率信息 $P_{wv}^{i\beta'}$，分别存储风险损失信息 $C_{wvQ}^{i\beta}$、$C_{wvS}^{i\beta}$ 和 $C_{wvP}^{i\beta}$，综合风险影响值信息 $R_{wvQ}^{i\beta}$、$R_{wvS}^{i\beta}$ 和 $R_{wvP}^{i\beta}$，如图 5.8 所示。

在某个模块工序 i 范围内，风险事件之间是相互影响的，不符合影响图节点间相互独立的前提。但在纵向风险传导分析中已将模块工序范围内风险事件的相互影响计算在内。因此，在横向风险传导影响图模型构建时风险事件等同于相互独立，风险节点间互不影响，即风险节点状态与信息仅受到父风险节点的影响，不会对定量计算产生较大影响。当出现多个父风险节点时，存在父节点相互耦合后将风险向子节点传导的现象。父风险节点之间的耦合关系通常包括强耦合、弱耦合和纯耦合。一般情况下，进度风险节点之间、费用风险节点之间属于纯耦合关系，总的风险影响值为其父风险节点影响值的加权求和。对于质量风险节点，需要通过专家经验对不同风险节点之间的耦合关系进行评价后再将风险影响值进行综合集成。

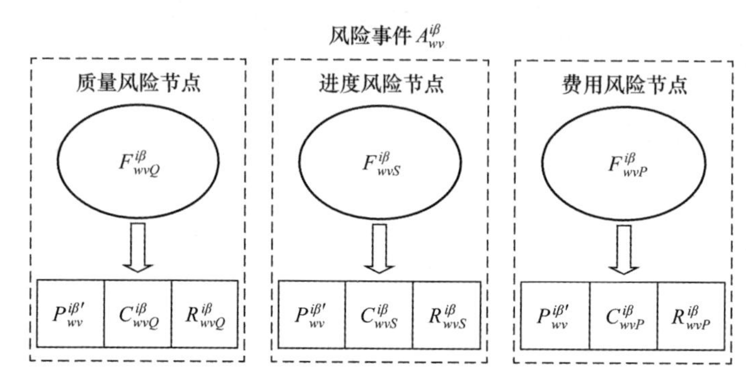

图 5.8　风险节点示意图

不同风险节点之间的耦合关系本质上是一种函数关系，用 f 表示。在影响图中，文献[102]分别用 $i-i$ 、$i+j$ 和 $i-j$ 表示风险节点之间的纯耦合、强耦合和弱耦合的函数关系。风险事件 A_{wv}^{β} 和 A_{mn}^{β} 的质量风险节点、进度风险节点和费用风险节点的耦合关系如图 5.9～图 5.11 所示。图中，$F_Q^{i\beta}$ 、$F_S^{i\beta}$ 和 $F_P^{i\beta}$ 分别表示项目 i 内风险节点耦合后模块 β 的质量风险子节点、进度风险子节点和费用风险子节点。在此基础上，$F_Q^{i1},F_Q^{i2},\cdots,F_Q^{iq}$ 耦合后可得到项目 i 的质量风险子节点 F_Q^i ，同理得到项目 i 的进度风险子节点 F_S^i 和费用风险子节点 F_P^i 。项目的质量风险子节点最终输出为对应的价值节点。

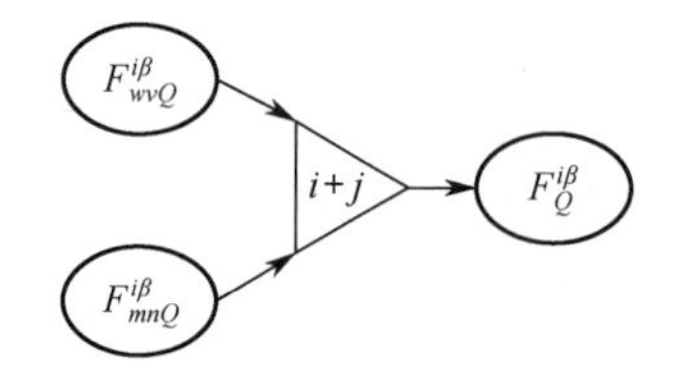

图 5.9　质量风险节点强耦合关系

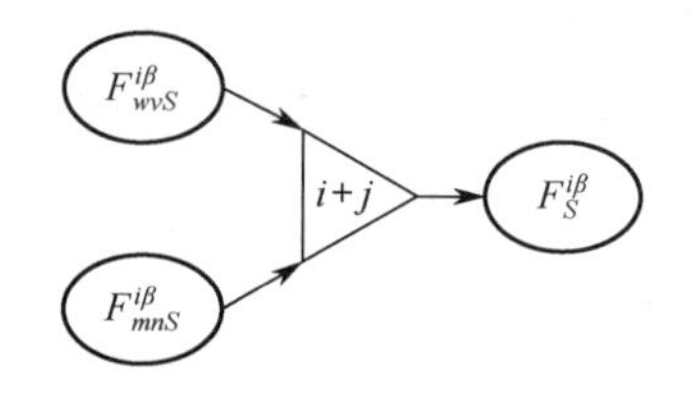

图 5.10　进度风险节点纯耦合关系

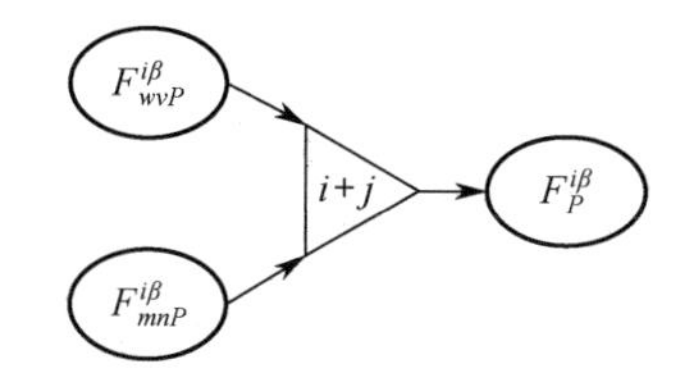

图 5.11　费用风险节点纯耦合关系

5.4.2.2　价值节点及其表述方法

在风险影响值综合集成过程中，由于风险事件种类繁多，其相互关系动态复杂，如果为每个风险事件设置一个价值节点将造成全景模型极度复杂。因此，针对项目 i 的质量风险子节点 F_Q^i 、进度风险子节点 F_S^i 和费用风险子节点 F_P^i ，对应引入三类价值节点——质量价值节点 V_Q^i 、进度价值节点 V_S^i 和费用价值节点 V_P^i ，使其实现风险影响值数据对接，再将其进一步合成综合价值节点 V^i ，如图 5.12 所示。

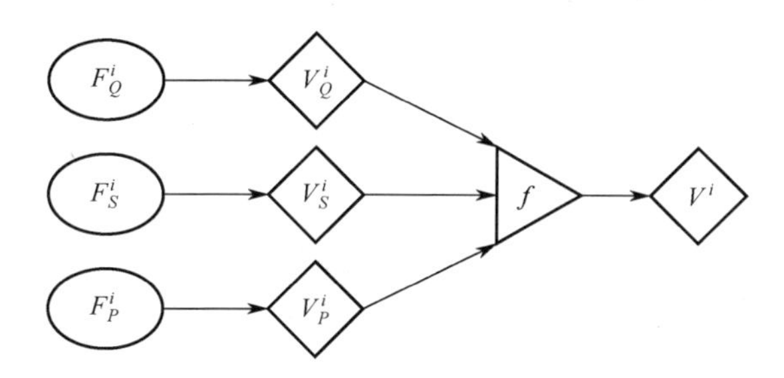

图 5.12　风险节点合成示意图

假设风险事件 $A_{wv}^{i\beta}$ 对应的质量风险节点、进度风险节点和费用风险节点分别为 $F_{wvQ}^{i\beta}$ 、 $F_{wvS}^{i\beta}$ 和 $F_{wvP}^{i\beta}$ ，对应风险影响值分别为 $R_{wvQ}^{i\beta}$ 、 $R_{wvS}^{i\beta}$ 和 $R_{wvP}^{i\beta}$ ，风险事件 $A_{mn}^{i\beta}$ 的对应值分别为 $F_{mnQ}^{i\beta}$ 、 $F_{mnS}^{i\beta}$ 、 $F_{mnP}^{i\beta}$ 、 $R_{mnQ}^{i\beta}$ 、 $R_{mnS}^{i\beta}$ 、 $R_{mnP}^{i\beta}$ ，风险事件 $A_{wv}^{i\beta}$ 和 $A_{mn}^{i\beta}$ 的权重分别为 δ_{wn} 和 δ_{mn} （ $\delta_{wn}+\delta_{mn}=1$ ）， $\rho_{wv-mn}^{i\beta}$ 为模块工序 β 中 $A_{wv}^{i\beta}$ 和 $A_{mn}^{i\beta}$ 的耦合强度系数，专家同样以双语言信息的形式给出。则由式（5.4.1）～式（5.4.3）可分别求得质量价值节点 V_Q^i 、进度价值节点 V_S^i 和费用价值节点 V_P^i 的风险影响值。

$$V_Q^i=\delta_{wn}R_{wvQ}^{i\beta}+\delta_{mn}R_{mnQ}^{i\beta}+\delta_{wn}\delta_{mn}\rho_{wv-mn}^{i\beta}R_{wvQ}^{i\beta}R_{mnQ}^{i\beta} \tag{5.4.1}$$

$$V_S^i=\delta_{wn}R_{wvS}^{i\beta}+\delta_{mn}R_{mnS}^{i\beta} \tag{5.4.2}$$

$$V_P^i=\delta_{wn}R_{wvP}^{i\beta}+\delta_{mn}R_{mnP}^{i\beta} \tag{5.4.3}$$

由式（5.4.4）～式（5.4.6）可分别求得 $F_{wvQ}^{i\beta}$ 、 $F_{wvS}^{i\beta}$ 和 $F_{wvP}^{i\beta}$ 对 V_Q^i 、 V_S^i 和 V_P^i 存储

总风险的贡献度。

$$G_{wvQ}^{i\beta}=\frac{\delta_{wv}R_{wvQ}^{i\beta}+\frac{1}{2}\delta_{wv}\delta_{mn}\rho_{wv-mn}^{i\beta}R_{wvQ}^{i\beta}R_{mnQ}^{i\beta}}{\delta_{wv}R_{wvQ}^{i\beta}+\delta_{mn}R_{mnQ}^{i\beta}+\delta_{wv}\delta_{mn}\rho_{wv-mn}^{i\beta}R_{wvQ}^{i\beta}R_{mnQ}^{i\beta}} \tag{5.4.4}$$

$$G_{wvS}^{i\beta}=\frac{\delta_{wv}R_{wvS}^{i\beta}}{\delta_{wv}R_{wvS}^{i\beta}+\delta_{mn}R_{mnS}^{i\beta}} \tag{5.4.5}$$

$$G_{wvP}^{i\beta}=\frac{\delta_{wv}R_{wvP}^{i\beta}}{\delta_{wv}R_{wvP}^{i\beta}+\delta_{mn}R_{mnP}^{i\beta}} \tag{5.4.6}$$

5.4.3 基于影响图的舰船多项目并行建造风险横向传导模型

为了能够全面掌握风险事件之间的相互关系及其在项目中的横向传导规律，需要构建全景式风险传导影响图，从拓扑层、函数层和数值层细致研究风险事件的具体特征并进行定量分析，即首先构建拓扑层影响图模型，辨识风险事件对应的各风险节点并进行定性分析；在此基础上，对模型的函数层和数值层进行定量分析，从而得到各风险事件在项目中的横向传导数据。

5.4.3.1 全景式影响图拓扑层构建

全景式影响图拓扑层的构建主要分为三个步骤，现以项目 i 为例进行说明。

1. 确定风险节点和价值节点

根据图 5.7 项目 i 的风险横向传导网络结构图，确定模块 $\beta(\beta=1,2,\cdots,q)$ 内所有风险事件 $A_{wv}^{i\beta}(w=1,2,3,4$；$v=1,2,\cdots)$ 的质量风险节点 $F_{wvQ}^{i\beta}$、进度风险节点 $F_{wvS}^{i\beta}$ 和费用风险节点 $F_{wvP}^{i\beta}$，将专家给出的风险事件概率信息 $P_{wv}^{i\beta\prime}$，风险损失信息 $C_{wvQ}^{i\beta}$、$C_{wvS}^{i\beta}$ 和 $C_{wvP}^{i\beta}$，综合风险影响值信息 $R_{wvQ}^{i\beta}$、$R_{wvS}^{i\beta}$ 和 $R_{wvP}^{i\beta}$ 存储于风险节点中。

引入质量价值节点 V_Q^i、进度价值节点 V_S^i、费用价值节点 V_P^i 和综合价值节点 V^i，价值节点中存储的是风险横向传导定量分析后所得数据。

2. 以模块工序为单元构建风险传导局部影响图

对项目 i 模块 $\beta(\beta=1,2,\cdots,q)$ 内所有风险事件对应的质量风险节点、进度风险节点和费用风险节点，依据图 5.9～图 5.11 构建 q 个模块工序的局部影响图。假设项目 i 模块 β 中包含风险事件为 $A_{11}^{i\beta}$、$A_{12}^{i\beta}$、$A_{22}^{i\beta}$、$A_{31}^{i\beta}$，其风险横向传导局部影响图如图 5.13 所示。

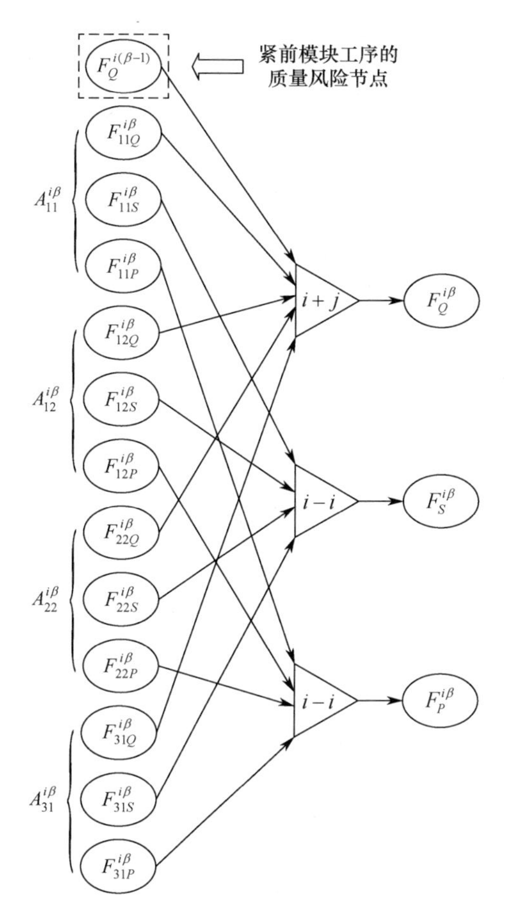

图 5.13　风险横向传导局部影响图

在舰船多项目并行建造风险横向评估过程中，进度风险节点之间、费用风险节点之间属于纯耦合关系。所以，绘制模块 β 的局部影响图时只需考虑模块 β 范围内的进度风险节点和费用风险节点，后期合并局部影响图时再将各模块的进度风险节点和费用风险节点进行综合，并对其进行加权求和计算。但是，由于质量风险节点存在耦合关系，紧前模块工序 $\beta-1$ 的质量风险将整体传导至模块工序 β，并与其质量风险节点发生耦合关系。所以，绘制模块 β 的局部影响图时，应将紧前模块工序 $\beta-1$ 的质量风险节点 $F_Q^{i(\beta-1)}$ 与模块 β 中的 $F_{11Q}^{i\beta}$、$F_{12Q}^{i\beta}$、$F_{22Q}^{i\beta}$、$F_{31Q}^{i\beta}$ 进行整合。

3. 构建全景式影响图

为便于表述和绘制全景式影响图，假设项目 i 中包含模块工序依次为 1、2 和 3，模块工序 1 中包含风险事件为 A_{11}^{i1}、A_{23}^{i1}、A_{32}^{i1}、A_{42}^{i1}，模块工序 2 中包含风险事件为

A_{11}^{i2}、A_{12}^{i2}、A_{22}^{i2}、A_{31}^{i2}，模块工序 3 中包含风险事件为 A_{14}^{i3}、A_{21}^{i3}、A_{33}^{i3}。

根据逐层整合的顺序，将模块工序 1、工序 2 和工序 3 的进度风险子节点 F_S^{i1}、F_S^{i2} 和 F_S^{i3} 进行整合，得到项目 i 的进度风险子节点 F_S^i；将模块工序 1、工序 2 和工序 3 的费用风险子节点 F_P^{i1}、F_P^{i2} 和 F_P^{i3} 进行整合，得到项目 i 的费用风险子节点 F_P^i；将模块工序 1 的质量风险子节点 F_Q^{i1} 与模块工序 2 中的 F_{11Q}^{i2}、F_{12Q}^{i2}、F_{22Q}^{i2}、F_{31Q}^{i2} 进行整合，得到模块工序 2 的质量风险子节点 F_Q^{i2}，将模块工序 2 的质量风险子节点 F_Q^{i2} 与模块工序 3 中的 F_{14}^{i3}、F_{21}^{i3}、F_{33}^{i3} 进行整合，得到模块工序 3 的质量风险子节点 F_Q^{i3}，最终得到项目 i 的质量风险子节点 F_Q^i。最后，将项目 i 的质量风险子节点 F_Q^i、进度风险子节点 F_S^i 和费用风险子节点 F_P^i 对应到质量价值节点 V_Q^i、进度价值节点 V_S^i 和费用价值节点 V_P^i，使其实现风险影响值数据对接，再将其进一步合成综合价值节点 V^i，如图 5.14 所示。

5.4.3.2 全景式影响图函数层和数值层确定

1. 确定各风险节点数据

在 5.4.1 节中，风险事件 $A_{wv}^{i\beta}$ 的实际发生概率 $P_{wv}^{i\beta'}$，可能造成的质量损失 $C_{wvQ}^{i\beta}$、进度损失 $C_{wvS}^{i\beta}$ 和费用损失 $C_{wvP}^{i\beta}$ 均以正态直觉云的形式给出。这里需要明确的是，专家给出风险事件 $A_{wv}^{i\beta}$ 的进度损失 $C_{wvS}^{i\beta}$ 为考虑多项目并行时基于瓶颈链的评估值，在计算进度风险影响值前，需要在单项目范围内基于关键链对 $C_{wvS}^{i\beta}$ 进行修正，并得到 $C_{wvS}^{i\beta'}$。获取上述基础数据后可求得各节点的风险影响值。

由于 v' 个二级风险事件 $A_{wv}^{i\beta}$ 的权重分别为 $\delta_1,\delta_2,\cdots,\delta_{v'}$，故风险事件对应的风险节点权重为 $\delta_1,\delta_2,\cdots,\delta_{v'}$，为表示方便，假设 $A_{wv}^{i\beta}\to\delta_{wv}$；对于模块工序的各质量风险节点 $F_Q^{i\beta}$、进度风险节点 $F_S^{i\beta}$ 和费用风险节点 $F_P^{i\beta}$，由于模块工序具有相对独立的检验验收节点和相对确定的资源需求，因此，假设各模块工序具有的风险节点权重相同。

2. 确定风险节点间耦合关系

风险节点之间的耦合关系包括强耦合、弱耦合和纯耦合。进度风险节点之间、费用风险节点之间属于纯耦合关系，其耦合系数为 0，总的风险影响值为各风险节点影响值的加权求和。对于质量风险节点，需要通过专家经验对不同风险节点之间的耦合关系进行评价后再将风险影响值进行综合集成。

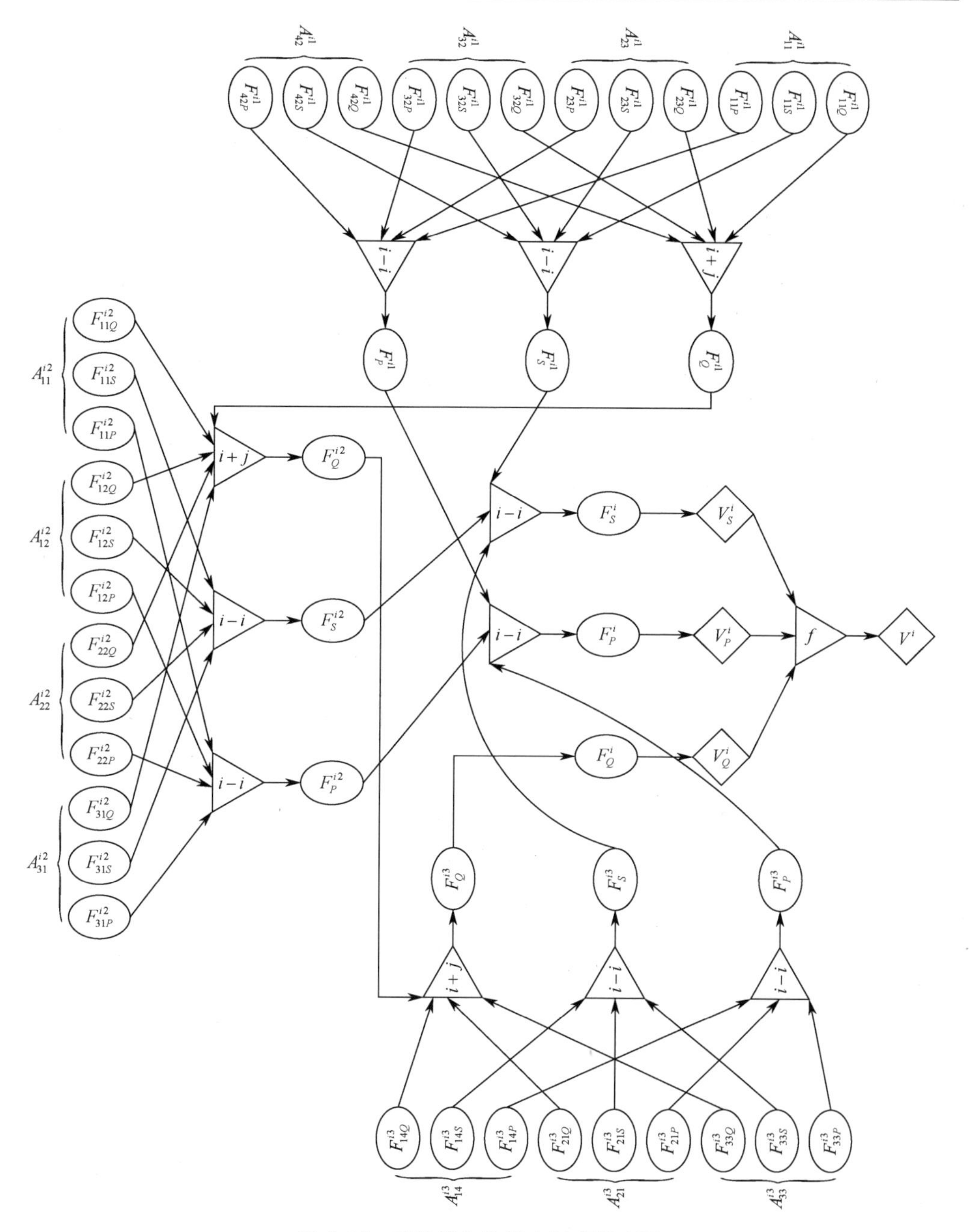

图 5.14　风险横向传导全景式影响图

5.4.3.3　风险横向传导分析步骤

基于以上分析，风险横向传导分析的步骤如下。

1. 计算项目 i 不同模块工序中各二级风险事件对应风险节点的风险影响值

步骤 1：在项目 i 范围内，邀请专家基于单项目的关键链对进度损失 $C_{wvS}^{i\beta}$ 进行修正，给出双语言变量决策信息，得到 $C_{wvS}^{i\beta\prime}$（专家数据转化融合方法与 5.3.2.1 节相同）。

此时，二级风险事件 $A_{wv}^{i\beta}$ 对应的质量风险节点 $F_{wvQ}^{i\beta}$、进度风险节点 $F_{wvS}^{i\beta}$ 和费用风险节点 $F_{wvP}^{i\beta}$ 中存储的已知数据包括：风险事件 $A_{wv}^{i\beta}$ 的实际发生概率信息 $P_{wv}^{i\beta\prime}$，风险损失信息 $C_{wvQ}^{i\beta}$、$C_{wvS}^{i\beta\prime}$ 和 $C_{wvP}^{i\beta}$。

步骤 2：依据式（5.3.10），可得各模块工序中所有二级风险事件 $A_{wv}^{i\beta}$ 对应的质量风险影响值 $R_{wvQ}^{i\beta}$、进度风险影响值 $R_{wvS}^{i\beta}$ 和费用风险影响值 $R_{wvP}^{i\beta}$。

2. 计算各进度和费用风险节点的风险影响值及其贡献度

步骤 1：由式（5.4.7）和式（5.4.8）计算模块工序 $\beta(\beta=1,2,\cdots,q)$ 进度风险节点和费用风险节点的风险影响值。

模块工序 β 的进度风险子节点和费用风险子节点分别为 $F_S^{i\beta}$ 和 $F_P^{i\beta}$，对应风险影响值分别为 $R_S^{i\beta}$ 和 $R_P^{i\beta}$，设二级风险事件 $A_{wv}^{i\beta}$ 对应权重为 δ_{wv}。对 $R_{wvS}^{i\beta}$ 和 $R_{wvP}^{i\beta}$ 进行加权求和，可得 $R_S^{i\beta}$ 和 $R_P^{i\beta}$。

$$R_S^{i\beta}=\sum_{w,v}\delta_{wv}R_{wvS}^{i\beta} \tag{5.4.7}$$

$$R_P^{i\beta}=\sum_{w,v}\delta_{wv}R_{wvP}^{i\beta} \tag{5.4.8}$$

步骤 2：在模块工序 β 中，由式（5.4.9）和式（5.4.10）求得二级进度风险节点 $F_{wvS}^{i\beta}$ 和费用风险节点 $F_{wvP}^{i\beta}$ 分别对模块工序进度风险子节点 $F_S^{i\beta}$ 和费用风险子节点 $F_P^{i\beta}$ 的贡献度 $G_{wvS}^{i\beta}$ 和 $G_{wvP}^{i\beta}$。

$$G_{wvS}^{i\beta}=\frac{\delta_{wv}R_{wvS}^{i\beta}}{\sum_{w,v}\delta_{wv}R_{wvS}^{i\beta}} \tag{5.4.9}$$

$$G_{wvP}^{i\beta}=\frac{\delta_{wv}R_{wvP}^{i\beta}}{\sum_{w,v}\delta_{wv}R_{wvP}^{i\beta}} \tag{5.4.10}$$

由于直觉正态云模型没有“÷”运算，运用上式进行直觉正态云信息的“÷”运算前需要对数据进行转化处理。具体过程参照 5.3.2.2 节“风险影响值比较方法”，将式（5.4.9）和式（5.4.10）中分子、分母的直觉正态云数据借助计算机程序通过

5.3.1 节直觉正态云的云滴生成算法获取足够的云滴样本，将样本均值作为分子、分母的最优估计值后再进行“÷”运算。

步骤 3：计算项目 i 的进度和费用风险节点影响值及其贡献度。

由于各模块工序风险节点权重相同，项目 i 进度和费用风险节点的风险影响值 R_S^i 和 R_P^i 可由 $R_S^{i\beta}$ 和 $R_P^{i\beta}$ 加权求和得到，即

$$R_S^i = \frac{1}{q}\sum_{\beta=1}^{q} R_S^{i\beta} \tag{5.4.11}$$

$$R_P^i = \frac{1}{q}\sum_{\beta=1}^{q} R_P^{i\beta} \tag{5.4.12}$$

可得风险节点 $R_S^{i\beta}$ 和 $R_P^{i\beta}$ 对 R_S^i 和 R_P^i 的贡献度为

$$G_S^{i\beta} = \frac{R_S^{i\beta}}{R_S^i} \tag{5.4.13}$$

$$G_P^{i\beta} = \frac{R_P^{i\beta}}{R_P^i} \tag{5.4.14}$$

3. 计算各质量风险节点的风险影响值及其贡献度

步骤 1：获取模块工序 1 中各二级风险事件对应的风险节点耦合关系数据。

邀请 x 个专家 $e=\{e_1,e_2,\cdots,e_x\}(x \geqslant 2)$ 对模块工序 1 内各二级风险事件对应风险节点的耦合关系进行评价。$\boldsymbol{q}=\{q_1,q_2,\cdots,q_x\}^{\mathrm{T}}$ 为专家权重向量，语言评价标度 $S=\left\{s_1,s_2,\cdots,s_{k'},\cdots,s_{n'}\right\}$，语言隶属度标度 $H=\left\{h_1,h_2,\cdots,h_{k'},\cdots,h_{n'}\right\}$。第 k 个专家的评价数据为 $\rho_{wv-mn}^{i1(k)} \to \tilde{B}_{wv-mn}^{1(k)} = \left\langle s_{wv-mn}^{1(k)}, h_{wv-mn}^{1(k)} \right\rangle$，表示模块工序 1 中风险事件 A_{wv}^{i1} 和 A_{mn}^{i1} 对应质量风险节点 F_{wvQ}^{i1} 和 F_{mnQ}^{i1} 的耦合强度系数。

步骤 2：根据 5.2 节中 $\tilde{B}=\langle s,h\rangle$ 转化为 $Y=\left(\langle E_x,\rho,\nu\rangle,E_n,H_e\right)$ 的方法将 $\rho_{wv-mn}^{i1(k)}$ 由双语言变量决策信息转化为直觉正态云模型定量信息。

步骤 3：由式（5.4.15）和表 5.2 中直觉正态云的集结运算法则将 $\rho_{wv-mn}^{i1(k)}$ 信息进行集结，得到质量风险节点 F_{wvQ}^{i1} 和 F_{mnQ}^{i1} 的耦合强度系数 ρ_{wv-mn}^{i1}。

$$\rho_{wv-mn}^{i1} = \bigoplus_{k=1}^{x}[q_k \rho_{wv-mn}^{i1(k)}] \tag{5.4.15}$$

步骤 4：由式（5.4.16）求得模块工序 1 的风险影响值 R_Q^{i1}。

$$R_Q^{i1} = \sum_{w,v}\delta_{wv}R_{wvQ}^{i1} + \sum_{w=1,v=1}\sum_{m=1,n=2}\delta_{wv}\delta_{mn}\rho_{wv-mn}^{i1}R_{wvQ}^{i1}R_{mnQ}^{i1} \tag{5.4.16}$$

式中，δ_{wv} 为二级风险事件 $A_{wv}^{i\beta}$ 对应权重。

步骤5：由式（5.4.17）求得模块工序1中二级风险节点 F_{wvQ}^{i1} 对模块工序子节点的贡献度。

$$G_{wvQ}^{i1}=\frac{\delta_{wv}R_{wvQ}^{i1}+\frac{1}{2}\sum_{m,n}\delta_{wv}\delta_{mn}\rho_{wv-mn}^{i1}R_{wvQ}^{i1}R_{mnQ}^{i1}}{R_{Q}^{i1}} \tag{5.4.17}$$

式中，$\sum_{m,n}\delta_{wv}\delta_{mn}\rho_{wv-mn}^{i1}R_{wvQ}^{i1}R_{mnQ}^{i1}$ 表示风险节点 F_{wvQ}^{i1} 与模块工序 1 内其他风险节点的风险影响值分别耦合后的综合集成。

式（5.4.17）进行直觉正态云信息的“÷”运算时需要对数据进行转化处理，方法同上。

步骤6：重复步骤1～步骤5，依次计算模块工序 $2,3,\cdots,q$ 的风险影响值及其风险节点贡献度，得到 $R_{Q}^{i2},R_{Q}^{i3},\cdots,R_{Q}^{iq}$ 和 $G_{wvQ}^{i2},G_{wvQ}^{i3},\cdots,G_{wvQ}^{iq}$。

由于紧前模块工序 $\beta-1(\beta=2,3,\cdots,q)$ 的质量风险将整体传导至紧后模块工序 β，并与其质量风险节点发生耦合关系，因此从模块工序2开始计算风险影响值时需要专家对紧前模块工序 $\beta-1$ 的风险节点与紧后模块工序中各风险节点的耦合关系进行分析。根据全景式影响图构建原理，项目 i 的质量风险影响值 $R_{Q}^{i}=R_{Q}^{iq}$。

4. 计算项目 i 的总风险影响值

将项目 i 的质量风险节点 F_{Q}^{i}、进度风险节点 F_{S}^{i} 和费用风险节点 F_{P}^{i} 对应到质量价值节点 V_{Q}^{i}、进度价值节点 V_{S}^{i} 和费用价值节点 V_{P}^{i}，使其实现风险影响值数据对接，并将其进一步耦合成综合价值节点 V^{i}。

在5.4.1节问题描述中，假设 $A_{wv}^{i\beta}$ 发生后可能造成的质量损失、进度损失和费用损失彼此独立，其权重分别为 ψ_{Q}、ψ_{S} 和 ψ_{P}，由式（5.4.18）可求得项目 i 的总风险影响值，并将其存储于综合价值节点 V^{i} 中。

$$R^{i}=\psi_{Q}R_{Q}^{i}\oplus\psi_{S}R_{S}^{i}\oplus\psi_{P}R_{P}^{i} \tag{5.4.18}$$

5. 用5.3.2节中的方法对各级风险进行比较定级，并提出相应对策

5.5 本章小结

本章首先在综合考虑舰船多项目并行建造的实际工作和专家访谈的基础上对

风险事件进行了梳理与分类，基于 WBS–RBS 方法确定了最佳风险辨识单元并提出建造模块工序的概念，在第 4 章网络计划图的基础上绘制了基于建造模块工序和瓶颈链的网络计划图，构建了 WBS–RBS 风险识别矩阵，并提出了风险识别的总体思路和具体步骤；然后为了厘清风险在项目间和项目内在纵、横两方向的传导关系与规律，构建了风险传导矩阵，提出了双语言变量决策信息转化为直觉正态云模型定量信息的步骤，搭建了舰船多项目并行建造风险传导评价框架；最后提出了基于直觉模糊认知图的舰船多项目并行建造风险纵向传导分析方法、基于全景式影响图的舰船多项目并行建造风险横向传导分析方法和基于蒙特卡罗模拟的风险比较与定级方法，从而形成了一套完备的舰船多项目并行建造风险评价方法，不仅丰富了多项目风险评价方法的理论体系，更为军事代表室有效开展风险分析工作提供指导。其中，风险纵向传导分析方法和横向传导分析方法分别更适用于采用职能制和矩阵制组织结构的军事代表室开展风险分析工作。

第 6 章

×××造船厂舰船建造质量监督实证分析

为了验证第 3～5 章质量监督优化方法的科学性、有效性和实用性，本章以×××军事代表室开展质量监督工作为例，从组织结构评价与选择、船台施工阶段进度管理和风险评价三个方面对舰船并行建造质量监督优化方法进行实证分析。

6.1 案例背景介绍

×××造船厂隶属中国船舶重工集团公司，是具有近百年历史的大型骨干造船综合性总装厂和重要的军工生产基地。船厂具有各类型舰船生产制造许可证。×××造船厂军事代表室历经海军装备从转让制造、仿制改进到自行研制的跨越，先后参与研制、建造了多型舰船，军事代表室主要负责×××造船厂质量体系监督以及军品研制建造的质量监督和检验验收工作。目前，军事代表室采取图 1.1 所示的职能制组织结构。其中，总体组 3 人，船体组、轮机组、电气组和武备组各有 10 人。

2019 年 12 月，军方与船厂签订合同后，军事代表室在现有任务条件下新增 2 项舰船监造任务 *A*、*B*。其中，任务 *A* 为某型拖船共 6 艘，是对×××国的援助项目，要求同时开工，一年半完成；任务 *B* 为首次建造的某新型护卫舰共 4 艘，要求两年完成。

6.2　质量监督组织结构评价与选择

为充分发挥质量监督效能，提高舰船建造质量，缓解任务 *A*、*B* 周期短、任务重的现状，军事代表室计划集中人力资源抽调总体组 1 人、其余组各 2 人完成上述建造任务。目前，军事代表室需要研究论证最合理的人员与任务分配方案。根据第 3 章中组织结构评价与选择思路，首先基于 2 项任务对质量监督组织结构进行评价，然后在此基础上对组织结构进行动态选择。

6.2.1　质量监督组织结构评价

6.2.1.1　时效、质量与柔性度计算

根据 3.3 节中质量监督组织结构评价方法，针对任务绘制质量监督组织结构图，如图 6.1、图 6.2 所示。其中，图 6.1 为职能制组织结构，图 6.2 为矩阵制组织结构，项目组组长由军事代表室副总代表担任。

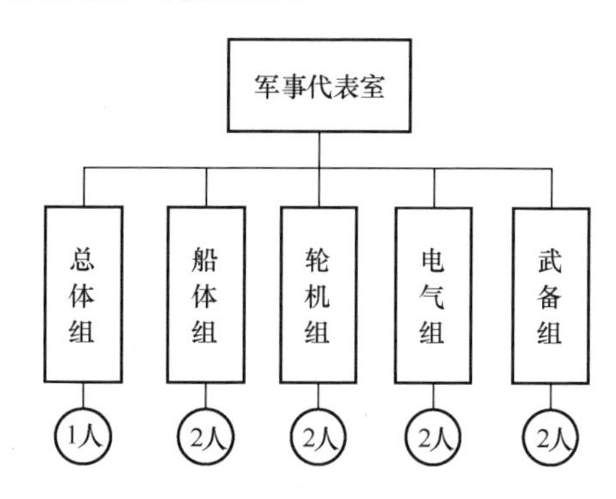

图 6.1　具体任务下的职能制组织结构

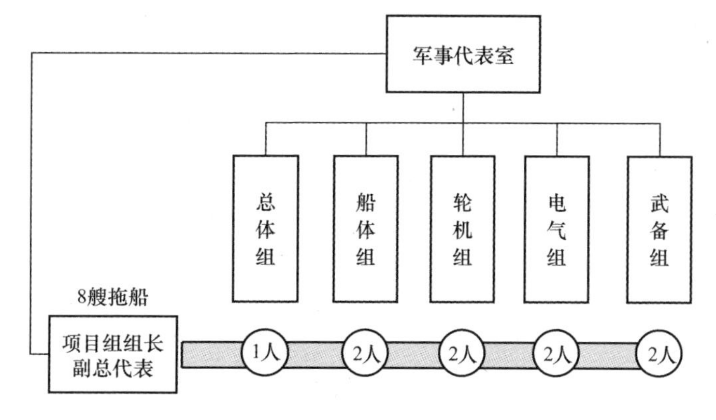

图 6.2　具体任务下的矩阵制组织结构

由组织结构图可抽象出其拓扑图，分别如图 6.3、图 6.4 所示。图中，0～6 分别表示项目组组长、军事代表室、总体组、船体组、轮机组、电气组和武备组，7～15 表示各军事代表。

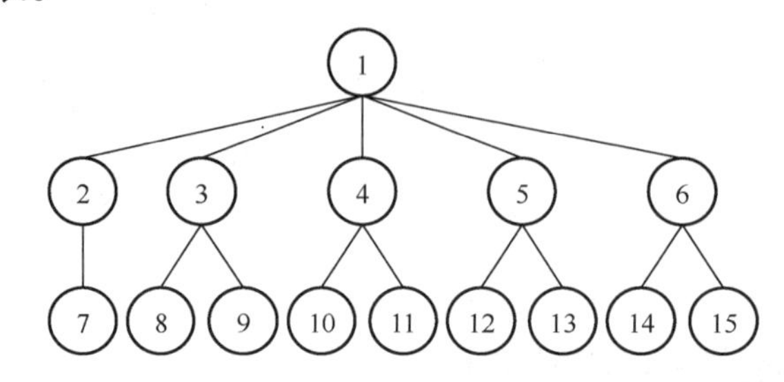

图 6.3　职能制组织结构拓扑图

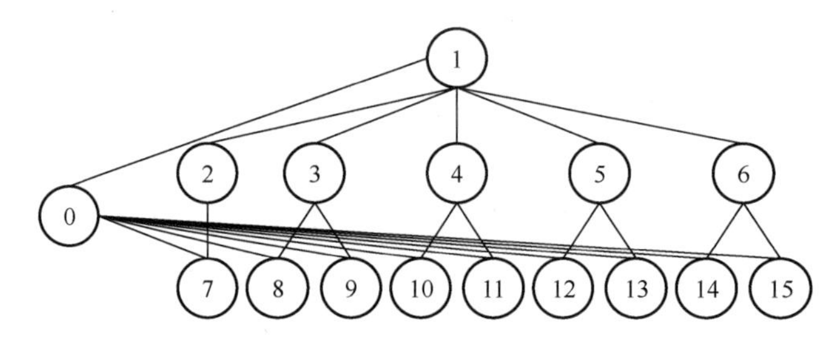

图 6.4　矩阵制组织结构拓扑图

由式（3.3.2）～式（3.3.6），分别对组织结构的时效、质量和柔性度进行计算，结果如表 6.1～表 6.4 所示。

表 6.1　组织结构的时效

组织结构名称	L_{ij}	P_{ij}^1	联系标号	联系合计	总微观态
职能制	1	1/32	1-2,3,…,6;2-7;3-8,9;4-10,11;5-12,13;6-14,15	14	14
	2	2/32	1-2-7;1-3-8,9;1-4-10,11;1-5-12,13;1-6-14,15	9	18
矩阵制	1	1/53	1-2,3,…,6,0; 2-7;3-8,9;4-10,11;5-12,13;6-14,15; 0-7,8,…,15	23	23
	2	2/53	1-2-7;1-3-8,9;1-4-10,11;1-5-12,13;1-6-14,15； 1-0-7,8,…,15	15	30

表 6.2　组织结构的质量

组织结构名称	K_i	P_i^2	联系标号	联系合计	总微观态
职能制	1	1/28	7,8,9,10,11,12,13,14,15	9	9
	2	2/28	2	1	2
	3	3/28	3,4,5,6	4	12
	5	5/28	1	1	5

（续表）

组织结构名称	K_i	P_i^2	联系标号	联系合计	总微观态
矩阵制	2	2/48	2,7,8,9,10,11,12,13,14,15	10	20
	3	3/48	3,4,5,6	4	12
	6	6/48	1	1	6
	10	10/48	0	1	10

表 6.3　组织结构的柔性度

组织结构名称	F_{ij}	变化联系数	P_{ij}^3	联系标号	联系合计	变化微观态	总微观态
职能制	2	1	1/156	2-1-3,4,5,6;3-1-4,5,6;4-1-5,6;5-1-6;8-3-9;10-4-11;12-5-13;14-6-15	14	14	28
	4	3	3/156	7-2-1-3-8,9; 7-2-1-4-10,11; 7-2-1-5-12,13; 7-2-1-6-14,15;8-3-1-4-10,11; …; 13-5-1-6-14,15	32	96	128
矩阵制	2	1	1/366	2-1-3,4,5,6,0;3-1-4,5,6,0;…;6-1-0; 8-3-9;10-4-11;12-5-13;14-6-15; 7-0-8,9,…,15;…;14-0-15	55	55	110
	4	3	3/366	7-2-1-3-8,9; 7-2-1-4-10,11;…; 13-5-1-6-14,15; 7-2-1-0-8,9; 7-2-1-0-10,11;…;13-5-1-0-14,15	64	192	256

表 6.4　组织结构的时效、质量与柔性度对比

组织结构名称	时效与时效熵			质量与质量熵			柔性度与变化熵		
	$H_{\max}^1$	H_1	R_1	$H_{\max}^2$	H_2	R_2	$H_{\max}^3$	H_3	R_3
职能制	5.0000	4.4375	0.1125	4.8074	3.6420	0.2424	7.2854	4.1618	0.4288
矩阵制	5.7279	5.1619	0.0988	5.5850	3.8687	0.3073	8.5157	5.1707	0.3928

6.2.1.2　权重系数计算

现邀请 3 位专家针对该项任务的基本情况对组织结构的时效（U_1）、质量（U_2）和柔性度（U_3）进行打分，专家的权重向量为 $\boldsymbol{q}=(s_6,s_5,s_4)^{\mathrm{T}}$。建立语言短语集 $S=\{S_0,S_1,S_2,S_3,S_4,S_5,S_6,S_7,S_8\}$，分别表示 None（N），Very Low（VL），Low（L），Medium Low（ML），Fair（F），Medium Good（MG），Good（G），Very Good（VG），Perfect（P）。根据 3.3.2 节步骤进行权重系数计算。

步骤 1：邀请专家对 U_1、U_2 和 U_3 两两比较打分。专家首先对任务的特点进行分析，由于建造任务为新型舰船，可能会出现舰船技术状态不固化、建造方案与流

程不确定、配套设备不到位等问题，要求组织对环境变化的适应能力和响应能力强。由于建造周期较短，对质量监督的信息流通速度也有较高的要求。因此，得到判断矩阵

$$\tilde{\boldsymbol{S}}^{(1)}=\begin{bmatrix}[s_4^1,s_4^1] & [s_2^1,s_4^1] & [s_4^1,s_5^1]\\ [s_4^1,s_6^1] & [s_4^1,s_4^1] & [s_3^1,s_4^1]\\ [s_3^1,s_5^1] & [s_4^1,s_5^1] & [s_4^1,s_4^1]\end{bmatrix},\ \tilde{\boldsymbol{S}}^{(2)}=\begin{bmatrix}[s_4^2,s_4^2] & [s_4^2,s_5^2] & [s_2^2,s_3^2]\\ [s_3^2,s_4^2] & [s_4^2,s_4^2] & [s_4^2,s_5^2]\\ [s_5^2,s_6^2] & [s_3^2,s_4^2] & [s_4^2,s_4^2]\end{bmatrix},$$

$$\tilde{\boldsymbol{S}}^{(3)}=\begin{bmatrix}[s_4^3,s_4^3] & [s_5^3,s_7^3] & [s_2^3,s_3^3]\\ [s_1^3,s_3^3] & [s_4^3,s_4^3] & [s_3^3,s_4^3]\\ [s_5^3,s_6^3] & [s_4^3,s_5^3] & [s_4^3,s_4^3]\end{bmatrix}$$

根据式（2.2.7）得到专家的权重向量为$\boldsymbol{q}=(s_6,s_5,s_4)^{\mathrm{T}}=(0.4,0.333,0.267)^{\mathrm{T}}$。

步骤 2：根据定义 2.1～定义 2.3 和式（2.2.4），将$\tilde{S}^{(k)}$转化、集结为群体区间语言判断矩阵

$$\tilde{\boldsymbol{S}}=\begin{bmatrix}[s_4,s_4] & [s_{3.467},s_{5.134}] & [s_{2.8},s_{3.8}]\\ [s_{2.866},s_{4.533}] & [s_4,s_4] & [s_{3.333},s_{4.333}]\\ [s_{4.2},s_{5.6}] & [s_{3.667},s_{4.667}] & [s_4,s_4]\end{bmatrix}$$

步骤 3：根据式（2.2.5）将$\tilde{\boldsymbol{S}}$中第i行的所有元素集结为风险因素U_i优于其他风险因素的区间综合偏好度$\tilde{\boldsymbol{s}}_1=[s_{3.422},s_{4.311}]$，$\tilde{\boldsymbol{s}}_2=[s_{3.34},s_{4.289}]$，$\tilde{\boldsymbol{s}}_3=[s_{3.956},s_{4.756}]$。

步骤 4：根据式（3.3.7）构造可能度矩阵

$$\boldsymbol{P}=\begin{bmatrix}0.5 & 0.528 & 0.21\\ 0.472 & 0.5 & 0.19\\ 0.79 & 0.81 & 0.5\end{bmatrix}$$

步骤 5：根据式（3.3.8）得到各风险因素的权重$\boldsymbol{\omega}=(\alpha,\beta,\gamma)=(0.290,0.277,0.433)^{\mathrm{T}}$。

6.2.1.3　计算结果分析

将R_1、R_2、R_3和ω代入式（3.3.1），得到基于任务的职能制和矩阵制组织结构熵评价结果分别为$R_z=0.2854$，$R_j=0.2839$，且$R_z>R_j$。

按照文献[49]、文献[54]、文献[55]中的取值方法，若$\alpha=\beta=\gamma=1/3$，则$R_z=0.2610$，$R_j=0.2660$，且$R_z<R_j$，与现有评价结果不同。由于建造任务为新型舰船且建造周期较短，因此要求组织对环境变化的适应和响应能力强，信息流通速

度较快。通过专家评估得到$\gamma > \alpha > \beta$，切合实际任务特点与要求。因此，本书根据专家知识与经验，结合具体任务来确定权重系数的方法，有利于提高评估准确性与精准度。

由表 6.4 可以看出，针对该项舰船建造任务，矩阵制组织结构信息传导的质量R_2明显优于职能制，这说明矩阵制增加了各专业组军事代表之间的横向沟通与协调机制，促进了质量信息流动的准确性，提升了信息的传导质量。但是，由于矩阵制带来了双重领导的问题，导致信息在各军事代表之间存在交叉重叠、流动速度降低，对环境变化的响应速度下降，从而使矩阵制组织结构信息传导的时效R_1和柔性度R_3低于职能制。因此，可将矩阵制组织结构进行改进以强化项目制的集中统一管理、弱化任务期间组织中的纵向信息流动、加强横向信息共享，有效提高矩阵制组织结构信息传导时效和柔性度。改进的矩阵制组织结构拓扑图如图 6.5 所示，对其时效、质量和柔性度进行计算可得$R_1' = 0.1125$，$R_2' = 0.3310$，$R_3' = 0.5000$，均优于职能制和矩阵制。基于任务的改进矩阵制组织结构熵评价结果为$R_g = 0.5262$，且$R_g > R_z > R_j$。

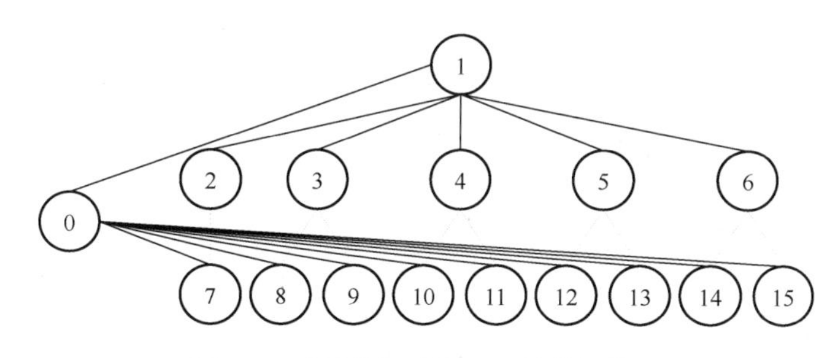

图 6.5 改进的矩阵制组织结构拓扑图

为完成上述监造任务，采取改进的矩阵制组织结构形式从理论上有利于打通专业分工，促进专业之间的融合，协调与优化任务和人员配置，使项目组在舰船监造全过程形成合力，质量信息实现共享、形成闭环，最大限度地发挥组织结构的整体优势，从而提高舰船质量监督效能。

6.2.2 质量监督组织结构选择

由于该军事代表室当前组织结构为职能制，若整体采用矩阵制组织结构并不现实，也可能会随着任务的不断增加带来项目组任务与人员配置不协调等问题，因此，为提高舰船并行建造质量监督的质量与效益，军事代表室计划在保持现有组织结构的基础上，以不同任务周期为起点，通过综合分析各项影响因素对组织结构进行动态选择与调整。

6.2.2.1 组织结构动态选择

军事代表室首先选择了解质量监督工作且具有不同技术和管理背景的3位专家 e_1,e_2,e_3，给出专家的权重向量为 $\boldsymbol{q}=(0.3,0.4,0.3)^{\mathrm{T}}$，经过与专家的讨论，初步确定了组织结构选择的影响因素，分别为组织结构有序度、任务周期、工作总量、军事代表工作积极性、任务重要性、工作环境、军事代表能力素质，并建立因素集 $U=\{U_1,U_2,\cdots,U_7\}$，$X=\{X_1,X_2,X_3\}$ 表示职能制、矩阵制和项目制构成的备选组织结构集合。建立语言短语集 $S=\{S_0,S_1,S_2,S_3,S_4,S_5,S_6\}$，分别表示 Very Low（VL），Low（L），Medium Low（ML），Fair（F），Medium Good（MG），Good（G），Very Good（VG）。专家给出的判断矩阵分别为

$$\boldsymbol{R}^1=\begin{bmatrix} s_3 & \varphi & \varphi & s_4 & s_1 & s_4 & s_5 \\ \varphi & s_3 & s_3 & s_5 & s_2 & s_4 & s_4 \\ \varphi & s_3 & s_3 & s_5 & s_3 & s_6 & s_5 \\ s_2 & s_1 & s_1 & s_3 & s_1 & s_5 & s_4 \\ s_5 & s_4 & s_3 & s_5 & s_3 & s_6 & s_5 \\ s_2 & s_2 & s_0 & s_1 & s_0 & s_3 & s_4 \\ s_1 & s_2 & s_1 & s_2 & s_1 & s_2 & s_3 \end{bmatrix},\ \boldsymbol{R}^2=\begin{bmatrix} s_3 & s_2 & s_1 & s_4 & s_1 & s_5 & \varphi \\ s_4 & s_3 & \varphi & s_4 & s_2 & s_5 & s_4 \\ s_5 & \varphi & s_3 & s_4 & s_2 & s_5 & s_4 \\ s_2 & s_2 & s_2 & s_3 & s_1 & s_4 & s_3 \\ s_5 & s_4 & s_4 & s_5 & s_3 & s_6 & s_6 \\ s_1 & s_1 & s_1 & s_2 & s_0 & s_3 & s_2 \\ \varphi & s_2 & s_2 & s_3 & s_0 & s_4 & s_3 \end{bmatrix},$$

$$\boldsymbol{R}^3=\begin{bmatrix} s_3 & s_4 & s_3 & \varphi & s_1 & s_4 & s_5 \\ s_2 & s_3 & s_3 & s_5 & s_4 & s_6 & s_5 \\ s_3 & s_3 & s_3 & s_6 & s_3 & s_6 & \varphi \\ \varphi & s_1 & s_0 & s_3 & s_0 & \varphi & s_4 \\ s_5 & s_2 & s_3 & s_6 & s_3 & s_5 & s_5 \\ s_2 & s_0 & s_0 & \varphi & s_1 & s_3 & s_3 \\ s_1 & s_1 & \varphi & s_2 & s_1 & s_3 & s_3 \end{bmatrix}$$

式中，φ 为专家未打分而导致矩阵残缺。

下面说明组织结构选择的计算过程。

根据式（3.4.1），$\boldsymbol{R}^1$、$\boldsymbol{R}^2$、$\boldsymbol{R}^3$ 均属于可接受的残缺语言判断矩阵，可以对其进行计算与分析。

由定义2.7、式（3.4.2）、式（3.4.4）和式（3.4.5）得到各影响因素的集结权重分别为 $\omega=(\omega_1,\omega_2,\cdots,\omega_7)=(0.1439,0.1768,0.1867,0.1112,0.2105,0.0717,0.0934)$。

由于 $\omega_4,\omega_6,\omega_7<1/7$，得到筛选后的影响因素集 $U^s=\{U_1^s,U_2^s,U_3^s,U_4^s\}$，$U_i^s(i=1,2,3,4)$ 分别为组织结构有序度、任务周期、工作总量、任务重要性。

可见，影响军事代表室组织结构选择的主要因素依重要程度分别为任务重要性、工作总量、任务周期和组织结构有序度。

运用上述步骤计算$U^s=\{U_1^s,U_2^s,U_3^s,U_4^s\}$中各影响因素的权重，得到

$$\omega^s=\{\omega_1^s,\omega_2^s,\omega_3^s,\omega_4^s\}=\{0.2000,0.2482,0.2594,0.2924\}$$

下面以任务 A 为例进行说明。

邀请上述 3 位专家分别依据 3 个语言短语集$S^1=S$，$S^2=\{S_0^2,S_1^2,\cdots,S_8^2\}=$\{None, Very Low, Low, Medium Low, Fair, Medium Good, Good, Very Good, Perfect\}，$S^3=\{S_0^3,S_1^3,S_2^3,S_3^3,S_4^3\}=$\{Poor, Medium Poor, Fair, Medium Good, Good\}给出基于任务 A 的组织结构X_i针对影响因素U_j^s的评价信息，得到$\tilde{S}^{(k)}$。

$$\tilde{S}^{(1)}=\begin{bmatrix}[s_2^1,s_3^1] & [s_3^1,s_4^1] & [s_2^1,s_4^1] & [s_2^1,s_2^1]\\ [s_5^1,s_6^1] & [s_4^1,s_5^1] & [s_4^1,s_6^1] & [s_5^1,s_5^1]\\ [s_3^1,s_4^1] & [s_3^1,s_5^1] & [s_4^1,s_4^1] & [s_2^1,s_4^1]\end{bmatrix},$$

$$\tilde{S}^{(2)}=\begin{bmatrix}[s_4^2,s_5^2] & [s_3^2,s_4^2] & [s_5^2,s_7^2] & [s_5^2,s_5^2]\\ [s_5^2,s_6^2] & [s_4^2,s_6^2] & [s_5^2,s_5^2] & [s_6^2,s_7^2]\\ [s_2^2,s_4^2] & [s_3^2,s_4^2] & [s_4^2,s_7^2] & [s_7^2,s_8^2]\end{bmatrix},$$

$$\tilde{S}^{(3)}=\begin{bmatrix}[s_0^3,s_1^3] & [s_2^3,s_4^3] & [s_3^3,s_3^3] & [s_2^3,s_3^3]\\ [s_2^3,s_3^3] & [s_2^3,s_4^3] & [s_2^3,s_3^3] & [s_3^3,s_3^3]\\ [s_1^3,s_2^3] & [s_2^3,s_3^3] & [s_3^3,s_3^3] & [s_2^3,s_4^3]\end{bmatrix}$$

根据式（2.2.11）、式（2.2.12）和式（3.3.6），得到专家群综合优势度矩阵

$$\boldsymbol{D}=\begin{bmatrix}0.5 & 0.4320 & 0.4611\\ 0.5680 & 0.5 & 0.5328\\ 0.5389 & 0.4672 & 0.5\end{bmatrix}$$

根据式（2.2.13）和$\boldsymbol{D}$得到带有优势度的舰船质量监督组织结构的最终排序为$X_2 \underset{0.5328}{>} X_3 \underset{0.5389}{>} X_1$。

因此，对于任务 A 应采取矩阵制组织结构。同法可得，对于任务 B 应采取职能制组织结构。

综上所述，军事代表室决定对任务 A 采取改进的矩阵制组织结构形式，通过与各专业组沟通协调，抽调总体组 1 人、其余组各 2 人成立项目组并进行封闭管理，

任务期间各军事代表仅参与该项任务与工作。对于任务 B 采取职能制组织结构，与其他任务并行。

6.2.2.2 计算结果分析

在上述评价过程中，该军事代表室采取根据任务 A、B 的不同特点和实际情况对组织结构进行评价的策略，突破了传统的舰船质量监督组织结构的固化模式，实现了组织结构动态选择与调整；如果采用文献[45]、文献[49]、文献[50]、文献[55]和文献[57]提出的方法，组织结构评价仅考虑有序度而忽视其他影响因素，由于矩阵制组织结构有序度 $R_j = 0.4262$ 大于职能制 $R_z = 0.2854$，任务 A、B 将全部采用矩阵制，显然会造成决策不准确。

同时，基于二元语义的组织结构选择影响因素筛选方法增加了残缺语言矩阵判别的步骤，通过初步评估与排序、筛选后权重计算两个环节，降低了组织结构选择影响因素多、随任务变化大等因素对专家决策的影响。评价过程中，如果删除初步评估步骤，计算量将大为增加。对于任务 A，残缺矩阵中不确定性元素 φ 的数量由 4 增加为 14，组织结构的最终排序为 $X_2 \underset{0.5016}{>} X_3 \underset{0.6285}{>} X_1$，矩阵制对项目制的优势度明显降低，几乎为等价关系。可见，该方法实现了专家对评价对象的深度认知和数据修正，可以客观控制专家给出判断矩阵的质量，尽量减少人为操作造成的失误，提高决策精准度。

为了验证组织结构选择方法的有效性，表 6.5 展示了本书方法排序结果与文献[148]中 OWA 算子模型、文献[3]中相对熵方法排序结果对比（以下分别称为法 1、法 2 和法 3）。

表 6.5 排序结果比较

组织结构	法 1	法 2	法 3
职能制	3	3	3
矩阵制	1	1	2
项目制	2	2	1

在表 6.5 中，法 1 与法 2 得出的最终的排序方案一致。下面对法 1 和法 2 做进一步的对比分析。假设本书并未提出初步评估步骤，由法 1 和法 2 得出的排序结果分别为 $X_2 \underset{0.5016}{>} X_3 \underset{0.6285}{>} X_1$ 和 $X_2 > X_3 > X_1$，根据法 1 的排序结果，矩阵制优于项目制的优势度接近 0.5，决策者不能由此做出选择，而法 2 的排序中不包含组织结构的优势度信息，根据排序结果将会选择矩阵制，极有可能造成决策失误；按照法 1 的

排序结果，当两种方案的优势度接近时，应重新审视组织结构的评价过程，进一步分析评估结果。通过分析发现，组织结构选择影响因素多、随任务变化大的特点增加了专家决策的难度，专家给出的判断矩阵存在不同程度的偏差，降低了决策的准确性。因此，应增设初步评估环节，对组织结构选择影响因素进行筛选，之后再按步骤进行计算，得到最终排序为 $X_2 \underset{0.5328}{>} X_3 \underset{0.5389}{>} X_1$。因此，军事代表室决定采取项目制组织结构。通过对比，不仅充分说明了法 1 的科学性，更进一步验证了影响因素初步筛选和组织结构评价两个环节的作用与意义。

法 3 的评价结果与法 1、法 2 不同，这是因为舰船质量监督组织结构选择影响因素多、随任务变化大，为提高组织结构选择的精准性，要求专家给出多粒度不确定语言信息，而法 3 通过动态调整决策者权重能提高排序准确性，但并不能同时处理多粒度和不确定语言信息。

6.3 船台施工阶段建造进度管理

军事代表室在组织结构优化调整后，宏观上可以解决舰船多项目并行建造过程中人员配置不合理、集成管理能力弱的问题。但是，舰船建造过程周期长、不确定因素多，各项资源在多舰之间、舰船内部各子项目之间的协调与分配不合理将造成进度计划不能完成，并进一步加剧交叉施工、工序混乱等问题。这类问题在船台施工阶段最突出。

船台是船厂最重要的生产设施，船台施工是组织难度最大、投入劳动及各项资源最多的阶段，在该阶段，船厂的组织施工能力和周期控制水平在很大程度上决定着舰船建造质量。因此，船台施工阶段的中心任务就是缩短施工周期，这也是军事代表的一项重要任务。军事代表一方面要监督船厂按照合同约定的进度要求编制进度计划，并且对进度计划的合理性、可行性进行确认，从总体上对船厂的施工计划与组织进行科学指导，另一方面需要动态掌握和预测舰船建造进度。

军方与船厂签订合同后，船厂围绕任务 A、B 制订了时间节点计划，部分内容如表 6.6 所示。表中，任务 A 中拖-3#船和拖-4#船、任务 B 中护-1#船和护-2#船计划于 2020 年 8 月同时进入船台施工阶段，分别于 2021 年 2 月和 2021 年 7 月进入系泊试验阶段。为了提高 4 条船并行建造过程的整体规划能力，进一步验证节点安排的合理性与可行性，军事代表室拟组织专家对建造计划进行评价与优化。

表 6.6　任务 A、B 时间节点安排

船号	开工准备	分段建造	船台施工	系泊试验	航行试验	交船
拖-1#	……	……	……	……	……	……
拖-2#	……	……	……	……	……	……
拖-3#	……	……	2020.8	2021.2	……	……
拖-4#	……	……	2020.8	2021.2	……	……
……	……	……	……	……	……	……
护-1#	……	……	2020.8	2021.7	……	……
护-2#	……	……	2020.8	2021.7	……	……
……	……	……	……	……	……	……

6.3.1　船台施工阶段任务的网络概念模型构建

设任务 B 中护-1#船和护-2#船、任务 A 中拖-3#船和拖-4#船分别为项目 1、项目 2、项目 3、项目 4。根据两型舰船的船台施工流程和网络计划图，根据 4.1.1 节中网络概念模型的假设和限定要求，构建多项目网络图 $G=(V,E)$，如图 6.6 所示。

根据船台施工阶段实际情况，通过征求专家意见，得到各工序名称、工期和资源需求如附录 A 表 A.1 所示。其中，工期 (a,b,c) 分别表示最乐观时间、最可能时间和最悲观时间。船台单元、行车、焊接单元、装配单元、管理单元和质检单元为网络图中需要整体调配的可更新通用资源，分别用 $p_1 \sim p_6$ 表示，船厂能够提供的资源总量为 $(p_1,p_2,p_3,p_4,p_5,p_6)=(24,12,12,16,20,26)$。对于各类资源，其单位和计数方法做出如下解释：船台单元属于场地资源，是指能够满足某个工序进行施工的最小场地长度，这里取 10m 为一个船台单元。例如，对于任务 B 中护卫舰，由于总段搭载阶段需要施工空间，一个总段长度约为 40m，故分段搭载总段形成工序需要 4 个船台单元。焊接单元、装配单元、管理单元和质检单元属于人力资源，是指在舰船建造过程中人员能够分解到的最小工作单元。行车属于大型设备资源。依据任务实际情况，确定项目 1～项目 4 的权重为 $(\alpha_1,\alpha_2,\alpha_3,\alpha_4)=(0.35,0.30,0.20,0.15)$。假设在施工过程中，资源 $p_1 \sim p_6$ 只能在项目 1～项目 4 内部调配，外部没有资源补充。

6.3.2　船台施工阶段单项目进度计划

根据 4.1.2 节单项目进度管理步骤，在 $G=(V,E)$ 中对项目 1～项目 4 分别进行进度管理，识别单项目关键链。

项目 1～项目 4 的工序及其参数相同，单项目进度优化结果相同，以下仅列出项目 1 和项目 3 的单项目进度管理过程。具体过程如下。

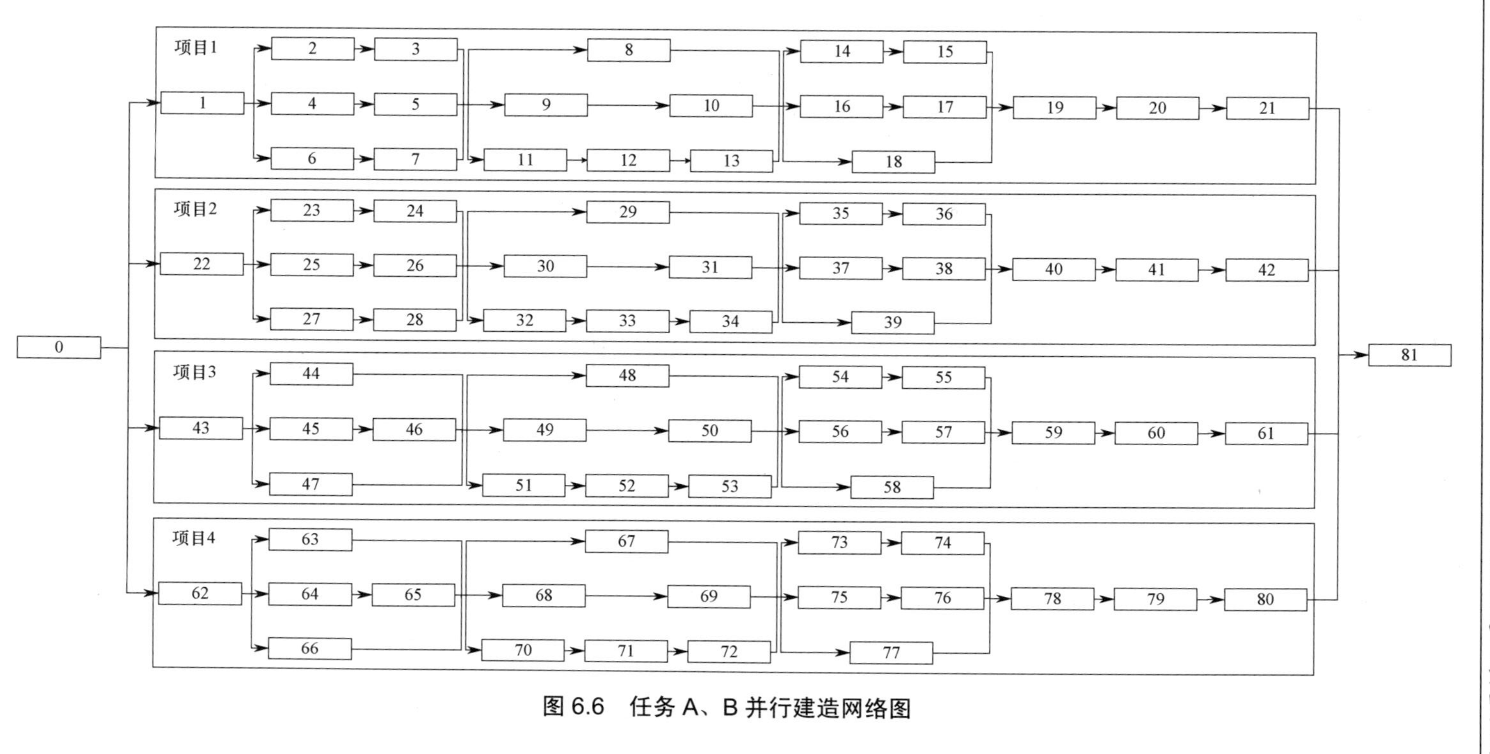

图 6.6　任务 A、B 并行建造网络图

1. 确定各项目中工序的工期 d_j^X 和安全时间 σ_j

（1）根据 4.3.3.1 节对工序初始工期和安全时间的计算方法，通过三角分布的逆函数法对各工序的进度计划进行蒙特卡罗仿真，抽取 1000 次仿真结果得到各工序的初始工期 d_j 和安全时间 σ_j，见附录 A 表 A.2 第（4）～第（6）列。其中，初始工期 $d_j = T_{50\%}$，j 为工序编号，见附录 A 表 A.2 第（7）列。

（2）计算各工序的修正工期 d_j^X。

根据式（4.3.19），首先计算人因熵。为计算各工序的人因熵，军事代表室继续邀请 3 位专家 $e=\{e_1,e_2,e_3\}$ 对工序执行过程进行评价，$\boldsymbol{q}=\{0.3,0.4,0.3\}^{\mathrm{T}}$ 为专家权重向量，q_k 表示第 k 个专家的权重。经过与专家的讨论，将工期拖延习惯养成、冗余时间设置过大、预算执行心态不良作为待评价工序的属性集，记为 $U=\{u_1,u_2,u_3\}$，属性的权重集为 $\omega=\{\omega_1,\omega_2,\omega_3\}$。下面以工序 2 为例说明人因熵 H_{r_2} 的计算过程。

假设 3 位专家给出模糊决策矩阵 $\tilde{\boldsymbol{D}}^k=(\tilde{d}_{ij}^k)_{m\times n},(k=1,2,3)$ 分别为

$$\tilde{\boldsymbol{D}}^1=\{([2,4,5,8];[0.4,0.5],[0.2,0.3]),([2,3,4,5];[0.1,0.4],[0.5,0.6]),\\([1,2,4,5];\ [0.5,0.7],[0.1,0.2])\}$$

$$\tilde{\boldsymbol{D}}^2=\{([1,2,3,4];[0.6,0.8],[0.1,0.2]),([2,3,4,5];\ [0.4,0.7],[0.2,0.3]),\\([3,4,5,6];\ [0.3,0.5],[0.2,0.4])\}$$

$$\tilde{\boldsymbol{D}}^3=\{([4,5,6,7];[0.3,0.5],[0.2,0.4]),([1,3,5,6];\ [0.2,0.4],[0.4,0.5]),\\([2,4,6,7];\ [0.1,0.4],[0.5,0.6])\}$$

由式（4.3.13）～式（4.3.17），得到相关过程数据如下。

集结后规范化的专家群模糊决策矩阵为

$$\tilde{\boldsymbol{G}}^q=\{([0.21,0.44,0.64,0.83];[0.45,0.62],[0.16,0.29]),\\([0.14,0.34,0.60,0.86];[0.25,0.52],[0.35,0.45]),\\([0.17,0.33,0.60,0.82];\ [0.30,0.53],[0.26,0.40])\}$$

$$\tilde{\boldsymbol{u}}_j^+=([0.21,0.44,0.64,0.86];[1,1],[0,0])$$

$$\tilde{\boldsymbol{u}}_j^-=([0.14,0.33,0.60,0.82;[0,0],[1,1])$$

相对贴近度矩阵为 $\boldsymbol{C}=\{0.5005,1.0000,0.8263\}$。

工序 2 的总贴近度即各风险因素对工序 2 的综合影响程度为

$$\xi_2=C_2=0.8309$$

根据式（4.3.10）计算工序 2 的人因熵为

$$H_{r_2}=0.15$$

同理，得到其他工序的人因熵，见附录 A 表 A.2 第（8）列。

由式（4.3.19）计算各工序的修正工期 d_j^X，见附录 A 表 A.2 第（9）列。项目 1 和项目 2、项目 3 和项目 4 中各工序基本参数相同。

2. 构建单项目进度优化模型

针对网络图 $G=(V,E)$，给出单项目数学模型如下：

$$\min t_{iN_i}^F\ (i=1,2,3,4) \tag{6.3.1}$$

$$\text{s.t.}\quad t_{i(j-1)}^F+d_j^X\leqslant t_{ij}^F, j=1\sim 81 \tag{6.3.2}$$

$$t_{ij}^F\geqslant 0,\forall i,j \tag{6.3.3}$$

$$\begin{cases}\sum\limits_{j\in A_{t(j=2\sim 7)}} r_{1j,p_1}\leqslant 12, \sum\limits_{j\in A_{t(j=23\sim 28)}} r_{2j,p_1}\leqslant 12,\\ \sum\limits_{j\in A_{t(j=8\sim 13)}} r_{1j,p_1}\leqslant 10, \sum\limits_{j\in A_{t(j=29\sim 34)}} r_{2j,p_1}\leqslant 10,\\ \sum\limits_{j\in A_{t(j=14\sim 18)}} r_{1j,p_1}\leqslant 8, \sum\limits_{j\in A_{t(j=35\sim 39)}} r_{2j,p_1}\leqslant 8,\\ \sum\limits_{j\in A_{t(j=19,20)}} r_{1j,p_1}\leqslant 6, \sum\limits_{j\in A_{t(j=40,41)}} r_{2j,p_1}\leqslant 6,\\ \sum\limits_{j\in A_{t(j=44\sim 47)}} r_{3j,p_1}\leqslant 6, \sum\limits_{j\in A_{t(j=63\sim 66)}} r_{4j,p_1}\leqslant 6,\\ \sum\limits_{j\in A_{t(j=48\sim 53)}} r_{3j,p_1}\leqslant 4, \sum\limits_{j\in A_{t(j=67\sim 72)}} r_{4j,p_1}\leqslant 4,\\ \sum\limits_{j\in A_{t(j=54\sim 58)}} r_{3j,p_1}\leqslant 4, \sum\limits_{j\in A_{t(j=73\sim 77)}} r_{4j,p_1}\leqslant 4,\\ \sum\limits_{j\in A_{t(j=59,60)}} r_{3j,p_1}\leqslant 3, \sum\limits_{j\in A_{t(j=78,79)}} r_{4j,p_1}\leqslant 3\end{cases} \tag{6.3.4}$$

$$\begin{cases}\sum\limits_{j\in A_t} r_{1j,p_2}=\sum\limits_{j\in A_t} r_{2j,p_2}\leqslant 6,\sum\limits_{j\in A_t} r_{3j,p_2}=\sum\limits_{j\in A_t} r_{4j,p_2}\leqslant 3,\\ \sum\limits_{j\in A_t} r_{1j,p3}=\sum\limits_{j\in A_t} r_{2j,p3}\leqslant 6,\sum\limits_{j\in A_t} r_{3j,p_3}=\sum\limits_{j\in A_t} r_{4j,p_3}\leqslant 3,\\ \sum\limits_{j\in A_t} r_{1j,p_4}=\sum\limits_{j\in A_t} r_{2j,p_4}\leqslant 8,\sum\limits_{j\in A_t} r_{3j,p_4}=\sum\limits_{j\in A_t} r_{4j,p_4}\leqslant 4,\\ \sum\limits_{j\in A_t} r_{1j,p_5}=\sum\limits_{j\in A_t} r_{2j,p_5}\leqslant 10,\sum\limits_{j\in A_t} r_{3j,p_5}=\sum\limits_{j\in A_t} r_{4j,p_5}\leqslant 5,\\ \sum\limits_{j\in A_t} r_{1j,p_6}=\sum\limits_{j\in A_t} r_{2j,p_6}\leqslant 12,\sum\limits_{j\in A_t} r_{3j,p_6}=\sum\limits_{j\in A_t} r_{4j,p_6}\leqslant 6\end{cases} \tag{6.3.5}$$

式（6.3.1）为目标函数，表示项目$i(i=1,2,3,4)$的最短周期为优化目标，$t_{i(N_i)}^{F}$为项目i的完工时间；式（6.3.2）为紧前紧后约束关系；式（6.3.3）要求工序的完成时间是非负的；式（6.3.4）为船台资源约束，船台资源p_1是一种特殊的场地资源，不能随意调配，比如，$\sum\limits_{j\in A_{t(j=2\sim7)}} r_{1j,p_1} \leqslant 12$表示在项目1的工序2～工序7中，对于在$t$时刻进行的所有工序占用船台资源$p_1$的总量不能超过12个船台单元；式（6.3.5）为其他资源约束，比如，$\sum\limits_{j\in A_t} r_{1j,p_2} \leqslant 6$表示项目1中在$t$时刻进行的所有工序对行车资源$p_2$的分配数量不能超过6，$r_{1j,p_2}$为分配给工序$j$的资源$p_2$的数量，$A_t$为项目1中在$t$时刻进行的所有工序的集合。

3. 确定单项目关键链

运用4.2.2节中混合优化算法求解单项目进度优化模型时，以Anylogic 8.5.0为仿真平台，利用Java编程，将算法嵌入，使用基于智能体的建模方法，构建“工序”智能体及多智能体网络，如图6.7所示。通过模块化的仿真技术，进行单项目调度的可视化仿真。各参数选取如下：混合优化算法中，种群规模$\text{popsize}=100$，子种群个数$\beta=5$，最大迭代次数$T=100$，变异概率$p_m=0.2$。

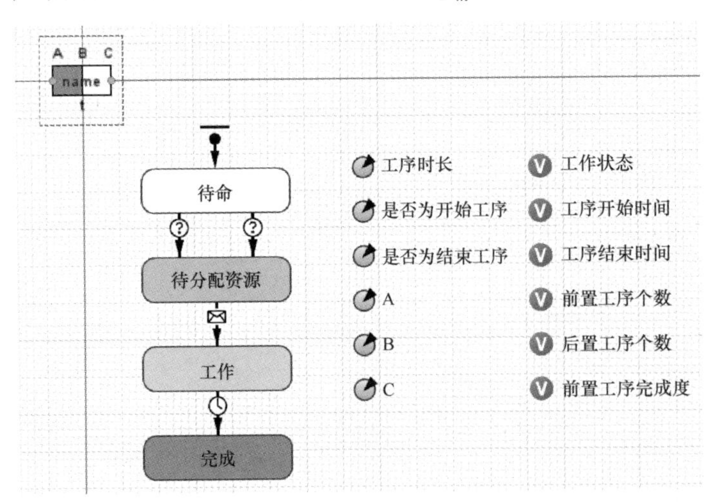

图6.7　工序智能体图标、状态图及参数变量设置

通过仿真，确定每个项目的关键链，见附录A中表A.3第（2）列，“关”“非”分别表示关键链与非关键链工序，项目1和项目3的关键链分别为：1-4-5-9-10-16-18-19-20-21，43-45-46-49-50-56-57-56-60-61，用虚线标识，FB_j为汇入缓冲，PB_i为项目缓冲，均标黑，形成调整后的网络图$G'=(V,E')$，如图6.8所示。

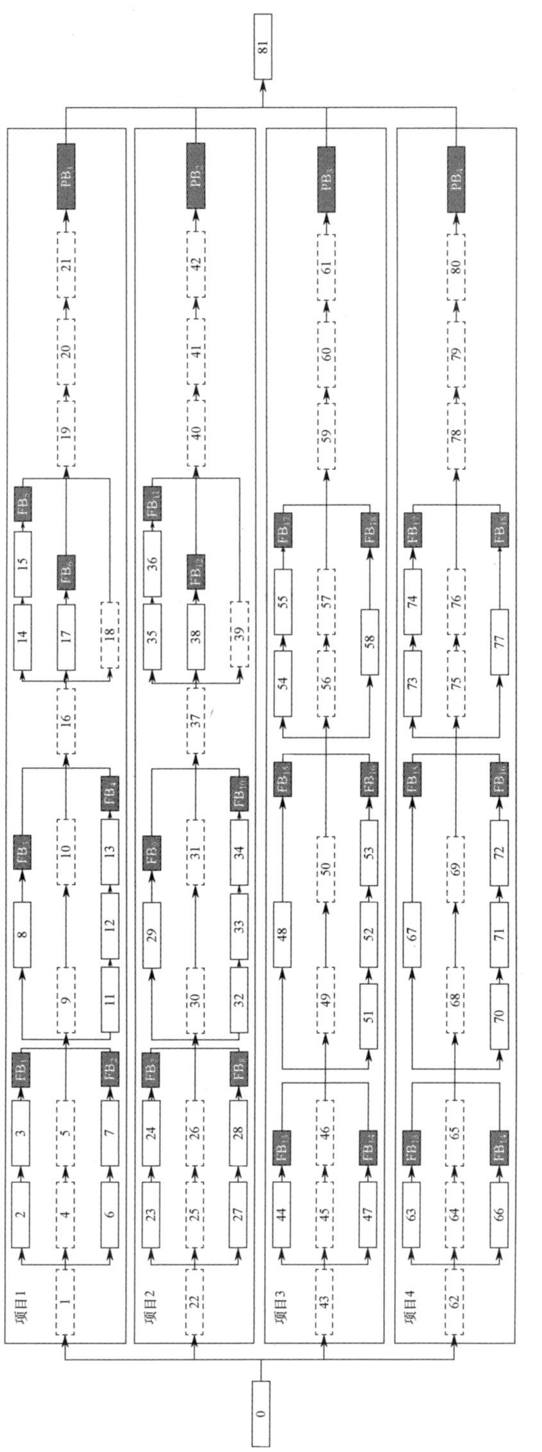

图 6.8　调整后的网络图

4. 单项目缓冲区设置与项目总工期计算

由式（4.3.3）～式（4.3.6）计算各项目及其非关键链工序的复杂熵，见附录 A 表 A.3 第（4）列；由式（4.3.7）～式（4.3.9）计算各工序的资源熵，见附录 A 表 A.3 第（5）列；由式（4.3.20）、式（4.3.21），计算各项目的初始项目缓冲 PB_i、初始汇入缓冲 FB_j，见附录 A 表 A.3 第（6）、（7）列。由式（4.3.22）～式（4.3.24），对 PB_i、FB_j 进行修正，见附录 A 表 A.3 第（8）、（9）列。由式（4.3.26），计算项目 1 和项目 3 的计划总工期，见附录 A 表 A.3 第（10）列。

6.3.3 船台施工阶段多项目进度计划

根据 4.1.3 节多项目进度管理步骤，对调整后的网络图 $G'=(V,E')$ 进行多项目进度优化，识别多项目瓶颈链。具体过程如下。

1. 构建多资源限制下的多项目进度优化模型并进行求解

针对 $G'=(V,E')$，依据式（4.2.5）给出多项目进度优化模型如下：

$$\min\left\{\lambda_1\cdot t_{i(N+1)}^F+\lambda_2\cdot\sum_{i=1}^4\left[\alpha_i\cdot\left(t_{iN_i}^F-t_{i(N_{i-1}+1)}^S\right)\right]\right\}$$

模型及其参数的具体含义见 4.2.1.2 节；模型的约束关系与单项目进度优化模型相同，见式（6.3.2）～式（6.3.5）。

模型求解依据 4.2.2.2 节混合优化算法。以 Anylogic 8.5.0 为仿真平台，利用 Java 编程，将算法嵌入，并进行多项目调度的可视化仿真。各参数选取如下：多项目进度优化模型中，$\lambda_1=0.6$，$\lambda_2=0.4$，$(\alpha_1,\alpha_2,\alpha_3,\alpha_4)=(0.35,0.30,0.20,0.15)$，船厂能够提供的资源总量为 $(p_1,p_2,p_3,p_4,p_5,p_6)=(24,12,12,16,20,26)$；混合优化算法中，种群规模 $\mathrm{popsize}=100$，子种群个数 $\beta=5$，最大迭代次数 $T=100$，变异概率 $p_m=0.2$。多项目调度过程中，$(\mathrm{FB}_{ij}^L)^X$ 同与其相接的前序工序作为一个整体进行调度，不考虑单项目中的 PB_i^X。

2. 仿真计算，识别瓶颈链

通过仿真，得到项目 1～项目 4 的最优调度方案即各工序的开始时间，如图 6.9 所示，图中的工序 $a,a_1,\cdots,b,b_1,\cdots,c,c_1,\cdots$ 为程序中的虚工序；项目 1～项目 4 的初始工期、初始项目总工期及多项目最优目标函数值分别为

$d_1^C=245.2$，$d_2^C=254.7$，$d_3^C=118.8$，$d_4^C=118.8$，$d^C=254.7$，$f(x)_{\min}=234.4$

仿真次数　100

最优方案

0.00：工序0开始工作
0.00：工序43开始工作
0.00：工序45开始工作
0.00：工序22开始工作
0.00：工序47开始工作
0.00：工序1开始工作
0.00：工序6开始工作
0.00：工序2开始工作
0.00：工序27开始工作
0.00：工序23开始工作
0.00：工序25开始工作
0.00：工序4开始工作
0.00：工序62开始工作
0.00：工序66开始工作
0.00：工序63开始工作
0.00：工序64开始工作
0.00：工序44开始工作
5.50：工序46开始工作
5.50：工序65开始工作
6.10：工序7开始工作
6.10：工序3开始工作
6.10：工序28开始工作
6.10：工序24开始工作
6.10：工序5开始工作
15.60：工序a开始工作
15.60：工序26开始工作
15.60：工序49开始工作
15.60：工序48开始工作
15.60：工序51开始工作
15.60：工序a_3开始工作
15.60：工序68开始工作
15.60：工序70开始工作
15.60：工序67开始工作
20.70：工序52开始工作
20.70：工序71开始工作
25.50：工序53开始工作
25.50：工序72开始工作
38.20：工序a_1开始工作
38.20：工序9开始工作
38.20：工序11开始工作
38.20：工序8开始工作
47.70：工序a_2开始工作
47.70：工序32开始工作
47.70：工序29开始工作
47.70：工序30开始工作
50.20：工序50开始工作
50.20：工序69开始工作
50.60：工序12开始工作
59.10：工序13开始工作
60.10：工序33开始工作
64.30：工序b开始工作
64.30：工序56开始工作
64.30：工序58开始工作
64.30：工序54开始工作
64.30：工序b_3开始工作
64.30：工序73开始工作
64.30：工序77开始工作
64.30：工序75开始工作
68.60：工序34开始工作
74.00：工序55开始工作
74.00：工序74开始工作
78.30：工序57开始工作
78.30：工序76开始工作
91.40：工序c开始工作
91.40：工序59开始工作
91.40：工序c_3开始工作
91.40：工序78开始工作
97.40：工序60开始工作
97.40：工序79开始工作
114.70：工序10开始工作
118.80：工序61开始工作
118.80：工序80开始工作
124.20：工序31开始工作
152.20：工序b_1开始工作
152.20：工序16开始工作
161.70：工序b_2开始工作
161.70：工序37开始工作
166.40：工序18开始工作
166.40：工序14开始工作
166.40：工序17开始工作
175.90：工序39开始工作
175.90：工序35开始工作
175.90：工序38开始工作
182.90：工序15开始工作
192.40：工序36开始工作
201.30：工序c_1开始工作
201.30：工序19开始工作
210.80：工序c_2开始工作
210.80：工序40开始工作
210.90：工序20开始工作
220.40：工序41开始工作
245.20：工序21开始工作
254.70：工序42开始工作
254.70：结束工序开始工作

图 6.9　最优调度方案

多项目的瓶颈链即总关键链为 0-43-45-46-26-30-31-37-39-40-41-42-81，如图 6.10 中虚线标识。

3. 多项目缓冲区设置

根据 4.3.3.3 节方法确定多项目的项目缓冲 MPB 与多项目汇入缓冲 FB_{ij}^{M} 的位置与大小。非瓶颈链上，原项目中的 PB_{i}^{X} 与 $(\mathrm{FB}_{ij}^{L})^{X}$ 均转变为 FB_{ij}^{M}，大小与位置不变。$\mathrm{FB}_{1}^{M}=\mathrm{FB}_{2}^{M}=\mathrm{FB}_{8}^{M}=\mathrm{FB}_{9}^{M}=10.9$，$\mathrm{FB}_{3}^{M}=\mathrm{FB}_{10}^{M}=12.9$，$\mathrm{FB}_{4}^{M}=\mathrm{FB}_{11}^{M}=13.1$，$\mathrm{FB}_{5}^{M}=\mathrm{FB}_{12}^{M}=8.4$，$\mathrm{FB}_{6}^{M}=\mathrm{FB}_{13}^{M}=8.9$，$\mathrm{FB}_{14}^{M}=36.8$，$\mathrm{FB}_{14}^{M}=\mathrm{FB}_{15}^{M}=\mathrm{FB}_{21}^{M}=\mathrm{FB}_{22}^{M}=2.5$，$\mathrm{FB}_{16}^{M}=\mathrm{FB}_{23}^{M}=15.3$，$\mathrm{FB}_{17}^{M}=\mathrm{FB}_{24}^{M}=6.4$，$\mathrm{FB}_{18}^{M}=\mathrm{FB}_{25}^{M}=6.5$，$\mathrm{FB}_{19}^{M}=\mathrm{FB}_{26}^{M}=9.7$，$\mathrm{FB}_{20}^{M}=\mathrm{FB}_{27}^{M}=18.4$；由式（4.3.27）得，$\mathrm{MPB}=60.2$。缓冲区位置、尺寸如图 6.10 所示。

4. 计算各项目的工期 d_i 及项目总工期 d

由式（4.1.1）～式（4.1.3）得，$d_1=282.0$，$d_2=314.9$，$d_3=138.7$，$d_4=138.7$，项目总工期 $d=314.9$。

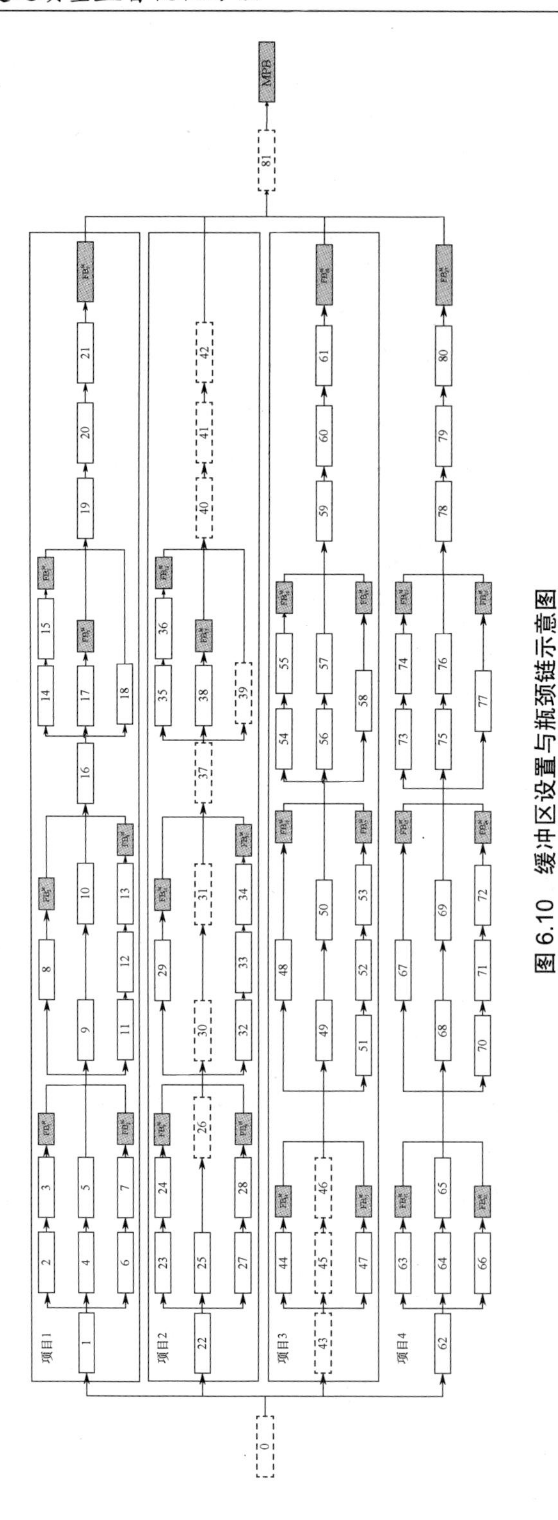

图 6.10　缓冲区设置与瓶颈链示意图

6.3.4　计算结果分析

1. 船台施工阶段进度分析与管理

为分析多资源约束和项目优先级限制下多项目并行对单项目的进度影响，将各项目独立与并行时的项目完工时间进行比较，如表 6.7 所示。

表 6.7　项目优先级限制下多项目并行对单项目的影响

项目	优先级	合同工期/天	项目独立时周期/天	项目并行时周期/天	延迟比例/%
1	0.35	330	282.0	282.0	0
2	0.30	330	282.0	314.9	11.7
3	0.20	180	138.7	138.7	0
4	0.15	180	138.7	138.7	0

可以看出，项目 1～项目 4 并行施工能够按照合同节点完工。多项目并行条件下，由于资源需求在时间、空间和数量上存在冲突与矛盾，使得项目 2 比项目 1 延后约 33 天完工。项目 2 优先级高于项目 3、项目 4 但却出现延后，是因为本书所建多项目进度优化模型是从纵横两个方向把并行项目总工期与各项目工期加权和的综合优化作为目标，而资源冲突的工序更多集中于多项目并行的中前期，说明模型及其计算方法是合理有效的。实际工作中可以根据具体工作情景调整项目优先级。

为进一步消除资源冲突带来的影响，军事代表室应精准定位发生资源冲突的工序与资源量。根据瓶颈链的含义，瓶颈链上属于项目 2 的工序为需要重点保障的工序，如表 6.8 所示。

表 6.8　重点保障工序

项目	工序	名称	船台单元	行车	焊接单元	装配单元	管理单元	质检单元
			p_1	p_2	p_3	p_4	p_5	p_6
项目 2	26	分段搭载中总段形成	4	2	2	2	2	3
	30	主船体形成	8	3	4	2	2	4
	31	上层建筑搭载	4	2	2	2	1	2
	37	电缆拉敷	8	0	0	2	1	2
	39	内装施工	1	0	0	4	2	3
	40	轴系支架装焊	6	2	2	3	2	3
	41	浆轴安装	6	2	0	2	1	1

2. 单项目缓冲区设置方法对比分析

现有文献多为单项目缓冲区设置研究，为验证本书提出缓冲区设置方法的实用性，以项目 1 为例，选取关键路线法、根方差法、APRT 法，以及胡晨、蒋红妍、张俊光提出的方法与本书方法（以下分别称为法 4～法 10）进行比较，分别计算汇入缓冲、项目缓冲和计划工期；通过 Cryttal Ball 工具，对项目执行情况进行 1000 次模拟，统计项目缓冲消耗和项目完工情况，如表 6.9 和表 6.10 所示。

表 6.9　不同方法完工情况对比

方法名称	缓冲区主要考虑因素	计划工期/天	项目平均完工率/%
法 4：关键路线法	—	240.0	15.1
法 5：根方差法	工序方差	295.1	89.6
法 6：APRT 法	资源紧张度	330.6	98.9
法 7：胡晨法	活动工期分布、资源紧张度	299.8	93.5
法 8：蒋红妍法	工期分布、信息综合约束、资源受限程度等	308.2	96.4
法 9：张俊光法	资源紧张度、工序复杂度、位置系数、技术与需求不确定性等	315.9	97.6
法 10：本书方法	网络复杂度、资源约束、人的行为因素	282.0	95.2

表 6.10　不同方法缓冲区消耗对比

方法名称	汇入缓冲与汇入缓冲平均消耗率					项目缓冲/天	项目缓冲平均消耗率/%
	FB_1	FB_3	FB_4	FB_5	FB_6		
法 4：关键路线法	—	—	—	—	—	—	—
法 5：根方差法	5.0/8.73	8.8/10.82	11.4/2.93	7.0/8.24	6.6/9.55	25.9	91.62
法 6：APRT 法	30.2/2.24	25.0/3.18	23.4/0.10	17.5/1.35	22.8/1.02	50.5	26.98
法 7：胡晨法	7.6/8.14	8.5/10.62	9.4/2.13	5.5/6.98	7.1/7.54	30.5	88.54
法 8：蒋红妍法	9.1/5.08	10.1/7.95	11.5/1.09	6.0/2.68	8.1/3.40	29.4	75.76
法 9：张俊光法	9.9/4.86	11.4/6.76	12.0/0.72	7.2/3.35	7.9/2.08	33.6	69.20
法 10：本书方法	10.9/4.68	12.9/6.79	13.1/0.36	8.4/1.95	8.9/1.26	36.8	57.03

比较表中 7 种方法，分析结果如下。

（1）法 10 与法 4 比较。由于法 4 制定关键路径的前提是资源充足无约束，当出现并行工序且资源有限时部分并行工序可能调整为串行实施，按照原定计划无法完工，因此，其项目完工率仅为 15.1%，远低于法 10。

（2）法 10 与法 6 比较。从项目平均完工率分析，法 6 最高，法 10 较法 6 低 3.7%，但法 6 的计划工期比法 10 多出了 49 天，延长 14.7%。可见，项目完工率并未随总工期的延长而成比例提升；同时，法 6 的缓冲区消耗比例为 26.98%，说明缓冲区设置过大，浪费严重。

（3）法 10 与法 5、法 7、法 8、法 9 比较。从工期角度分析，法 10 的计划工期 282.0 天是最短的，这是由于项目管理者在进行工期估算时考虑到人的行为因素对项目执行过程带来诸多影响，通常会加入大量的安全时间。人因熵可以实现对这些影响的精准测度，并将人的行为因素融入项目执行过程中，通过修正估算工期，可以合理压缩各工序工期中过多的安全时间，从而减少计划总工期。不仅如此，由表 6.9 可知，法 10 的项目平均完工率为 95.2%，高于法 5、法 7，与法 8、法 9 比较接近，这充分说明通过人因熵修正估算工期的方法是有效的，并未造成工序工期的紧张而使项目的平均完工率降低。

从汇入缓冲与汇入缓冲平均消耗率、项目缓冲与项目缓冲平均消耗率分析，法 5、法 7～法 10 基本呈现出缓冲大小逐渐增加、缓冲平均消耗率逐渐降低的规律。法 10 中，各项汇入缓冲最大，由于汇入缓冲不会影响项目工期，故汇入缓冲起到了更好的保护作用；项目缓冲法 10 最大，平均消耗率为 57.03%，处在 33%～67% 的理想比例，而法 5、法 7、法 8、法 9 的项目工期缓冲平均消耗率均超出 67%，说明缓冲区设置相对较大，存在不同程度的浪费，且项目缓冲对工期的保护效果不好。

法 10 计算得到的项目缓冲略大于其他方法。这是由于估算工期压缩后，由于人的行为与心态调整需要一定时间，必然会对项目执行带来一定的进度风险；同时，人的行为因素产生的风险事件也很可能引发项目拖延。因此，确定项目缓冲时融入复杂熵、资源熵，特别是人因熵的计算吸收了非关键链上的部分剩余缓冲，通过合理增加项目缓冲，有效降低了项目进度风险。

综合分析，依据仿真结果，本书提出的方法要优于其他方法，在项目缓冲消耗和项目完工情况之间可以取得较好的平衡。

3. 进度优化结果对比分析

为验证本书多项目进度管理方法的实用性，选取廖良才、李敬花提出的方法与本书方法（以下分别称为法 11、法 12 和法 13）进行比较，以 Anylogic 8.5.0 为仿真平台，对项目执行情况进行 100 次模拟，得到各方法的最优解，如表 6.11 所示。

比较 3 种方法可以看出，在三种进度优化方案中法 13 最好。这主要是因为传统的工期估算通常会加入大量的安全时间以保证项目的按时完成，然而“学生综合症”“帕金森定律”和项目与任务间的复杂逻辑关系等因素会造成安全时间的浪费，导致项目工序间松弛，甚至工期延误。由于法 13 采用了关键链缓冲区设置，可以科学压缩安全时间，权衡项目执行过程中各种不确定性与进度的关系，有效降低因资源冲突引起的进度风险，这也是关键链方法在解决多项目进度优化问题时优于 MRCMPSP 的主要原因之一。

表 6.11　3 种方法对比结果

方法	d_1	d_2	d_3	d_4	d
法 11	321.5	346.1	148.2	148.2	350.8
法 12	299.8	330.4	144.5	144.5	336.3
法 13	282.0	314.9	138.7	138.7	314.9

根据文献[61]，通过 Cryttal Ball 工具对缓冲区进行蒙特卡罗模拟分析，对多项目执行情况进行 1000 次模拟，在完工概率为 90%的情况下，MPB 消耗比例为 82%，说明缓冲区起到了良好的保护作用。

为进一步验证本书设计混合优化算法的有效性，将法 12 与法 13 的算法进行对比实验，分别运算 100 次，结果如图 6.11 所示。图中，法 12 的算法运行 100 次时并未有效收敛，且求出最优解的次数仅为 21 次。因此，法 13 的算法具有更好的鲁棒性与收敛性。

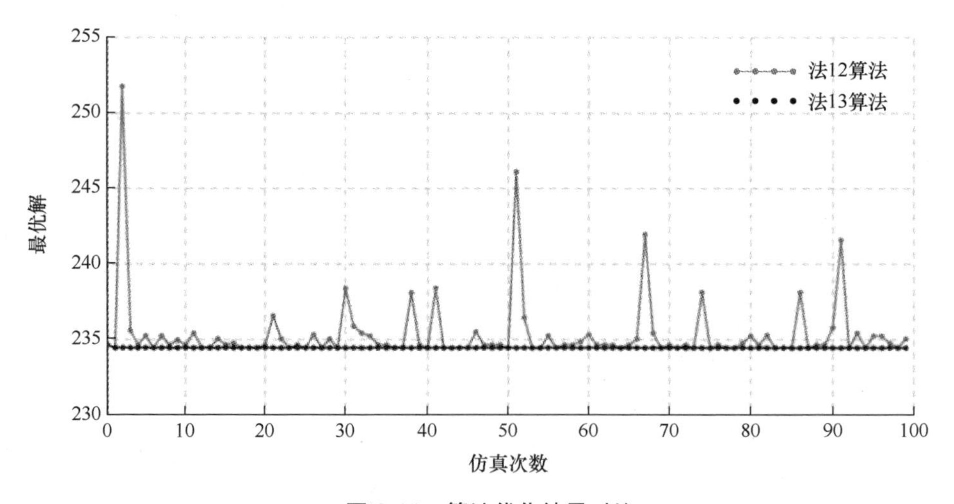

图 6.11　算法优化结果对比

6.4　船台施工阶段风险评价

军事代表室在进行组织结构优化和船台施工阶段进度管理后，一方面可以促进各专业部门和人员形成合力，提高质量监督效率；另一方面有利于突破多资源约束下缺乏有效进度管理方法的瓶颈，提高建造过程进度的整体规划能力。然而，船台施工阶段大量的工序交叉进行、纵横交错，各类风险随着项目的推进多向传导，极易扩散放大并产生连锁反应，给质量、进度与费用带来难以接受的损失。因此，军事代表室须制订风险管理工作计划，对船台施工阶段存在的质量、进度和费用风险进行分析和评估。

6.4.1 船台施工阶段风险识别

按照 5.1.3.2 节风险识别步骤对船台施工阶段质量风险进行识别。

1. 形成基于建造模块工序和瓶颈链的网络计划图

根据最佳风险辨识单元的识别原则与方法，将最小任务单元定位于图 6.10 中的工序，即最佳风险辨识单元。根据建造模块工序的含义与划分原则，将模块 1～4 分别划分为总段形成模块、全船形成模块、船台舾装模块和轴系施工模块。

根据建造模块工序及其最佳风险辨识单元之间的逻辑关系，在识别瓶颈链后以图 6.10 为模板形成基于建造模块工序和瓶颈链的网络计划图，如图 6.12 所示。

2. 形成风险分解结构

军事代表室邀请专家以单个项目的建造模块工序为分析单元，对项目 1～4 各模块工序中所有工序可能存在的二级风险按照分类方法逐步分解，并进行归类整理，形成风险分解结构。

以项目 1 为例进行说明。邀请专家根据 5.1.2 节风险事件分类指标体系对模块工序内工序 2～7 中存在的主要风险进行识别与分类，形成项目 1 的风险分解结构，如附录 B 表 B.1 所示。

3. 基于各项目在不同模块工序内的风险分解结构，构建 WBS–RBS 风险识别矩阵

为便于区分，将总段形成模块、全船形成模块、船台舾装模块、轴系施工模块分别记为模块 1～4，

将模块 $\beta(\beta=1,2,3,4)$ 内已识别的二级风险按照 $A_{wv}^{i\beta}$ 逐一编号，$A_{wv}^{i\beta}$ 为项目 i 内模块 β 中依据风险分类方法识别出的风险，如 A_{11}^{32} 表示项目 3 内的模块 2 中技术风险（A_1）下的技术状态变更风险 A_{11}，得到附录 B 表 B.2，表中，行向量体现了项目内不同模块工序存在的各层风险，列向量体现了不同项目中同一模块工序的各层风险。

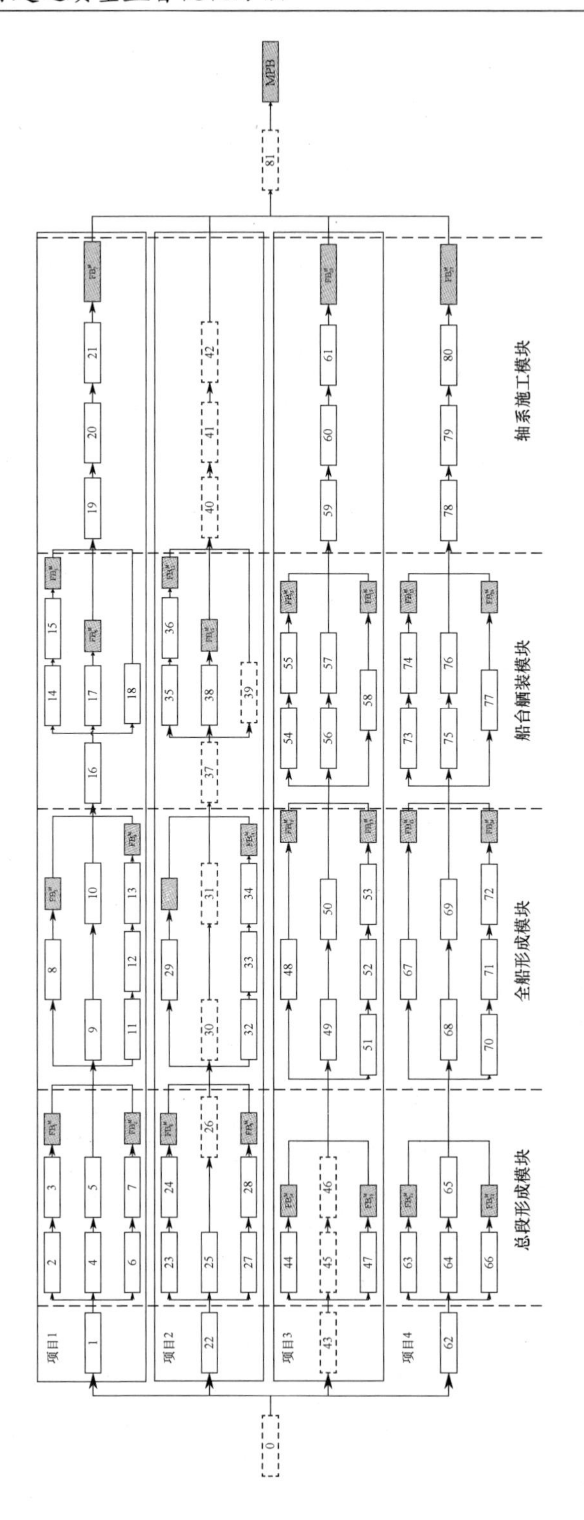

图 6.12 基于建造模块工序和瓶颈链的网络计划图

6.4.2　船台施工阶段风险数据采集与转化

军事代表室首先选择了解质量监督工作且具有不同技术和管理背景的 3 位专家 e_1,e_2,e_3，根据 5.2 节的评价框架，专家以双语言变量的形式 $\tilde{B}=\langle s,h\rangle$ 给出风险评价信息。因此，需要首先确定语言评价标度 $S=\{s_1,s_2,\cdots,s_{k'},\cdots,s_{n'}\}$，语言隶属度标度 $H=\{h_1,h_2,\cdots,h_{k'},\cdots,h_{n'}\}$。

根据《海军装备采购合同监管工作实施细则（试行）》中“装备采购合同（订立/履行）风险告知单要求”，对风险事件概率等级和后果等级均采用 5 标度法进行描述，即 $n'=5$，语言评价标度 $S=\{s_1,s_2,s_3,s_4,s_5\}$。风险事件概率等级和风险后果等级描述如表 6.12 和表 6.13 所示。

表 6.12　风险事件概率等级描述

评价值	概率等级	描述	发生概率
s_1	1	一般情况下不会发生	<10%
s_2	2	较少情况下才会发生	10%～30%
s_3	3	某些情况下会发生	30%～70%
s_4	4	较多情况下会发生	70%～90%
s_5	5	常常会发生	>90%

表 6.13　风险事件后果等级描述

评价值	后果等级	描述	质量损失	进度损失	费用损失
s_1	1	极低	没有影响	通过计划机动时间补偿	费用略有变动，但不超过预算经费
s_2	2	低	降低 1%～5%	进度延后 1%～5%	费用超过预算 1%～5%
s_3	3	中等	降低 5%～20%	进度延后 5%～20%	费用超过预算 5%～20%
s_4	4	高	降低 20%～50%	进度延后 20%～50%	费用超过预算 20%～50%
s_5	5	极高	不能达到质量目标	进度延后超过 50%	费用超过预算 50%

1. 基于黄金分割法完成 $s\rightarrow(E_x,E_n,H_e)$

本书给定区间为[0,1]，$H_{e_0}=0.01$。云数字特征的计算过程如下：

$E_{x_0}=(X_{\min}+X_{\max})/2=0.5$，$E_{x_{-2}}=X_{\min}=0$，$E_{x_{+2}}=X_{\max}=1$，

$E_{x_{-1}}=E_{x_0}-0.382(E_{x_0}-X_{\min})=0.309$，$E_{x_{+1}}=E_{x_0}+0.382(X_{\max}-E_{x_0})=0.691$，

$E_{n_{-1}}=E_{n_{+1}}=0.382(X_{\max}-X_{\min})/6=0.064$，

$E_{n_0}=0.618E_{n_1}=0.040$，$E_{n_{-2}}=E_{x_{-1}}/0.618=0.104$，$E_{n_{+2}}=E_{x_{+1}}/0.618=0.104$，

$H_{e_{-1}}=H_{e_{+1}}=H_{e_0}/0.618=0.016$，$H_{e_{-2}}=H_{e_{+2}}=H_{e_1}/0.618=0.026$

因此，语言评价标度对应语义信息的云模型表示结果如表 6.14 所示。

表 6.14　语言评价标度与语义信息云模型对应表

语言标度	正态云模型表示
s_1	$(0, 0.104, 0.026)$
s_2	$(0.309, 0.064, 0.016)$
s_3	$(0.5, 0.040, 0.010)$
s_4	$(0.691, 0.064, 0.016)$
s_5	$(1, 0.104, 0.026)$

2. 完成 $h \to (\rho, \nu)$

H 中的语言标度数量与 S 相同，采用 5 标度法进行描述，根据 5.2 节 $h \to (\rho, \nu)$ 的转化方法，得到表 6.15。语言隶属度标度为 $H = \{h_1, h_2, h_3, h_4, h_5\}$。

表 6.15　语言隶属度标度描述

语言隶属度	对评价结果的信心水平	$h \to (\rho, \nu)$
h_1	极低	$(0, 0.333)$
h_2	低	$(0.167, 0.5)$
h_3	中等	$(0.333, 0.667)$
h_4	高	$(0.5, 0.833)$
h_5	极高	$(0.667, 1)$

本书在风险纵向传导分析和横向传导分析时分别以模块工序 1 和项目 2 为例进行说明。因此，仅列出模块工序 1 和项目 2 的相关过程数据。

设 J_α^1 为模块工序 1 中的第 α 个风险，为便于表达，以模块工序 1 为单元，对 A_{wv}^{i1} 逐一编号并与 J_α^1 一一对应，对应关系如图 6.13 所示。

总段形成模块1

项目1	$A_{11}^{11} \to J_1^1, A_{12}^{11} \to J_2^1, A_{13}^{11} \to J_3^1, A_{14}^{11} \to J_4^1, A_{21}^{11} \to J_5^1, A_{22}^{11} \to J_6^1,$ $A_{24}^{11} \to J_7^1, A_{27}^{11} \to J_8^1, A_{28}^{11} \to J_9^1, A_{32}^{11} \to J_{10}^1, A_{33}^{11} \to J_{11}^1, A_{34}^{11} \to J_{12}^1$
项目2	$A_{11}^{21} \to J_{13}^1, A_{14}^{21} \to J_{14}^1, A_{21}^{21} \to J_{15}^1, A_{22}^{21} \to J_{16}^1, A_{24}^{21} \to J_{17}^1,$ $A_{27}^{21} \to J_{18}^1, A_{28}^{21} \to J_{19}^1, A_{32}^{21} \to J_{20}^1, A_{33}^{21} \to J_{21}^1, A_{34}^{21} \to J_{22}^1$
项目3	$A_{11}^{31} \to J_{23}^1, A_{12}^{31} \to J_{24}^1, A_{14}^{31} \to J_{25}^1, A_{21}^{31} \to J_{26}^1, A_{22}^{31} \to J_{27}^1, A_{24}^{31} \to J_{28}^1,$ $A_{27}^{31} \to J_{29}^1, A_{28}^{31} \to J_{30}^1, A_{32}^{31} \to J_{31}^1, A_{33}^{31} \to J_{32}^1, A_{34}^{31} \to J_{33}^1$
项目4	$A_{11}^{41} \to J_{34}^1, A_{14}^{41} \to J_{35}^1, A_{21}^{41} \to J_{36}^1, A_{22}^{41} \to J_{37}^1, A_{24}^{41} \to J_{38}^1,$ $A_{27}^{41} \to J_{39}^1, A_{28}^{41} \to J_{40}^1, A_{32}^{41} \to J_{41}^1, A_{33}^{41} \to J_{42}^1, A_{34}^{41} \to J_{43}^1$

图 6.13　风险编号转化表

现请 3 位专家 $e=\{e_1,e_2,e_3\}$ 对模块工序 1 内并行项目中各风险事件 J_α^1 的初始发生概率 P_α^1、风险 J_α^1 可能造成的质量损失 $C_{\alpha Q}^1$、进度损失 $C_{\alpha S}^1$ 和费用损失 $C_{\alpha P}^1$、风险 J_i^1 对 J_j^1 的影响程度 ω_{ij}^1 等进行评价，给出双语言评价信息。见附录 B 表 B.3、表 B.4，专家权重向量为 $\boldsymbol{q}=(q_1,q_2,q_3)^{\mathrm{T}}=(0.3,0.4,0.3)^{\mathrm{T}}$。

根据上述语言标度转化标准，将专家给出的双语言变量决策信息 $\tilde{B}=\langle s,h\rangle$ 转化为直觉正态云模型定量信息 $Y=(\langle E_x,\rho,v\rangle,E_n,H_e)$。例如，专家 e_1 对风险 J_{11}^1 发生初始概率的评价信息为 $J_{11}^{1(e_1)}=(s_5,h_4)$，转化为正态云模型信息为 $J_{11}^{1(e_1)}=(\langle 1,0.5,0.833\rangle,0.104,0.026)$。

6.4.3　船台施工阶段风险纵向传导分析

风险数据采集并转化完成后，根据风险识别矩阵的纵向量构建基于直觉模糊认知图的船台施工阶段风险纵向传导模型 IFCM：

$$\mathrm{IFCM}=(J,\boldsymbol{W},Y,\mathrm{INCAA})$$

式中，$J=\left\{J_1^\beta,J_2^\beta,\cdots,J_\alpha^\beta,\cdots,J_\eta^\beta\right\}$ 表示模块工序 β 内 η 个二级风险事件的集合；$W:(J_i^\beta,J_j^\beta)\to\omega_{ij}^\beta$ 为一个映射关系，$\omega_{ij}^\beta(\omega_{ij}^\beta\in W)$ 为模块工序 β 内风险事件 J_i^β 对 J_j^β 的影响程度，$\boldsymbol{W}=(\omega_{ij}^\beta)_{\eta\times\eta}$ 为 IFCM 的直觉正态云矩阵；$Y:J_\alpha^\beta\to y_\alpha^\beta(t)$，$y_\alpha^\beta(t)$ 表示风险事件 J_α^β 在 t 时刻发生的初始概率；$\mathrm{INCAA}=\left\{\mathrm{INCAA}_1^{i\beta},\mathrm{INCAA}_2^{i\beta},\cdots,\mathrm{INCAA}_\alpha^{i\beta},\cdots,\mathrm{INCAA}_\eta^{i\beta}\right\}$ 为直觉正态云算术平均算子序列，$\mathrm{INCAA}_\alpha^{i\beta}$ 与 $y_\alpha^\beta(t)$ 相对应。

依据 5.3.1.2 节纵向传导模型求解步骤，以模块工序 1 为例说明求解过程。

1. 绘制总段形成模块 IFCM 的拓扑结构，如图 6.14 所示

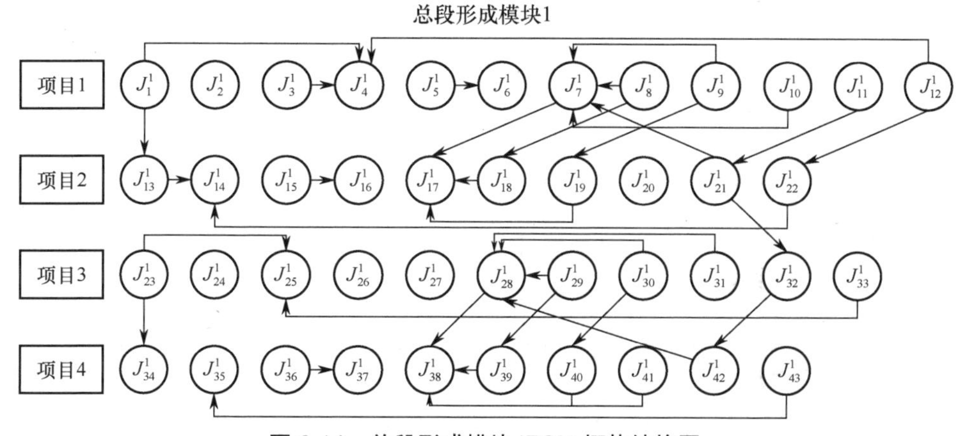

图 6.14　总段形成模块 IFCM 拓扑结构图

2. 确定模型状态空间的初始值 $Y^1(0)$

根据专家 e_k 给出的风险 J_i^1 对 J_j^1 的影响程度 $\omega_{ij}^{1(e_k)}$，由式（5.3.7）进行评价信息集成，得到 $W=\left[\omega_{ij}^1\right]_{43\times43}$ 中的元素 ω_{ij}^1；将风险 J_α^1 的初始发生概率 $P_\alpha^{1(e_k)}$ 对应为 $y_\alpha^{1(e_k)}(0)$，由式（5.3.8）进行评价信息集成，得到 $Y^1(0)=\left[y_1^1(0),y_2^1(0),\cdots,y_\alpha^1(0),\cdots,y_{43}^1(0)\right]$，见附录 B 表 B.5。

3. 求解风险事件 J_α^1 的实际发生概率

根据式（5.3.3）～式（5.3.5），将上述数据进行 Matlab 仿真，最终得到风险事件 $J_\alpha^1(a=1,2,\cdots,43)$ 的实际发生概率 $P_\alpha^{1\prime}=\left(\left\langle E_{x_\alpha}^1{}',\rho_\alpha^{1\prime},v_\alpha^{1\prime}\right\rangle,E_{n_\alpha}^1{}',H_{e_\alpha}^1{}'\right)$，见附录 B 表 B.6。

4. 求解 4 个项目并行条件下模块工序 1 内风险事件 A_{wv}^1 发生后对质量、进度和费用产生的总风险影响值 R_{wvQ}^1、R_{wvS}^1 和 R_{wvP}^1

（1）由式（5.3.9）和附录 A 表 A.1 中专家 e_k 给出的风险 J_α^β 可能造成的质量损失 $C_{\alpha Q}^{1(e_k)}$、进度损失 $C_{\alpha S}^{1(e_k)}$ 和费用损失 $C_{\alpha P}^{1(e_k)}$，根据直觉正态云的集结运算法则将专家评价信息集结后得到风险 J_α^1 可能造成的质量损失 $C_{\alpha Q}^1$、进度损失 $C_{\alpha S}^1$ 和费用损失 $C_{\alpha P}^1$。

（2）为计算方便，再次进行风险标识的表达转换，将 $J_\alpha^1\to A_{wv}^{i1}$，得到表达方式转换后的评价数据 $P_{wv}^{i1\prime}$、C_{wvQ}^{i1}、C_{wvS}^{i1} 和 C_{wvP}^{i1}。

（3）由式（5.3.10）可求得风险事件 A_{wv}^{i1} 发生后对质量、进度和费用产生的风险影响值分别为 R_{wvQ}^{i1}、R_{wvS}^{i1} 和 R_{wvP}^{i1}。

（4）由式（5.3.11）求 4 个项目并行条件下模块工序 1 内风险事件 A_{wv}^1 发生后对质量、进度和费用产生的总风险影响值分别为 R_{wvQ}^1、R_{wvS}^1 和 R_{wvP}^1；假设质量损失、进度损失和费用损失的权重分别为 0.4、0.4 和 0.2，得到风险事件 A_{wv}^1 的综合影响值 R_{wv}^1，见附录 B 表 B.7。

5. 求解总风险影响值

假设各二级风险事件的权重相同，由式（5.3.12）可求得模块工序 1 内一级风险 A_w^1 对质量、进度和费用产生的总风险影响值分别为

$R_{1Q}^1=\left(\langle0.540,0.627,0.981\rangle,0.050,0.008\right)$，$R_{1S}^1=\left(\langle0.506,0.614,0.961\rangle,0.061,0.007\right)$，

$R_{1P}^1=\left(\langle0.421,0.605,0.937\rangle,0.054,0.004\right)$，$R_{2Q}^1=\left(\langle0.460,0.543,0.952\rangle,0.019,0.005\right)$，

$R_{2S}^1=(\langle 0.502,0.551,0.975\rangle,0.025,0.007)$，$R_{2P}^1=(\langle 0.326,0.577,0.847\rangle,0.018,0.005)$，$R_{3Q}^1=(\langle 0.344,0.468,0.986\rangle,0.022,0.005)$，$R_{3S}^1=(\langle 0.407,0.419,0.987\rangle,0.029,0.006)$，$R_{3P}^1=(\langle 0.203,0.331,0.984\rangle,0.021,0.005)$

由式（5.3.13）求得 A_w^1 产生的总风险影响值为

$R_1^1=(\langle 0.503,0.618,0.966\rangle,0.033,0.004)$，$R_2^1=(\langle 0.450,0.551,0.947\rangle,0.013,0.004)$，$R_3^1=(\langle 0.341,0.428,0.970\rangle,0.015,0.003)$

6. 风险比较与定级

当前，军事代表室在风险评价时通常将风险由高到低分为重大风险、重要风险和一般风险，评价粒度粗，也不利于对风险进行精确计算与比较。由于对风险事件概率等级和后果等级均采用 5 标度法进行描述，本书将风险等级定为 5 级。

根据 5.3.2.2 节风险定级方法，由表 5.1 将风险等级语言 $f_1,f_2,\cdots,f_5$ 分别转化为正态云模型的定量信息 Y_l。根据表 6.15，将 Y_l 转化为专家对评价结果信心水平最高时的直觉正态云信息 $Y_l'=(\langle E_{x_l},0.667,1\rangle,E_{n_l},H_{e_l})$。根据蒙特卡罗思想，取 $N=10000$，生成 Y_l' 的 N 个云滴样本，并求解 $\hat{z}_l$，得到风险定级表 6.16。

表 6.16　基于蒙特卡罗模拟的风险定级表

风险等级	定性等级语言	Y_l'	$\hat{z}_l$
1	极低	$(\langle 0,0.667,1\rangle,0.104,0.026)$	0
2	低	$(\langle 0.309,0.667,1\rangle,0.064,0.016)$	0.060
3	中等	$(\langle 0.5,0.667,1\rangle,0.040,0.010)$	0.096
4	高	$(\langle 0.691,0.667,1\rangle,0.064,0.016)$	0.133
5	极高	$(\langle 1,0.667,1\rangle,0.104,0.026)$	0.192

根据表 6.16 和各级风险影响值得到风险的 $\hat{z}_l$ 和风险级别，如表 6.17、表 6.18 所示。

表 6.17　二级风险等级表

风险	$\hat{z}_l$	风险等级	风险影响值	$\hat{z}_l$	风险等级	风险	$\hat{z}_l$	风险等级	风险影响值	$\hat{z}_l$	风险等级
A_{11}^1	0.146	4	R_{11Q}^1	0.175	5	A_{12}^1	0.053	2	R_{12Q}^1	0.042	2
			R_{11S}^1	0.157	4				R_{12S}^1	0.059	2
			R_{11P}^1	0.064	2				R_{12P}^1	0.062	2
A_{13}^1	0.031	2	R_{13Q}^1	0.058	2	A_{14}^1	0.150	4	R_{14Q}^1	0.132	4
			R_{13S}^1	0.009	1				R_{14S}^1	0.163	5
			R_{13P}^1	0.036	2				R_{14P}^1	0.161	4

（续表）

风险	$\hat{z}_l$	风险等级	风险影响值	$\hat{z}_l$	风险等级	风险	$\hat{z}_l$	风险等级	风险影响值	$\hat{z}_l$	风险等级
A_{21}^1	0.067	2	R_{21Q}^1	0.025	1	A_{22}^1	0.052	2	R_{22Q}^1	0.052	2
			R_{21S}^1	0.081	3				R_{22S}^1	0.060	2
			R_{21P}^1	0.046	2				R_{22P}^1	0.037	2
A_{24}^1	0.112	3	R_{24Q}^1	0.130	1	A_{27}^1	0.023	1	R_{27Q}^1	0.094	3
			R_{24S}^1	0.156	2				R_{27S}^1	0.021	1
			R_{24P}^1	0.094	3				R_{27P}^1	0.019	1
A_{28}^1	0.105	3	R_{28Q}^1	0.122	4	A_{31}^1	0.034	2	R_{31Q}^1	0.031	2
			R_{28S}^1	0.097	3				R_{31S}^1	0.044	2
			R_{28P}^1	0.091	3				R_{31P}^1	0.019	1
A_{33}^1	0.026	1	R_{33Q}^1	0.029	1	A_{34}^1	0.073	2	R_{34Q}^1	0.096	3
			R_{33S}^1	0.042	2				R_{34S}^1	0.068	2
			R_{33P}^1	0.009	1				R_{34P}^1	0.038	2

表 6.18　一级风险等级表

总影响值	$\hat{z}_l$	风险等级	风险影响值	$\hat{z}_l$	风险等级
R_1^1	0.096	3	R_{1Q}^1	0.101	3
			R_{1S}^1	0.094	3
			R_{1P}^1	0.082	3
R_2^1	0.079	3	R_{2Q}^1	0.079	3
			R_{2S}^1	0.083	3
			R_{2P}^1	0.068	2
R_3^1	0.045	2	R_{3Q}^1	0.048	2
			R_{3S}^1	0.051	2
			R_{3P}^1	0.020	1

在模块工序 1 中技术风险（A_1^1）、管理风险（A_2^1）和资源风险（A_3^1）评价等级结果的云模型如图 6.15～图 6.17 所示，图中 X 、O 为云滴 (x,o) 的坐标轴。

7. 计算结果分析

军事代表室根据表 6.17 对模块工序 1 内 3 级以上需要重点控制的二级风险进行了排序，如表 6.19 所示，产生质量风险影响值较大的风险由高到低依次为：A_{11}^1、A_{14}^1、A_{28}^1、A_{34}^1；产生进度风险影响值较大的风险由高到低依次为：A_{14}^1、A_{11}^1、A_{28}^1、A_{21}^1；产生费用风险影响值较大的风险由高到低依次为：A_{14}^1、A_{24}^1、A_{28}^1、A_{27}^1，总风险影响值较大的风险由高到低依次为：A_{14}^1、A_{11}^1、A_{24}^1、A_{28}^1；根据表 6.18，模块工序 1 内技术风险（A_1^1）对质量、进度和费用产生的风险影响值均为 3 级，管理风险（A_2^1）对质量、进度产生的风险影响值为 3 级，A_1^1 和 A_2^1 产生的风险总影响值为 3 级。因此，军事代表室各职能组在舰船建造过程中需要结合本部门监造重点对 3 级以上风险加大监控力度，尤其要关注风险 A_{11}^1 和 A_{14}^1。

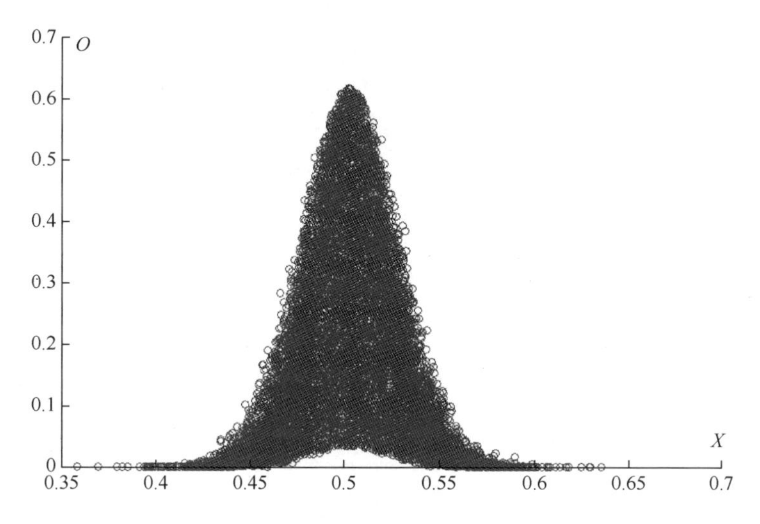

图 6.15 技术风险评价等级云模型

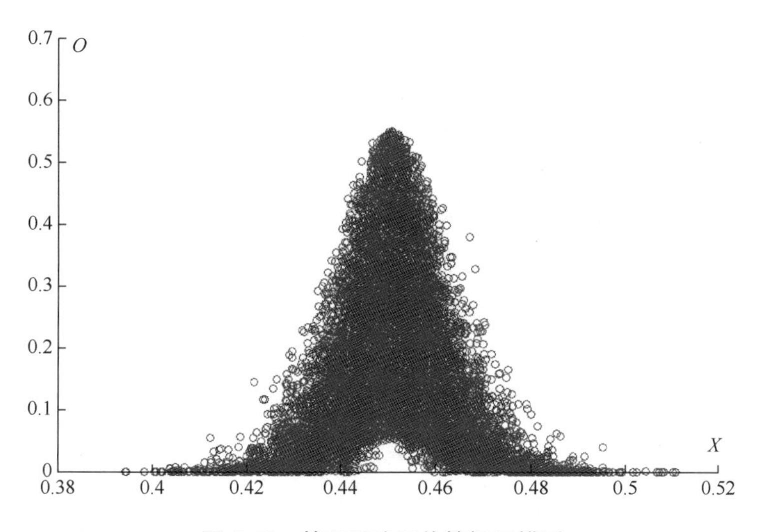

图 6.16 管理风险评价等级云模型

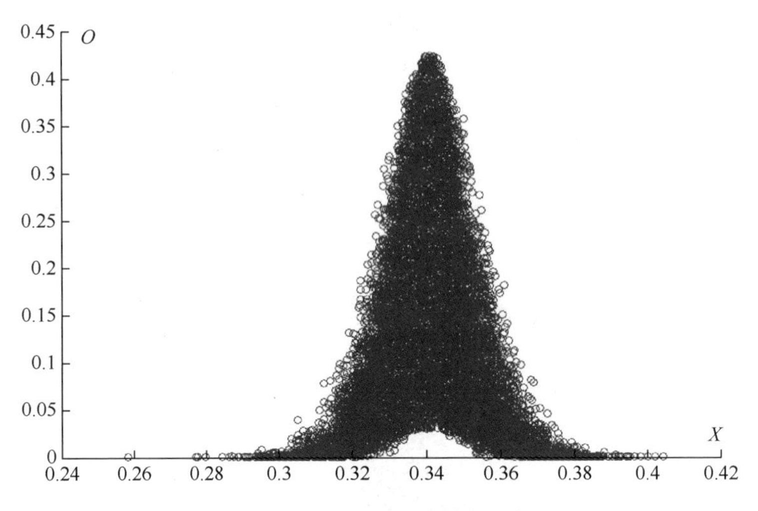

图 6.17　资源风险评价等级云模型

表 6.19　风险影响值排序

风险	质量风险影响值	风险	进度风险影响值	风险	费用风险影响值	风险	总风险影响值
A_{11}^1	0.175（5 级）	A_{14}^1	0.163（5 级）	A_{14}^1	0.161（4 级）	A_{14}^1	0.150（4 级）
A_{14}^1	0.132（4 级）	A_{11}^1	0.157（4 级）	A_{24}^1	0.094（3 级）	A_{11}^1	0.146（4 级）
A_{28}^1	0.122（4 级）	A_{28}^1	0.097（3 级）	A_{28}^1	0.091（3 级）	A_{24}^1	0.112（3 级）
A_{34}^1	0.096（3 级）	A_{21}^1	0.081（3 级）	A_{27}^1	0.094（3 级）	A_{28}^1	0.105（3 级）

由图 6.14 可知，在模块工序 1 中，风险 A_{11}^1 和 A_{14}^1 在项目内和项目之间均存在风险传导现象，为验证风险传导对 A_{11}^1 和 A_{14}^1 的影响，对项目 1 内风险 A_{11}^{11} 、A_{14}^{11} 和项目 2 内风险 A_{11}^{21} 、A_{14}^{11} 的初始发生概率和实际发生概率进行仿真对比分析，如图 6.18、图 6.19 所示。图中左侧云模型为初始发生概率，右侧云模型为实际发生概率，由图可知，由于模块工序 1 内存在风险纵向传导现象，使得风险扩散、放大并产生连锁反应，风险发生概率的仿真值 $\hat{z}_l$ 分别由 0.158、0.168 增至 0.162、0.205。图 6.20 为统一模块工序内不同项目的风险 A_{11}^1 实际发生概率对比，由图 6.20 可知，由于存在项目间风险传导，A_{11}^{21} 实际发生概率高于 A_{11}^{11} ，风险实际发生概率的仿真值 $\hat{z}_l$ 由 0.158 增至 0.181。因此，军事代表室在对主要风险加大监控力度的同时，还需依据图 6.14 重点关注其他风险与 A_{11}^1 和 A_{14}^1 的传导及其关联关系。

风险比较与定级方法的验证以技术风险的 $\hat{z}_l$ 计算过程为例，为提高统计效度，在蒙特卡罗仿真时选取 $N=10000$ 。通过对云滴计分统计，得到表 6.20。为进一步验证风险比较定级方法的有效性和稳定性，对上述过程重复进行 20 次仿真，所得结果如表 6.21 所示，由表可知，$\bar{z}$ 稳定性极高，可作为 $\hat{z}_l$ 的有效估计；将 $N=1\sim10000$ 仿真结果进行对比，如图 6.21 所示，当仿真次数达到 5000 次后，仿真结果趋于稳定。因此，选取 $N=10000$ 进行仿真的结果可作为风险比较与定级的依据。

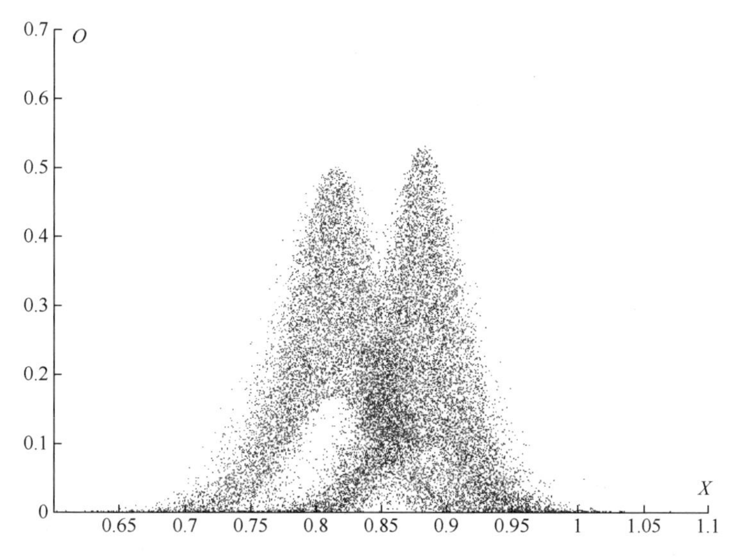

图 6.18　A_{11}^{1} 初始发生概率与实际发生概率对比

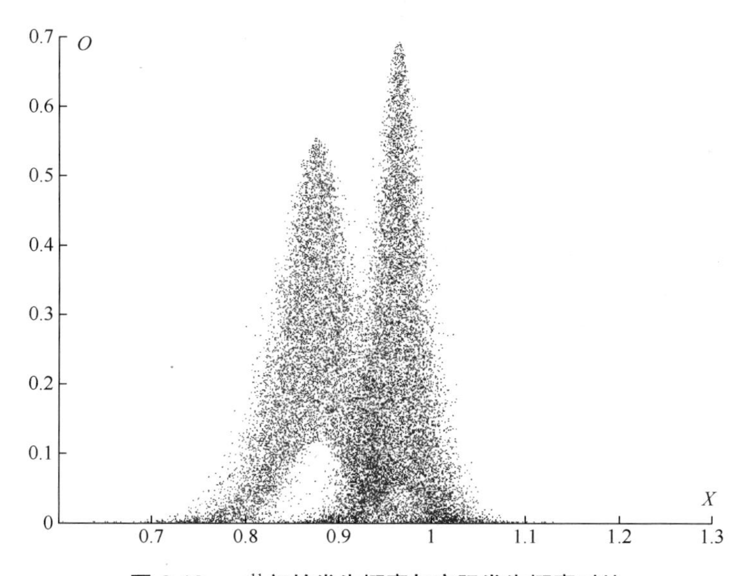

图 6.19　A_{14}^{11} 初始发生概率与实际发生概率对比

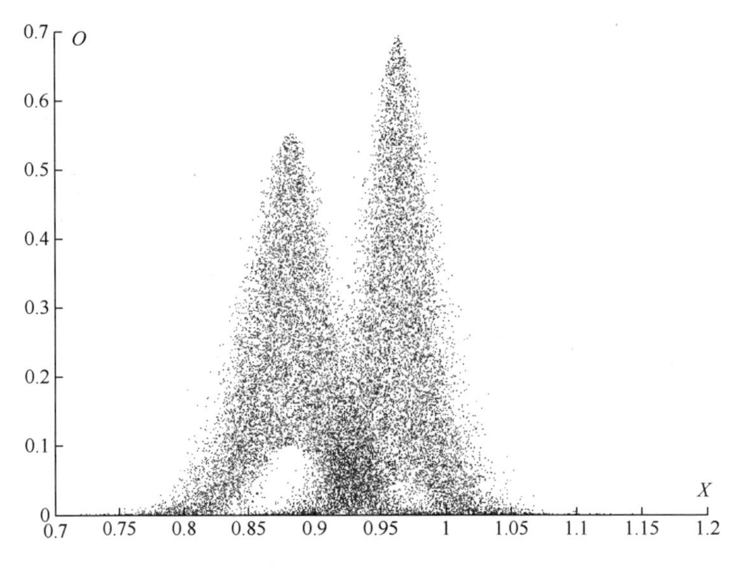

图 6.20　A_{11}^{11} 与 A_{11}^{21} 实际发生概率对比

表 6.20　计分统计结果

样本数	均值	中位数	标准差	方差	歆斜度	峰度	变异系数	最小值	最大值
10000	0.096	0.097	1.2	2.15	0.098	1.49	0.513	0	0.188

表 6.21　20 次模拟统计结果

	1	2	3	4	5	6	7	均值	方差
$\overline{z_l}$	0.0956	0.0937	0.0942	0.0937	0.0953	0.0955	0.0937	0.095	0.0001
	8	9	10	11	12	13	14		
$\overline{z_l}$	0.0945	0.0934	0.0950	0.0946	0.0949	0.0929	0.0947		
	15	16	17	18	19	20			
$\overline{z_l}$	0.0959	0.0949	0.0953	0.0930	0.0939	0.0943			

综上，基于直觉模糊认知图的舰船多项目并行建造风险纵向传导分析方法综合了直觉云模型与模糊认知图的优势，一方面，通过期望 E_x 、熵 E_n 和超熵 H_e 将专家知识中关于风险模糊性与随机性有机结合在一起，有效降低了主观性认识偏差、模型不确定性等因素造成的影响，减缓了认识过程与数据转换中的硬性规定与确定性，运用直觉云发生器实现了风险评价结果定性与定量间的相互转换，较传统 $R=P\times C$ 定级法不仅提高了评价精度，还可根据评价需求合理调整评价等级，使得风险评价从过程到结果更具科学性和准确性；另一方面，运用直觉模糊认知图进行风险传导分析，不仅能直观呈现风险之间的相互影响与作用，易于专家知识的准确

表达，还可以利用数据矩阵实现数据化推导，提高专家直觉模糊信息的使用效率，具有更高的计算能力和灵活性。

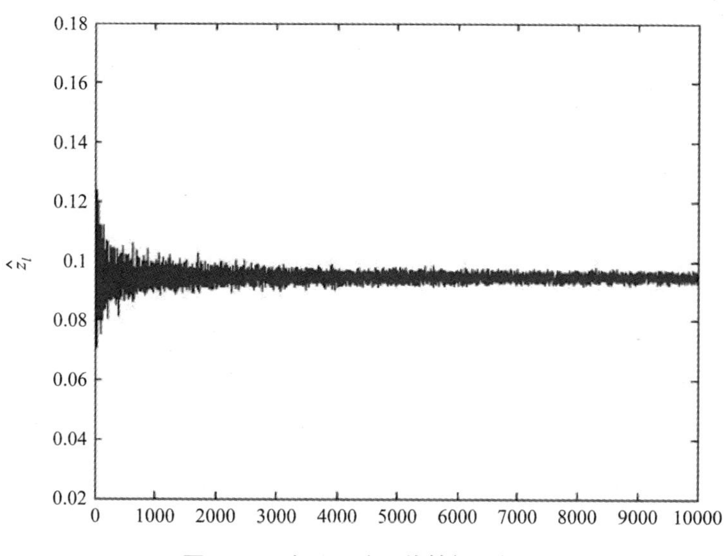

图 6.21　资源风险评价等级云模型

6.4.4　船台施工阶段风险横向传导分析

以项目 2 为例说明风险横向传导的分析过程。

（1）构建项目 2 的风险横向传导网络结构，如图 6.22 所示。

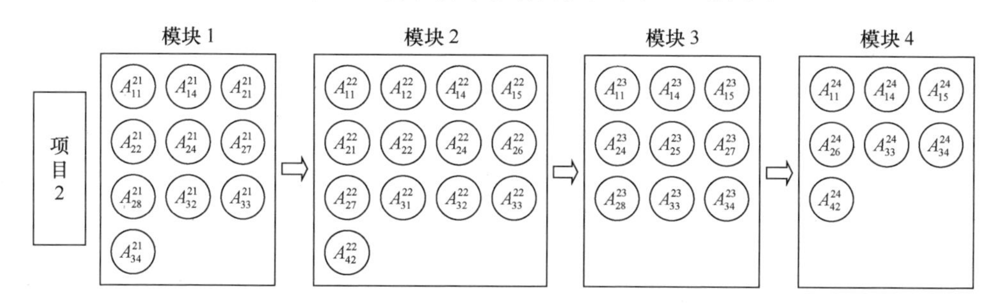

图 6.22　项目 2 的风险横向传导网络结构图

（2）依据 5.4.3.1 节全景式影响图拓扑层构建方法构建项目 1 的风险横向传导全景式影响图，见附录 B 图 B.1，其中加粗部分为质量风险传导路径。在此基础上，由专家给出不同风险事件 $A_{wv}^{2\beta}$ 所对应的质量风险节点间耦合关系，见附录 B 表 B.8。

（3）邀请专家基于单项目的关键链对风险事件 $A_{wv}^{2\beta}$ 产生的进度损失 $C_{wvS}^{2\beta}$ 进行修

正，得到 $C_{wvS}^{2\beta\prime}$ 。依据式（5.3.10），计算项目 2 不同模块工序中各二级风险事件 $A_{wv}^{2\beta}$ 对应风险节点 $F_{wv}^{2\beta}$ 的风险影响值 $R_{wvQ}^{2\beta}$ 、$R_{wvS}^{2\beta}$ 和 $R_{wvP}^{2\beta}$ 。根据风险定级方法得到各风险影响值的 $\hat{z}_l$ 和风险级别，见附录 B 表 B.9。

例如，考虑多项目并行时，工序 25 不在瓶颈链中。因此，3 位专家在纵向传导分析时给出该工序对应风险 A_{27}^{21} 的进度损失评价值 C_{27S}^{21} 分别为 (s_2,h_4) 、(s_2,h_5) 和 (s_1,h_3) 。然而，在单项目范围内工序 25 处于关键链中，故专家将进度损失评价值 $C_{27S}^{21\prime}$ 修正为 (s_4,h_4) 、(s_5,h_5) 和 (s_5,h_4) ，依据式（5.3.10）和 A_{27}^{21} 的实际发生概率 $P_{27}^{21}=\big(\langle 0.434,0.611,0.889\rangle,0.035,0.010)\big)$ ，得到修正前后进度风险损失值和影响值分别为

$$C_{27S}^{21}=(\langle 0.216,0.595,0.928\rangle,0.447,0.011)\ ,\quad C_{27S}^{21\prime}=(\langle 0.907,0.573,0.906\rangle,0.055,0.014)\ ,$$

$$R_{27S}^{21}=(\langle 0.094,0.364,0.992\rangle,0.194,0.005)\ ,\quad R_{27S}^{21\prime}=(\langle 0.441,0.350,0.990\rangle,0.040,0.011)$$

（4）根据 5.4.3.3 节风险横向传导分析步骤，计算进度和费用风险节点的相关数据如下。

各模块工序的进度风险子节点和费用风险子节点对应风险影响值为

$$R_S^{21}=(\langle 0.588,0.597,0.989\rangle,0.042,0.015)\ ,\quad R_S^{22}=(\langle 0.621,0.623,0.981\rangle,0.055,0.012)\ ,$$

$$R_S^{23}=(\langle 0.441,0.495,0.926\rangle,0.038,0.010)\ ,\quad R_S^{24}=(\langle 0.315,0.343,0.902\rangle,0.017,0.011)\ ,$$

$$R_P^{21}=(\langle 0.342,0.427,0.981\rangle,0.030,0.011)\ ,\quad R_P^{22}=(\langle 0.462,0.523,0.942\rangle,0.018,0.008)\ ,$$

$$R_P^{23}=(\langle 0.291,0.405,0.837\rangle,0.034,0.009)\ ,\quad R_P^{24}=(\langle 0.260,0.343,0.892\rangle,0.021,0.007)$$

二级进度风险节点 $F_{wvS}^{2\beta}$ 和费用风险节点 $F_{wvP}^{2\beta}$ 分别对模块工序进度风险子节点 $F_S^{2\beta}$ 和费用风险子节点 $F_P^{2\beta}$ 的贡献度 $G_{wvS}^{2\beta}$ 和 $G_{wvP}^{2\beta}$ ，见附录 B 表 B.9。

项目 2 的进度和费用风险节点影响值及其贡献度为

$$R_S^2=\frac{1}{4}\sum_{\beta=1}^{4}R_S^{2\beta}=(\langle 0.491,0.542,0.958\rangle,0.020,0.006)$$

$$R_P^2=\frac{1}{4}\sum_{\beta=1}^{4}R_P^{2\beta}=(\langle 0.339,0.439,0.920\rangle,0.013,005)$$

$$G_S^{21}=1.268,G_S^{22}=1.402,G_S^{23}=0.878,G_S^{24}=0.488,$$

$$G_P^{21}=0.846,G_P^{22}=1.481,G_P^{23}=0.923,G_P^{24}=0.654$$

（5）根据 5.4.3.3 节风险横向传导分析步骤，计算各质量风险节点的相关数据如下。

模块工序的质量风险影响值为

$R_Q^{21}=(\langle 0.512,0.607,0.972\rangle,0.032,0.021)$, $R_Q^{22}=(\langle 0.675,0.724,0.990\rangle,0.039,0.010)$,

$R_Q^{23}=(\langle 0.529,0.656,0.945\rangle,0.030,0.015)$, $R_Q^{24}=(\langle 0.559,0.546,0.922\rangle,0.021,0.012)$

二级质量风险节点 $F_{wQ}^{2\beta}$ 对模块工序质量风险子节点 $F_Q^{2\beta}$ 的贡献度 $G_{wvQ}^{2\beta}$，见附录 B 表 B.9。

项目 2 的质量风险节点影响值为

$$R_Q^2=R_Q^{24}=(\langle 0.559,0.546,0.922\rangle,0.021,0.012)$$

（6）由式（5.4.18）计算项目 2 的总风险影响值为

$$R^2=(\langle 0.488,0.530,0.936\rangle,0.012,0.006)$$

（7）风险比较与定级。

根据风险比较与定级方法，汇总风险节点影响值的 $\hat{z}_l$ 、风险等级与贡献度，如表 6.22 所示。

表 6.22　风险节点影响值相关数据汇总表

总影响值	$\hat{z}_l$	风险等级	一级节点影响值	$\hat{z}_l$	风险等级	二级节点影响值	$\hat{z}_l$	风险等级	贡献度
R^2	0.085	3	R_Q^2	0.108	3	R_Q^{21}	0.094	3	0.047
						R_Q^{22}	0.144	4	0.124
						R_Q^{23}	0.116	4	1.078
						R_Q^{24}	0.102	3	1.000
			R_S^2	0.082	3	R_S^{21}	0.104	3	1.268
						R_S^{22}	0.115	4	1.402
						R_S^{23}	0.072	2	0.878
						R_S^{24}	0.040	2	0.488
			R_P^2	0.052	2	R_P^{21}	0.044	2	0.846
						R_P^{22}	0.077	2	1.481
						R_P^{23}	0.048	2	0.923
						R_P^{24}	0.034	2	0.654

（8）计算结果分析。

通过对表 6.22 和附录 B 表 B.7 中的评估结果进行分析，可以得到以下结论。

① 由表 6.22 可知，项目 2 在船台施工整个阶段总体风险等级为 3 级，其中，质量风险和进度风险等级均为 3 级，费用风险等级为 2 级，总体风险可控，质量风险最高；模块工序 2 和工序 3 产生的质量风险较高，等级均为 4 级，模块工序 2 产生的进度风险较高，等级为 4 级。因此，军事代表室应重点关注模块工序 2、3 产生的质量风险和模块工序 2 产生的进度风险。

船台施工阶段整个过程中质量风险较高的原因主要在于部分节点之间存在强耦合关系，紧前模块工序 $\beta-1(\beta=2,3,4)$ 的质量风险将整体传导至紧后模块工序 β，并与其质量风险节点发生耦合关系，造成模块 1～模块 4 的质量风险等级较高，各节点质量风险的贡献度也呈现出不断增长的趋势。

② 由附录 B 表 B.9 进一步分析模块工序 2、3 产生的质量风险和模块工序 2 产生的进度风险较高的原因。以模块工序 2 为例进行说明。将模块工序 2 内质量风险影响值为 3 及其以上的风险根据 $\hat{z}_l$ 进行排序，得到表 6.23。由表可知，14 个风险节点中风险等级在 3 级以上的达 12 个，这是模块工序 2 质量风险等级较高的主要原因之一，其中，二级质量风险节点 F_{26}^{22}、F_{11}^{22}、F_{27}^{22}、F_{12}^{22} 对应风险 A_{26}、A_{11}、A_{27}、A_{12}。这些风险对项目 2 中该模块工序建造质量产生的影响更为突出，是亟须关注和解决的主要风险。在表 6.23 中，由于部分质量风险节点间存在强耦合关系，其质量风险影响值和节点贡献度 $G_{wvQ}^{2\beta}$ 排序并不完全吻合。例如，节点 F_{26}^{22} 的 $\hat{z}_l$ 值高于 F_{11}^{22}，但其贡献度却低于 F_{11}^{22}，主要原因是模块工序 2 内，风险 A_{11} 与 A_{14}、A_{15}、A_{33}、A_{42} 均存在耦合关系。如果要降低其影响，一方面要减少其风险量，另一方面要采取一系列管理措施降低 A_{11} 与其他风险之间的耦合强度。同时，节点 F_{33}^{22} 对应质量风险影响值虽然仅为 3 级，但节点贡献度仅次于节点 F_{26}^{22}，因此，对于风险 A_{33} 也应在该模块工序中予以重点关注。

表 6.23　质量风险影响值排序

影响节点	质量 $\hat{z}_l$	$G_{wvQ}^{2\beta}$
F_{26}^{22}	0.196（5 级）	0.138
F_{11}^{22}	0.194（5 级）	0.177
F_{27}^{22}	0.159（4 级）	0.099
F_{12}^{22}	0.155（4 级）	0.082
F_{24}^{22}	0.103（3 级）	0.096
F_{15}^{22}	0.098（3 级）	0.069
F_{33}^{22}	0.096（3 级）	0.114
F_{14}^{22}	0.096（3 级）	0.093

（续表）

影响节点	质量 $\hat{z}_l$	$G_{wvQ}^{2\beta}$
F^{21}	0.094（3 级）	0.047
F_{31}^{22}	0.085（3 级）	0.089
F_{22}^{22}	0.081（3 级）	0.064
F_{42}^{22}	0.079（3 级）	0.059

综上所述，在现有任务条件下，军事代表室针对新增任务 A、B 提出质量监督工作策划和相关要求如下。

1. 组织结构设置与任务安排

军事代表室决定对任务 A 采取改进的矩阵制组织结构形式，如图 6.5 所示。抽调总体组 1 人、其余每组各 2 人成立项目组并进行封闭管理，由一名副总代表担任项目组组长，任务期间各军事代表仅参与该项任务与工作。对于任务 B 采取职能制组织结构，与其他任务并行。

任务 A 中的 6 艘拖船要求同时开工、一年半完成。根据本书进度管理模型对合同节点进行分析后发现，上半年任务 A 中分段建造阶段船体专业工作量很大，其他专业特别是轮机专业工作量较小。为均衡人员工作负荷分布、进一步发挥项目制的整体优势，从总体上应充分识别监造过程中专业的特殊性及相关专业之间的交叉、关联关系，通过集中学习交流、专业交底、联合巡检及验收过程传帮带等方式，促进各专业人员掌握其他专业的验收过程和方法，结合项目组成员的专业特点在一定程度上打通专业分工，做到一专多能，促进专业之间的融合，提高监造过程人员的可替代性，实现人员的科学分工和工作量的合理分配；具体到质量监督工作，分段建造阶段的工作形式为轮机专业协助船体专业工作。同时，项目组应参考图 6.9 中各工序的开始时间完成分工安排及验收项目分解，并结合风险评价结果特别是横向风险分析结果明确各专业人员的阶段性工作重点。

2. 进度管理

军事代表室根据进度优化模型及其结果向厂方提出建造进度相关要求与建议。

（1）在船台施工阶段，将任务 B 护-1#船和护-2#船（项目 1、项目 2）的工期调整为 315 天，任务 A 中拖-3#船和拖-4#船（项目 3、项目 4）的工期调整为 140 天；并根据进度优化模型对任务 A、B 的时间节点安排进行修订与优化。

（2）图 6.9 为各工序开工时间，建议参照执行。

（3）根据图 6.9 和图 6.10 修订产品重要工序施工流程图，建议进一步明确各项目所涉及的不同专业施工之间的相互关系和逻辑关系、各项目及其子项目内部的关键节点，减少立体交叉作业给建造质量带来的影响。

（4）为消除资源冲突对工期带来的影响，建议按照表 6.8 对相关工序增加资源配置，进行重点保障。

3. 风险评价与控制

根据风险评价模型及其结果提出风险管理相关要求与建议。

（1）针对船台施工阶段各模块工序，根据风险纵向传导模型进行风险评估与分析，参照表 6.17、表 6.18 制定风险等级表，军事代表室特别是各职能组在舰船建造过程中需要结合本部门质量监督重点对质量、进度和费用产生风险影响值在 3 级以上的风险加大监控力度；参照图 6.14 绘制各模块工序风险传导路径图，并借助风险发生概率的仿真值 $\hat{z}_i$ 分析模块工序内风险扩散、放大及其连锁反应，在数据对比分析的基础上依据图 6.14 对传导源头的风险事件进行重点监控与管理。

（2）根据风险横向传导模型对船台施工阶段各项目进行风险评估与分析，参照表 6.22、表 6.23 制订风险节点影响值和质量风险影响值等级表，军事代表室特别是项目组应对舰船建造过程中总体及其各模块工序风险影响值在 3 级以上的质量、进度和费用风险进行重点管理与控制；参照附录 B 表 B.9 确定各舰船二级风险节点风险影响值及其节点贡献度，结合表 6.23 筛选贡献度较高的风险节点特别是存在强耦合关系的质量风险节点，重点分析这些节点对应风险事件之间的耦合关系，并针对性地提出降低耦合关系、减少风险量的管理措施。

（3）建议厂方根据风险识别方法对任务 A、B 整个建造过程进行风险辨识与分析，确定关键风险事件，制定应对措施，对 3 级以上的风险事件进行预警管理，并重视风险事件应对措施的实施，在制订各阶段计划节点前形成风险分析与评估文件。

6.5 本章小结

基于前文研究内容，本章以驻×××造船厂军事代表室新增 2 项舰船建造任务为背景，针对任务周期短、任务重的现状，首先，对组织结构进行了评价与选择，结果表明，根据任务不同特点和实际情况对组织结构进行评价的策略，一方面有利于突破传统舰船质量监督组织结构的固化模式，实现组织结构动态选择与调整，另一方面能够协调与优化任务和人员配置，最大限度地发挥组织结构的整体优势；其次，针对船台施工阶段资源调配不合理导致工期延误的突出矛盾，运用第 4 章进度管理方法对船厂制订进度计划的合理性、可行性进行确认与优化。结果表明，该方法能够提高舰船并行建造过程的整体规划能力，有利于军事代表室从总体上对船厂的施工计划与组织进行科学指导；最后，对第 5 章风险多向传导评价、比较与定级方法进行了验证，结果表明，该方法能够有效解决风险评价与定位不够精确、难以准确预判主要风险和薄弱环节的问题，为军事代表室有效开展合同履行风险分析工作提供指导。

第 7 章

结束语

7.1 本书主要工作

本书针对军事代表室在舰船多项目并行建造质量监督工作中面临的诸多新挑战与新要求，紧紧围绕多项目管理理论中“管理系统的全局优化”“稀缺资源的科学配置”和“系统风险的总体控制”三项前沿与核心内容，提出了组织结构评价与选择方法、进度管理方法和风险评价方法，可为军事代表室在新常态和新局面下开展质量监督工作提供理论与方法指导，进一步提升舰船建造质量监督工作的效率与效益。

本书的主要工作和研究内容体现在以下五个方面。

1. 分析、梳理并总结了本书研究相关内容与理论的研究现状和理论基础

总结了组织结构、多项目进度管理和项目风险传导等领域的研究现状，分析了上述研究在理论与应用方面的不足之处；从理论背景、基本概念、基本思想、基本算法、数学模型、基本理论、特点优势等方面分别对信息熵理论、语言决策方法、关键链多项目进度管理理论、智能优化算法、云模型与模糊相关的建模方法等理论与方法进行研究与总结，对后续章节引用的公式和算法进行了推理、分析与验证，在宏观上有利于各种理论方法的辨析、比较与决策，有利于应用时机与条件的准确

把握，在微观上为各种方法的融合创新和后续章节的内容奠定理论基础。

2. 提出了一种可用于多项目并行条件下组织结构评价与动态选择的方法，主要包括组织结构评价方法与动态选择方法

（1）在分析常见组织结构对舰船质量监督影响的基础上，提出了通过对时效熵、质量熵和变化熵的测度实现舰船质量监督组织结构评价的思路，从信息流传输的时效性、准确性与组织对环境变化的适应能力出发，综合运用熵和二元语义的基本原理与算法提出了基于任务的舰船质量监督的时效、质量与柔性度及其权重的计算步骤与方法，构建了基于任务的舰船质量监督组织结构熵评价模型。该模型充分考虑了军事代表室任务类型多且各类任务对模型影响不同的特点，提高了组织结构选择的准确性，具有评价精度较高、计算相对简单的特点。

（2）通过分析当前舰船质量监督组织结构设置中存在的不足，首先提出了以舰船型号任务为模块进行组织结构动态选择的策略。该策略巧妙地解决了仅能从信息流的角度对组织结构进行评价的问题，能够综合权衡影响组织结构选择的各因素，动态选择与调整组织结构，最大限度地发挥组织结构的整体优势，宏观上实现任务和人员的优化与配置，适合当前军事代表室编制体制现状。其次给出了舰船质量监督组织结构选择方法，有效解决了舰船质量监督组织结构选择影响因素多、随任务变化大的问题，提高了组织结构选择的精准性。

3. 形成了一套可用于多项目并行条件下进度优化与管理的方法，主要包括进度管理步骤、模型及其缓冲区设置方法

（1）首先，以网络概念模型为基础，基于关键链理论从总体上给出了多资源约束下舰船多项目并行建造进度管理步骤。该步骤通过单项目关键链识别、网络概念模型调整、MRCMPSP 问题优化、缓冲区尺寸设置等环节可有效挖掘制约舰船并行建造过程的“瓶颈”，与解决传统 MRCMPSP 问题的方法相比，其整体进度规划与控制能力更强。其次，针对进度管理步骤，分别构建了舰船多项目并行建造单项目和多项目进度优化模型，其中，多项目模型考虑了舰船建造纵、横两个维度，可以实现在优化并行项目总工期的过程中合理分配各种资源并获取最佳项目实施组合。最后，设计了与进度优化模型相匹配的混合优化算法，将 GSA 用于离散问题的求解，较好地解决了传统智能算法在复杂而庞大的搜索空间易出现不成熟收敛、搜索精度与效率不高的问题。

（2）针对关键链缓冲区设置不合理的问题，基于信息熵理论提出了一种关键链缓冲区设置方法，通过研究信息在工序实施过程中的不确定性程度，度量各类风险因素对工序造成的影响。首先，分析了缓冲区的主要影响因素，并以此提出了复杂熵、资源熵和人因熵的概念及其度量方法，重点介绍了基于区间直觉梯形模糊数的人因熵度量步骤。区间直觉梯形模糊数同时考虑了隶属度、非隶属度和犹豫度信息，能够更好地描述人的行为对项目进度影响的不确定性和犹豫性，避免评价信息的丢失，提高信息集结质量与效率。其次，构建了基于人因熵的工序工期模型，将人的行为因素合理融入项目执行过程中，通过合理压缩各工序的初始工期，减少工期中过多的安全时间或者由于人的不良习惯和心态造成的工期延长。最后，给出了项目缓冲和汇入缓冲的熵模型与修正模型。该模型以根方差法为基础，融入复杂熵、资源熵和人因熵的计算，能够更合理、更全面地量化风险因素对项目进度的影响，提高缓冲区设置精度，有效解决由于汇入缓冲过大可能造成的系列问题。

4. 提出了舰船多项目并行建造风险评价方法

在综合考虑舰船多项目并行建造的实际工作和专家访谈的基础上对风险事件进行了梳理与分类，基于 WBS–RBS 方法确定了最佳风险辨识单元并提出建造模块工序的概念，绘制了基于建造模块工序和瓶颈链的网络计划图，构建了 WBS–RBS 风险识别矩阵，提出了风险识别的总体思路和具体步骤。为了厘清风险在项目间及项目内纵、横两方向的传导关系与规律，构建了风险传导矩阵，提出了双语言变量决策信息转化为直觉正态云模型定量信息的步骤，搭建了舰船多项目并行建造风险传导评价框架；提出了基于直觉模糊认知图的舰船多项目并行建造风险纵向传导分析方法、基于全景式影响图的舰船多项目并行建造风险横向传导分析方法和基于蒙特卡罗模拟的风险比较与定级方法，从而形成了一套完备的舰船多项目并行建造风险评价方法。这不仅丰富了多项目风险评价方法的理论体系，更为军事代表室有效开展风险分析工作提供指导。

5. 对舰船多项目并行建造质量监督优化方法进行了实证分析

以×××造船厂军事代表室新增 2 项舰船监造任务为背景，针对任务周期短、任务重的现状，首先，对组织结构进行了评价与选择。结果表明，根据任务不同特点和实际情况对组织结构进行评价的策略，一方面有利于突破传统舰船质量监督组织结构的固化模式，实现组织结构动态选择与调整，另一方面能够协调与优化任务和人员配置，最大限度地发挥组织结构的整体优势。其次，针对船台施工阶段资源调配不合理导致工期延误的突出矛盾，运用第 4 章进度管理方法对船厂制订进度计划的合理性、可行性进行确认与优化。结果表明，该方法能够提高舰船并行建造过程的整体规划能力，有利于军事代表室从总体上对船厂的施工计划与组织进行科学指导。最后，对第 5 章风险多向传导评价、比较与定级方法进行了验证。结果表明，该方法能够有效解决风险评价与定位不够精确、难以准确预判主要风险和薄弱环节的问题，为军事代表室有效开展风险分析工作提供指导。

本书的主要创新点体现在以下三个方面。

1. 提出了舰船多项目并行建造质量监督组织结构评价与动态选择的思路与方法

综合运用熵和二元语义的基本原理与算法提出了基于任务的时效、质量与柔性度及其权重的计算步骤与方法，构建了基于任务的组织结构熵评价模型；提出了以任务为模块进行组织结构动态选择的策略，给出了组织结构选择方法。该方法运用二元语义 ETOWA 算子对组织结构选择的影响因素进行初步筛选后，根据不确定语言短语优势度的相关概念进行组织结构评价与选择。

2. 提出了基于关键链的舰船多项目并行建造进度管理方法，该方法是优化进度计划、平衡资源分配和化解进度风险的有效工具

以网络概念模型为基础，将关键链理论与 MRCMPSP 相结合，提出了多资源约束下多项目进度管理步骤，在此基础上，分别构建了单项目和多项目进度优化模型。基于遗传算法、万有引力搜索算法和禁忌搜索算法，设计了具有更好全局搜索能力和收敛性的混合优化算法。同时，提出一种基于信息熵的关键链缓冲区设置方法对根方差法进行修正。修正之处主要有：①运用信息熵量化诸多不确定因素对工序造成的影响，提出复杂熵、资源熵和人因熵的概念及其度量方法；②提出了基于区间直觉梯形模糊数的人因熵度量方法；③考虑人的行为因素对项目进度的影响，提出了工序工期、项目缓冲和汇入缓冲的熵模型与修正模型。

3. 提出了多项目并行条件下的风险评价方法，丰富了多项目风险评价方法的理论体系

以风险事件为研究对象，通过定义与分析最小任务单元、最佳风险辨识单元、模块工序及其关联关系，提出了基于 WBS–RBS 的风险识别步骤、风险识别矩阵与风险传导矩阵的构建方法，给出了双语言变量决策信息转化为直觉正态云模型定量信息的步骤；将传统模糊认知图中的阙值函数与加权求和运算替换为直觉正态云有序加权平均算子，提出了基于直觉模糊认知图的风险纵向传导模型及其求解算法；给出了影响图节点间耦合关系的计算规则，从拓扑层、函数层和数值层三个层面提出了全景式风险横向传导影响图的构建方法及其求解算法；根据蒙特卡罗模拟思想，提出了基于直觉正态云的风险影响值排序方法和基于贴近度的风险定级方法，解决了传统 $R = P \times C$ 定级法硬性分级粒度较粗、忽视评价边界的模糊性和不确定性、集结风险信息后难以给出定性判断等问题。

7.2 下一步研究的展望

本书研究了军事代表室在舰船多项目并行建造条件下开展质量监督工作的优化方法，取得了一定的理论与实践成果。限于时间和研究条件，在将来的工作中，以下几个方面值得进一步研究。

1. 舰船多项目并行建造质量监督优化方法的拓展

本书针对多项目管理中管理系统全局优化、工期与资源配置、系统风险总体控制三项核心问题，研究了军事代表室在舰船多项目并行建造条件下开展质量监督工作的优化方法，为其管理模式、工作方法进行优化与创新提供了理论保证。在后续研究中还须深挖细分领域的优化方法和解决方案。例如，构建人力资源均衡模型进一步解决军事代表工作负荷分布不均匀、任务周期内人员变化大的问题；构建人力资源质量——个人发展平衡模型解决军事代表人员配置缺乏中长期规划、监造能力可持续发展不足的问题，等等。同时，组织结构选择影响因素多、任务变化大，由于各军事代表室编制体制改革与管理模式调整正在推进过程中，本书并未构建组织结构选择影响因素指标体系，待相关工作任务完成后可以进一步研究。

2. 专家知识与案例知识相结合的评价方法研究

本书在进行组织结构评价与选择、人因熵度量、风险评价时，为避免专家可能因自身专业局限、知识水平或其他外部原因对评价结果准确性带来的影响，采取了多粒度和双语言变量获取数据、残缺判断信息优化处理、初步与深化评价逐步推进、基于评价实际情况综合多种方法等方式进行评价，取得了较好的评价效果。然而，在评价过程中，基于专家经验的评价方法难以完全消除主观性偏差，因此，如何在广泛收集历史数据的基础上将专家知识与案例知识相结合是下一步研究的重点方向。

3. 舰船多项目并行建造风险评价方法的优化与应用范围的拓展

本书通过构建风险传导量化分析模型，提出了在多项目整体框架范围内从纵、横两个方向进行风险评价的思路与方法，并对 4 个同时开工的项目进行了实证分析，主要应用于军事代表室在舰船开工前对重要风险事件进行有效辨识与评估。然而，舰船并行建造过程不仅存在诸如并行舰船数量多，开工时间与工序完工节点交错并行，质量损失、进度损失和费用损失相互耦合等更为复杂的情况，还可能会因多项目之间存在相关性、项目开工前所处的不同状态对风险传导产生影响。因此，需要在考虑上述问题的基础上，根据不同应用背景和工程实际对风险评价模型进行优化与修正，并进一步补充完善舰船多项目建造风险事件类型。同时，如何进一步分析风险耦合特别是非线性耦合的规律、如何构建舰船多项目并行建造风险动态评价模型、如何将本书研究成果拓展并应用于舰船开工后的动态风险评价过程等问题也是下一步研究的方向。

4. 舰船多项目并行建造质量监督管理信息系统开发

当前，舰船质量监督工作没有形成自动化、智能化的信息管理系统，各层次、各类型质量监督信息仍以人工的方式进行传导和统计，从而影响质量监督效率提升和装备质量的有效生成。本书从组织结构评价与选择、进度管理和风险评价等方面重点研究了舰船多项目并行建造质量监督优化方法，设计了多种评估方法与优化算法进行求解，但暂时没有形成一套综合的管理信息系统。因此，下一步将重点研究如何开发一套舰船多项目并行建造质量监督管理信息系统，并使其具备质量跟踪和预警、归零管理、风险评估、智能化辅助决策、过程控制等功能。

参 考 文 献

[1] Suvi Elonen，Karlos A. Problems in managing internal development projects in multi-project environments[J]. International Journal of Project Management，2003，21：395-402.

[2] Ron Sanchez. Preparing for an uncertain future：managing organizations for strategic flexibility[J]. International Studies of Management and Organizational，1997，27（2）：154-163.

[3] 尹守军. 基于复杂适应系统的组织结构演化研究[D]. 成都：电子科技大学，2014.

[4] 邢以群，吴韵儿. 基于企业不同发展阶段的组织结构状态演化规律研究[J]. 管理案例研究与评论，2012，5（1）：1-16.

[5] 焦明宇. 我国国有企业组织结构变革研究[D]. 北京：首都经济贸易大学，2012.

[6] 段瑛瑛. X研究所多项目管理组织结构改进研究[D]. 上海：华东大学，2015.

[7] Paolo Canonico，Jonas Soderlund. Getting control of multi-project organizations：combining contingent control mechanisms [J]. International Journal of Project Management，2010，28：796-806.

[8] 杨杰文. A公司组织结构优化研究[D]. 武汉：武汉工程大学，2017.

[9] 唐薇. 航天多型号项目管理的矩阵组织结构探索[J]. 管理世界，2011，3：9-14.

[10] 李刚. 企业组织结构创新的机理与方法研究[D]. 武汉：武汉理工大学，2007.

[11] 丹尼斯. 加拿大和俄罗斯在华企业组织结构与创新的比较研究[D]. 哈尔滨：哈尔滨工业大学，2015.

[12] Hammer M. Reengineering work：don't automate，but obliterate[J]. Harvard Business Review，1990：56-67.

[13] Davenport T，Short J. The new industrial engineering：information technology and business process redesign[J]. Sloan Management Review，1990：87-94.

[14] Hammer M，Champ J. Reengineering the Corporation：a manifesto for business

revolution[M]. New York：Harper Collins，1993.

[15] Davenport T. Process Innovation：reengineering work through information technology[M]. Boston：Harvard Business School Press，1993.

[16] 周宏斌，王其藩. 基于流程的组织结构及其案例[J]. 系统工程理论方法应用，2000，9（3）：217-223.

[17] 邢以群，郑心怡. 流程导向型企业组织结构模式初探[J]. 科学管理研究，2003，21（3）：48-51.

[18] 邢以群，郑心怡. 一种新的多项目管理模式——流程导向型组织结构模式探讨 [J]. 软科学，2003，17（4）：42-45.

[19] 李希胜，张家颖. 基于 MPOP 流程导向型的建筑企业多项目组织结构研究[J]. 建筑经济，2011，10：100-103.

[20] 李更. 基于流程管理的组织结构优化研究[J]. 现代商贸工业，2018，3：59-61.

[21] 张志勇，匡兴华. 基于流程的组织结构模式研究——以施乐公司为案例 [J]. 工业工程与管理，2005，5：118-122.

[22] 单泪源. 多项目管理方法及其应用研究[M]. 北京：中国人民大学出版社，2016.

[23] Shannon C. A mathematical theory of communication[J]. The Bell System Technical Journal，1948，27（3）：379-423.

[24] Shannon C. A mathematical theory of communication[J]. The Bell System Technical Journal，1948，27（3）：623-659.

[25] Jaynes E T. Information theory and statistical mechanics[J]. The Physical Review，1957，106（2）：620-630.

[26] Alexis De Vos. The entropy of a mixture of probability distributions[J]. Entropy，2005，7（1）：15-37.

[27] Thomas M U. A generalized maximum entropy principle[J]. Operations Research，1979，27（6）：1188-1196.

[28] Kesavan H K，Kapur J N. The generalized maximum entropy principle[J]. IEEE Trans on Systems，Man and Cybernetics，1989，19（5）：1042-1052.

[29] Ormoneit D，White H. An efficient algorithm to compute maximum entropy densities[J]. Econometric Reviews，1999，18（2）：127-140.

[30] Abbas Ali E. Entropy methods for joint distributions in decision analysis[J]. IEEE Trans on Engineering Management，2006，53（1）：146-159.

[31] Michael R，Eric J. Entropy densities with an application to autoregressive conditional skewness and kurtosis[J]. J of Econometrics，2002，106（1）：119-142.

[32] Candeal J C，De Miguel J R，Indur'Ain E，et al. Utility and entropy[J]. Economic Theory，2001，17（1）：233-238.

[33] Abbas A E. Entropy methods for adaptive utility elicitation [J]. IEEE Trans on Systems, Man and Cybernetics-Part A，2004，34（2）：169-178.

[34] Abbas A E. Maximum entropy utility[J]. Operations Research，2006，54（2）：277-290.

[35] Yang J P, Qiu W H. A measure of risk and a decision making model based on expected utility and entropy[J]. European J of Operational Research，2005，164（3）：792-799.

[36] Darooneh A H. Utility function from maximum entropy principle[J]. Entropy，2006，8（1）：18-24.

[37] 邢修三. 物理熵、信息熵及其演化方程[J]. 中国科学（A 辑），2001，31（1）：77-84.

[38] David Baccarini. The concept of project complexity-a review[J]. International of Project Management，1996，14（4）：201-204.

[39] Charless N Calvano，Philip John. Systems engineering in an age of complexity[J]. Systems Engineering，2004，7（1）：25-34.

[40] 李伟钢. 复杂系统结构有序度——负熵算法[J]. 系统工程理论与实践，1988，18（4）：15-22.

[41] 阳波，强茂山. 系统结构有序度负熵评价模型的改进[J]. 系统工程，2007，25（5）：20-24.

[42] 何天祥. 企业管理结构复杂度评价的新方法——熵正交投影法[J]. 系统工程理论与实践，2005，4：115-119.

[43] 邱菀华. 管理决策熵学及其应用[M]. 北京：中国电力出版社，2011.

[44] 周荣喜，刘善存，邱菀华. 熵在决策分析中的应用综述[J]. 控制与决策，2008，23（4）：361-366.

[45] 阎植林，邱菀华，陈志强. 管理系统有序度评价的熵模型[J]. 系统工程理论与实践，1997，6：45-48.

[46] 来源，季福新，毕长剑. 基于结构熵模型的指挥控制系统组织结构评价[J]. 系统工程，2001，19（4）：27-30.

[47] 张守玉，张炜，陈永龙. 基于结构熵的装备保障组织结构优化[J]. 装备学院学报，2015，26（4）：133-137.

[48] 李电生，夏国建. 基于结构熵理论的供应链系统有序度评价研究[J]. 北京交通大学学报（社会科学版），2008，7（4）：40-43.

[49] 洪巍. 基于信息熵的大型工程项目管理组织结构选择模型[J]. 系统科学学报，2012，20（4）：42-45.

[50] 郑霞忠，侯邦敏，晋良海，等. 基于有序度评价的建筑企业安全管理组织结构优化研究[J]. 中国安全科学学报，2013，23（12）：107-112.

[51] 邓念，彭其渊. 高速铁路调度指挥系统纵向结构协同有序度模型[J]. 西南交通大学学报，2016，51（1）：152-160.

[52] 杨志宏. 高校组织结构测度方法及应用研究[D]. 南京：南京航空航天大学，2007.

[53] 邓念. 高速铁路调度指挥系统组织结构协同理论与方法研究[D]. 成都：西南交通大学，2017.

[54] 杨帆，花兴来，陈昌孝，等. 基于熵理论的装备管理体系组织结构评价[J]. 空军雷达学院学报，2007，21（4）：241-247.

[55] 苏宪程，唐小丰，白凤凯，等. 基于熵理论的装备管理组织结构优化研究[J]. 装备学院学报，2014，25（6）：38-42.

[56] 胡长明，刘凯，董翔，等. 多项目管理组织结构及其评价[J]. 广西大学学报（自然科学版），2014，39（1）：206-213.

[57] 丁绒，孙延明. 生产资源组织模式结构与运行评价的熵测度法[J]. 工业工程，2012，15：69-74.

[58] 孟凡册，张军波. 煤矿应急救援组织结构有序度与柔性度分析[J]. 工矿自动化，2014，40（8）：100-103.

[59] 姚嘉琦，邱菀华. 基于多项目研制的航空科研单位组织结构的熵分析[J]. 项目管理技术，2010，8（6）：23-28.

[60] Tony Wauters, Joris Kinable, Pieter Smet, etal. The multi-mode resource-constrained multi-project scheduling problem [J]. Journal of Scheduling，2016，19（3）：271-283.

[61] 李俊亭. 关键链多项目管理理论与方法[M]. 北京：中国社会科学出版社，2016.

[62] Pritsker，A B，Watters，etal. Multi-project scheduling with limited resource：a zero-one programming approach[J]. Management Science，1969，16（1）：93-108.

[63] Vercellis，Carlo. Multi-project planning problems：a lagrangean decomposition approch[J]. European Journal of Operational Research，1994（78）：267-275.

[64] Wiley，Victor D，Richard F. Deckro. Optimization analysis for design and planning of multi-project programs[J]. European Journal of Operational Research，1998（17）：492-506.

[65] John H Payne. Management of multiple simultaneous projects：a state of the art review[J]. International Journal of Project Management，1995，13（3）：163-168.

[66] Ali J. Management of risks，uncertainties and opportunities on projects：time for a fundamental shift[J]. International Journal of Project Management，2001，19（5）：89-101.

[67] 黄小荣，郭顺生，尚保玉. 基于 DEA 与 GRA 的多项目资源配置评价研究[J]. 武汉理工大学学报（交通科学与工程版），2011，35（2）：370-378.

[68] Kolisch R，Drexl A. Adaptive search for solving hard project scheduling problems [J]. Naval Research Logistics，1996，43：23-40.

[69] 刘士新，宋健海，唐加福. 关键链——基于关键链的资源受限项目调度新方法[J]. 自动化学报，2006，32（1）：60-66.

[70] 刘士新，宋健海，唐加福. 一种项目计划与调度新方法[J]. 控制与决策，2003，18（5）：513-516，558.

[71] Krystyna Araszkiewicz. Application of critical chain management in construction projects schedules in a multi-project environment：a case study[J]. Procedia Engineering，2017（182）：33-41.

[72] Bengee Lee，James Miller. Multi-project management in software engineering using simulation modelling [J]. Software Quality Journal，2004（12）：59-82.

[73] 彭武良，金敏力，纪国泰. 多模式关键链项目调度问题及其启发式求解[J]. 计算机集成制造系统，2012，18（1）：93-101.

[74] 胡晨，徐哲，李明. 基于多资源约束和活动调整优先级的关键链识别方法研究[J]. 数学的实践与认识，2015，45（23）：49-56.

[75] Cohen I ，Mandelbaum A，Shyub A. Multi-project scheduling and control：a process-based comparative study of the critical chain methodology and some alternatives[J]. Project Management Journal，2004，35（2）：39-50.

[76] Tukel O I，Rom W O，Eksioglu S D. An investigation of buffer sizing techniques in critical chain scheduling[J]. European Journal of Operational Research，2006，172（2）：401-416.

[77] Rabbani M. A new heuristic for resource-constrained project scheduling in stochastic networks using critical chain concept[J]. European Journal of Operational Research，2007，176（2）：794-808.

[78] 李俊亭，王润孝，杨云涛. 关键链多项目整体进度优化[J]. 计算机集成制造系统，2011，17（8）：1772-1779.

[79] 刘琼，林魁，张超勇，等. 基于关键链多项目鲁棒调度[J]. 计算机集成制造系统，2012，18（4）：813-820.

[80] 廖良才，张琦. 基于混合遗传算法和关键链的多资源多项目进度计划优化[J]. 科学技术与工程，2014，14（6）：190-195.

[81] 李敬花. 基于多智能体的多型号生产调度技术研究[M]. 哈尔滨：哈尔滨工程大学出版社，2017.

[82] 韩文民，杨衡，龚俏巧. 基于关键链技术的造船多项目并行计划与控制研究[J]. 中国造船，2010，51（4）：209-219.

[83] 任南，梁冰. 关键链项目管理在船舶预舾装中的应用研究[J]. 科技管理研究，2012，4：185-189，197.

[84] 姜丽媛. 基于关键链技术的修船项目进度管理研究[D]. 大连：大连理工大学，2016.

[85] 李敏，姚泽坤，刘人境，等. 基于关键链技术的多项目管理研究综述[J]. 科技管理研究，2019，1：205-210.

[86] Tukel O I，Rom W O，Eksioglu S D. An investigation of buffer sizing techniques in critical chain scheduling[J]. European Journal of Operational Research，2006，172（2）：401-416.

[87] 徐小峰，郝俊，邓忆瑞. 考虑多因素扰动的项目关键链缓冲区间设置及控制模型[J]. 系统工程理论与实践，2017，37（6）：1593-1601.

[88] 刘书庆，罗丹，刘佳，等. EPC 项目关键链缓冲区设置模型研究[J]. 运筹与管理，2015，24（5）：270-280.

[89] 胡晨，徐哲，于静. 基于工期分布和多资源约束的关键链缓冲区大小计算方法[J]. 系统管理学报，2015，24（2）：237-242.

[90] 蒋红妍，彭颖，谢雪海. 基于信息和多资源约束的关键链缓冲区大小计算方法[J]. 土木工程与管理学报，2019，36（1）：34-41.

[91] 张俊光，宋喜伟，杨双. 基于熵权法的关键链项目缓冲确定方法[J]. 管理评论，2017，29（1）：211-219.

[92] Zhang J，Song X，Díaz E. Project buffer sizing of a critical chain based on comprehensive resource tightness[J]. European Journal of Operational Research，2016，248：174-182.

[93] 张俊光. 关键链项目动态缓冲管理[M]. 北京：化学工业出版社，2016.

[94] Heinrich H W. Industrial accident prevention：A safety management approach[M]. NewYork：McGraw-Hill，1979：14-19.

[95] Haddon W Jr. Energy damage and the 10 counter measure strategies[J]. Journal of Trauma. 1973，13（4）：321-331.

[96] 石友蓉. 风险传导机制与风险能量理论[J]. 武汉理工大学学报（信息与管理工程版），2006，6（9）：48-51.

[97] Valadares Tavares L，Antunes Ferreira J，Silva Coelho J. The risk of delay of a project in terms of the morphology of its network[J]. European Journal of Operational Research，1999，119（2）：510-537.

[98] 陶凯，郭汉丁，王毅林，等. 建筑节能改造项目风险传导耦合机理与测度研究[J]. 工程管理学报，2017，31（3）：76-80.

[99] Zegordi S H，Davarzani H. Developing a supply chain disruption analysis model：application of colored petri-nets[J]. Expert Systems with Applications，2012，39（2）：2102-2111.

[100] Ghadge A，Dani S，Kalawsky R. Systems thinking for modeling risk propagation in supply

networks[C]. Industrial Engineering and Engineering Management（IEEM），2011 IEEE International Conference on IEEE，2011：1685-1689.

[101] 汪送，战仁军，马永忠. 复杂事故系统风险传导路径的仿真分析[J]. 中国安全科学学报，2016，26（8）：30-35.

[102] 杨敏，周晟瀚，魏法杰，等. 复杂装备研制质量风险传导分析[M]. 北京：科学出版社，2017.

[103] 王瑛，汪送，管明露. 复杂系统风险传导与控制[M]. 北京：国防工业出版社，2015.

[104] 李存斌，刘赟奇. 多项目风险元传导理论与应用[M]. 北京：中国电力出版社，2015.

[105] 李存斌，马同涛. 智能电网运营风险元传导理论与应用[M]. 北京：中国电力出版社，2016.

[106] 刘赟奇. 建设项目链风险元反馈型传递模型及其信息系统研究[D]. 北京：华北电力大学，2016.

[107] 陈宏义. 发电工程 EPC 项目风险管理模型及应用研究[D]. 北京：华北电力大学，2017.

[108] 李书科. 能源大数据背景下微网风险元传导模型与优化研究[D]. 北京：华北电力大学，2017.

[109] 赵坤. 风电建设项目风险元传导与决策模型及其仿真系统研究[D]. 北京：华北电力大学，2016.

[110] 李贤. 电力产业风险元传导模型及其信息系统研究[D]. 北京：华北电力大学，2013.

[111] 陆龚曙. 施工项目群风险元传导模型及其信息系统研究[D]. 北京：华北电力大学，2013.

[112] 李鹏. 智能电网运营管理风险元传导模型及决策支持系统研究[D]. 北京：华北电力大学，2014.

[113] 马同涛. 智能电网利益链风险元传导模型及其信息系统研究[D]. 北京：华北电力大学，2015.

[114] 孙贇，王瑛，李超. 基于 UR-MTPGER 网络模型的复杂装备风险传导分析[J]. 北京航空航天大学学报，2018，44（8）：1587-1595.

[115] 王瑛，孙贇，孟祥飞，等. 基于机会理论的复杂装备系统风险传导 GERT 研究[J]. 系统工程与电子技术，2018，40（12）：2707-2713.

[116] 李超，王瑛，陈超，等. 基于 QHSME 的装备危险耦合传导 GERT 分析[J]. 系统工程与电子技术，2014，36（11）：2219-2225.

[117] 陶茜，李超，李正欣，等. 基于 GERT-MC 的飞机起落架故障风险传导分析[J]. 中国安全科学学报，2018，28（3）：108-113.

[118] 孙超，王瑛，张羚，等. 复杂网络视角下维修人员风险传导仿真研究[J]. 计算机应用研究，2017，34（4）：1093-1096.

[119] 白焱，张志峰. 采用模糊云模型的武器研制项目风险传导评估[J]. 哈尔滨工业大学学报，2016，48（10）：168-175.

[120] 刘艳琼. 基于影响图理论的武器装备研制项目风险分析方法及应用[D]. 长沙：国防科学技

术大学，2005.
[121] 徐泽水. 基于语言信息的决策理论与方法[M]. 北京：科学出版社，2016.
[122] 王玉兰，陈华友. 基于集成算子的预测与决策方法与应用[M]. 合肥：安徽大学出版社，2014.
[123] 尤天慧. 信息不完整确定的多指标决策理论与方法[M]. 北京：科学出版社，2010.
[124] 宁浩男，冯涛，陈玉昆，等. 基于二元语义的导弹装备研制风险评价研究[J]. 战术导弹技术，2016，4：34-38.
[125] 乐琦，樊治平. 具有多粒度不确定语言评价信息的多属性群决策方法[J]. 控制与决策，2010，25（7）：1060-1068.
[126] 万树平. 基于分式规划的区间梯形直觉模糊数多属性决策方法[J]. 控制与决策，2012，27（3）：455-458.
[127] 汪新凡，杨小娟. 基于区间直觉梯形模糊数的群决策方法[J]. 湖南工业大学学报，2012，26（3）：2-8，51.
[128] 汪新凡. 直觉语言多准则决策方法研究[M]. 北京：知识产权出版社，2017.
[129] 李喜华，王傅强，陈晓红. 基于证据理论的直觉梯形模糊 IOWA 算子及其应用[J]. 系统工程理论与实践，2016，36（11）：2915-2923.
[130] 杨恶恶. 双语言多准则决策方法[M]. 北京：知识产权出版社，2016.
[131] 包子阳，余继周，杨杉. 智能优化算法及其 MATLAB 实例[M]. 北京：电子工业出版社，2016.
[132] Goldberg D E. Genetic algorithms in search, optimization, and machine learning[M]. NewYork：Addsion-Wesley Publishing Company，INC，1989.
[133] 崔建双. 项目调度问题模型与优化方法[M]. 北京：科学出版社，2018.
[134] Peteghem V V，Vanhoucke M. An experimental investigation of metaheuristics for the multi-mode resource-constrained project scheduling problem on new dataset instances[J]. European Journal of Operational Research，2014，235（1）：62-72.
[135] Glove F. Future paths for integer programming and links to artificial intelligence[J]. Computers and Operations Research，1986，13（5）：533-549.
[136] Glove F. Tabu Search：A tutorial，special issue on the practice of mathematical programming[J]. Interfaces，1990，20（1）：4-32.
[137] 武装. 几种改进的智能优化算法及其应用[M]. 北京：科学技术文献出版社，2018.
[138] Bahrololoum A，Nezamabadi-pour H，Bahrololoum H，et al. A prototype classifier based on gravitational search algorithm[J]. Applied Soft Computing，2012，12（2）：819-825.
[139] Mondal S，Bhattacharya A. Multi-objective economic emission load dispatch solution using

gravitational search algorithm and considering wind power penetration[J]. International Journal of Electrical Power and Energy Systems，2013，44（1）：282-292.

[140] 李松芳，刘伟. 基于万有引力思想的遗传算子[J]. 广东工业大学学报，2015，32（1）：121-127.

[141] 李德毅，刘常昱. 论正态云模型的普适性[J]. 中国工程科学，2004，6（8）：28-34.

[142] 徐士东，耿秀丽，董雪琦. 基于云模型的改进 FMEA 风险评估方法[J]. 计算机工程与应用，2018，54（2）：228-233.

[143] 王坚强，杨恶恶. 基于蒙特卡罗模拟的直觉正态云多准则群决策方法[J]. 系统工程理论与实践，2013，33（11）：2859-2865.

[144] 李慧，陈红倩，马丽仪，等. 改进与应用综述[J]. 南京大学学报（自然科学），2016，52（4）：746-761.

[145] 彭珍. 模糊认知图及其构建方法[M]. 北京：北京理工大学出版社，2016.

[146] 韩慧健，韩佳兵，张锐. 基于模糊认知图的物流需求预测模型研究[J]. 系统工程理论与实践，2019，39（6）：1488-1495.

[147] Howard R A，Matheson J E. Influence diagrams[J]. Decision Analysis 2005，2（3）：127-143.

[148] 刘征驰，赖明勇，周堂，等. 基于影响图理论的供应链系统风险评估模型[J]. 软科学，2009，23（1）：123-126.

[149] 蔡志强，孙树栋，司书宾，等. 基于影响图的装备维修决策模型研究[J]. 机械科学与技术，2011，30（7）：1057-1061.

[150] 王平，任南，潘燕华，等. 船舶集成制造管理理论与方法[M]. 北京：科学出版社，2010.

[151] 刘玉君，李瑞. 造船项目管理[M]. 大连：大连理工大学出版社，2012.

[152] Alonso S，Herrera-Viedma E，Chiclana F，et al. A web based consensus support system for group decision making problems and incomplete preferences[J]. Information Sciences，2010，180（1）：4477-4495.

[153] 郭方铭. 基于粒子群优化和关键链的多项目管理问题研究[D]. 武汉：华中科技大学，2010.

[154] 李敬花，胡载萍，吕慧超，等. 多资源约束下海工装备多项目调度优化[J]. 哈尔滨工程大学学报，2013，34（10）：1214-1220.

[155] 叶朋飞，陈兰岚，张傲. 基于禁忌搜索的混合算法在驾驶压力识别中的应用[J]. 华东理工大学学报（自然科学版），2018，44（5）：730-736.

[156] 白思俊. 活动网络计划约束的复杂性度量及其应用[J]. 宇航学报，1994，15（7）：891-894.

[157] 付亚男，毛军军，徐丹青. 基于区间直觉梯形模糊数的改进 TOPSIS 多属性决策方法[J]. 数学的实践与认识，2014，44（17）：134-140.

[158] 陈炳德. 多项目风险传导理论模型及其应用研究[D]. 北京：华北电力大学，2012.

[159] 苏翔，杨艳艳，李大伟. 基于关键链的船舶生产多项目管理研究[J]. 造船技术，2008，6：12-16.

[160] 徐选华，吴慧迪. 基于改进云模型的语言偏好信息多属性大群体决策方法[J]. 管理工程学报，2018，32（1）：117-125.

[161] 李闯，端木京顺，雷英杰，等. 基于认知图和直觉模糊推理的态势评估方法[J]. 系统工程与电子技术，2012，34（10）：2064-2068.

[162] 李慧，陈红倩，马丽仪，等. 模糊认知图的算法改进与应用综述[J]. 南京大学学报（自然科学），2016，52（4）：746-760.

[163] Stylios C D，Groumpos P P. Fuzzy congnitive maps：a mode for intelligent supervisory contral systems[J]. Computers in Dustry，1999，39（3）：229-238.

[164] 师红昆. 基于影响图理论的 ERP 项目实施风险评价研究[D]. 西安：西安理工大学，2010.

[165] 程发新，程栋. 基于相对熵的残缺语言判断矩阵群排序方法[J]. 控制与决策，2015，30（3）：479-484.

附录A

船台施工阶段建造进度管理相关数据

表 A.1　各工序信息

工序	名称	工期 (a,b,c)	船台单元 p_1	行车 p_2	焊接单元 p_3	装配单元 p_4	管理单元 p_5	质检单元 p_6
护卫舰（任务 B）								
0,1,21,22,42,43,61,62,80,81	虚工序	(0,0,0)	0	0	0	0	0	0
2,23,4,25,6,27	分段上船台	(4,7,10)	2	1	0	1	1	1
3,24	分段搭载首总段形成	(28,40,55)	4	2	2	2	2	3
5,26	分段搭载中总段形成	(28,40,55)	4	2	2	2	2	3
7,28	分段搭载尾总段形成	(28,40,55)	4	2	2	2	2	3
8,29	设备基座装焊	(42,60,80)	0	2	2	1	1	2
9,30	主船体形成	(60,80,125)	8	3	4	2	2	4
10,31	上层建筑搭载	(28,40,55)	4	2	2	2	1	2
11,32	舱室密试	(10,14,20)	1	0	1	0	1	1
12,33	结构校正	(5,10,15)	2	0	1	0	1	2
13,34	舱室清锈涂装	(20,30,40)	1	0	0	1	2	2
14,35	管路安装	(14,21,28)	3	0	0	2	1	2

（续表）

工序	名称	工期 (a,b,c)	船台单元	行车	焊接单元	装配单元	管理单元	质检单元
			p_1	p_2	p_3	p_4	p_5	p_6
护卫舰（任务 B）								
15,36	管路系统密试	(9,14,20)	3	0	0	0	1	3
16,37	电缆拉敷	(10,15,20)	8	0	0	2	1	2
17,38	设备安装	(18,30,45)	1	2	0	3	2	3
18,39	内装施工	(32,40,50)	1	0	0	4	2	3
19,40	轴系支架装焊	(8,10,13)	6	2	2	3	2	3
20,41	浆轴安装	(28,35,48)	6	2	0	2	1	1
拖船（任务 A）								
44,63,45,64,47,66	分段上船台	(4,7,10)	1	1	0	1	1	1
46,65	分段搭载中总段形成	(8,14,20)	2	1	1	1	1	1
48,67	设备基座装焊	(7,10,15)	0	1	1	1	1	1
49,68	主船体形成	(26,40,62)	4	2	2	1	2	2
50,69	上层建筑搭载	(9,15,20)	2	1	1	1	1	1
51,70	舱室密试	(5,7,10)	1	0	1	0	1	1
52,71	结构校正	(4,7,10)	1	0	1	0	1	1
53,72	舱室清锈涂装	(4,7,11)	1	0	0	1	1	1
54,73	管路安装	(8,15,21)	2	0	0	1	1	1
55,74	管路系统密试	(5,10,16)	2	0	0	0	1	2
56,75	电缆拉敷	(11,15,18)	4	0	0	1	1	1
57,76	设备安装	(9,15,21)	1	1	0	2	1	2
58,77	内装施工	(9,25,40)	1	0	0	2	1	2
59,78	轴系支架装焊	(5,7,9)	3	1	1	2	1	2
60,79	浆轴安装	(15,23,29)	3	1	0	1	1	1

表 A.2 项目 1 和项目 3 基本参数计算

项目 (1)	工序 (2)	三角分布 (3)	$T_{50\%}$ (4)	$T_{95\%}$ (5)	σ_j (6)	d_j (7)	H_{r_j} (8)	d_j^X (9)
1	2	(4,7,10)	7.2	9.6	2.4	7.2	0.15	6.1
	4	(4,7,10)	7.2	9.6	2.4	7.2	0.15	6.1
	6	(4,7,10)	7.2	9.6	2.4	7.2	0.15	6.1
	3	(28,40,50)	40.6	46.3	5.7	40.6	0.21	32.1
	5	(28,40,50)	40.6	46.3	5.7	40.6	0.21	32.1
	7	(28,40,50)	40.6	46.3	5.7	40.6	0.21	32.1

（续表）

项目 （1）	工序 （2）	三角分布 （3）	$T_{50\%}$ （4）	$T_{95\%}$ （5）	σ_j （6）	d_j （7）	H_{r_j} （8）	d_j^X （9）
1	8	(42,60,75)	61.5	70.5	9.0	61.5	0.05	58.4
	9	(60,80,105)	84.1	96.6	12.5	82.1	0.09	76.5
	10	(28,40,55)	40.8	50.7	9.9	40.8	0.08	37.5
	11	(10,14,20)	14.9	19.2	4.3	14.9	0.17	12.4
	12	(5,10,15)	10.4	14.3	3.9	10.4	0.18	8.5
	13	(20,30,40)	31.3	38.5	7.2	31.3	0.25	23.5
	14	(14,21,28)	21.4	26.7	5.3	21.4	0.23	16.5
	15	(9,14,18)	14.8	16.6	1.8	14.8	0.11	13.2
	16	(10,15,18)	15.4	16.9	1.5	15.4	0.08	14.2
	17	(18,30,40)	31.5	37.8	6.3	31.5	0.10	28.4
	18	(32,40,50)	42.6	45.7	3.1	42.6	0.18	34.9
	19	(8,10,13)	10.6	12.4	12.6	10.6	0.09	9.6
	20	(28,35,48)	36.1	44.3	8.2	36.1	0.05	34.3
3	44	(4,7,10)	7.1	9.3	2.2	7.1	0.10	5.5
	45	(4,7,10)	7.1	9.3	2.2	7.1	0.10	5.5
	47	(4,7,10)	7.1	9.3	2.2	7.1	0.10	5.5
	46	(8,14,18)	14.8	16.9	2.1	14.8	0.12	10.1
	48	(7,10,13)	11.1	12.3	1.2	11.1	0.06	9.8
	49	(26,40,50)	41.8	47.5	5.7	41.8	0.08	34.6
	50	(9,15,20)	15.8	19.3	3.5	15.8	0.04	14.1
	51	(5,7,10)	7.1	9.5	2.4	7.1	0.12	5.1
	52	(4,7,10)	7.1	9.4	2.3	7.1	0.15	4.8
	53	(4,7,11)	7.2	10.2	3.0	7.2	0.17	4.4
	54	(8,15,21)	15.6	19.9	4.3	15.6	0.21	9.7
	55	(5,10,14)	11.1	13.3	2.2	11.1	0.14	8.2
	56	(11,15,18)	16.4	17.4	1.0	16.4	0.06	14.5
	57	(9,15,21)	15.8	19.4	3.6	15.8	0.09	13.1
	58	(9,25,36)	26.5	34.2	7.7	26.5	0.10	20.1
	59	(5,7,9)	7.2	8.6	1.4	7.2	0.06	6.0
	60	(15,23,29)	24.2	27.7	3.5	24.2	0.04	21.4

表A.3　缓冲区参数计算

项目 (1)	类型 (2)	工序 (3)	H_f (4)	H_{zi} (5)	FB_j (6)	PB_i (7)	FB_i^x (8)	PB_i^X (9)	d_i^d (10)
1	关键链	4	0.12	0.02	—	20.3	—	36.8	282.0
		5		0.13	—		—		
		9		0.18	—		—		
		10		0.27	—				
		16		0.12	—		—		
		18		0.19	—		—		
		19		0.08	—		—		
		20		0.18	—		—		
	非关键链	2	0	0.08	10.9	—	0	—	
		3	0.21	0.26		—		—	
		6	0	0.08	10.9	—	0	—	
		7	0.21	0.26		—		—	
		8	0	0.37	12.9	—	12.9	—	
		11	0.10	0.04	13.1	—	13.1	—	
		12	0.10	0.03		—		—	
		13	0.10	0.07		—		—	
		14	0	0.22	8.4	—	5.2	—	
		15	0.16	0.18		—		—	
		17	0	0.28	8.9	—	6.5	—	
3	关键链	45	0.08	0.02	—	16.2		18.4	138.7
		46		0.10	—				
		49		0.15	—				
		50		0.10	—				
		56		0.04	—				
		57		0.15	—				
		59		0.09	—				
		60		0.16	—				
	非关键链	44	0	0.02	2.5	—	2.5	—	
		47	0	0.02	2.5	—	2.5	—	
		48	0	0.17	15.3	—	15.3	—	
		51	0	0.15	6.4	—	6.4	—	
		52	0.08	0.15		—		—	
		53	0.08	0.10		—		—	
		54	0	0.09	6.5	—	6.5	—	
		55	0.11	0.12		—		—	
		58	0	0.15	9.7	—	7.5	—	

附录 B

船台施工阶段风险传导分析相关数据

表 B.1　项目 1 的风险分解结构示意表

项目	模块	工序	风险			
			A_1	A_2	A_3	A_4
项目 1	总段形成模块	2	A_{11}、A_{12}、A_{13}、A_{15}	A_{21}、A_{24}、A_{27}、A_{28}	A_{33}、A_{34}	
		3	A_{11}、A_{13}、A_{14}、A_{15}	A_{21}、A_{24}、A_{28}	A_{33}、A_{34}	
		4	A_{11}、A_{12}、A_{13}、A_{15}	A_{21}、A_{24}、A_{27}、A_{28}	A_{33}、A_{34}	
		5	A_{11}、A_{13}、A_{13}、A_{15}	A_{21}、A_{24}、A_{28}	A_{33}、A_{34}	
		6	A_{11}、A_{12}、A_{13}、A_{15}	A_{21}、A_{24}、A_{27}、A_{28}	A_{33}、A_{34}	
		7	A_{11}、A_{13}、A_{14}、A_{15}	A_{21}、A_{24}、A_{28}	A_{33}、A_{34}	
		汇总	A_{11}、A_{12}、A_{13}、A_{14}、A_{15}	A_{21}、A_{24}、A_{27}、A_{28}	A_{33}、A_{34}	
	全船形成模块	8	A_{11}、A_{14}、A_{15}			
		9	A_{11}、A_{12}、A_{13}、A_{14}	A_{21}、A_{24}、A_{27}	A_{31}、A_{32}、A_{33}	
		10	A_{11}、A_{12}、A_{14}、A_{15}	A_{21}、A_{24}、A_{26}		
		11	A_{14}	A_{21}、A_{26}		
		12	A_{14}	A_{22}		
		13	A_{12}	A_{21}	A_{33}	A_{42}
		汇总	A_{11}、A_{12}、A_{13}、A_{14}、A_{15}	A_{21}、A_{22}、A_{24}、A_{26}、A_{27}	A_{31}、A_{32}、A_{33}	A_{42}

（续表）

项目	模块	工序	风险			
			A_1	A_2	A_3	A_4
项目 1	船台舾装模块	14	A_{11}、A_{15}	A_{28}	A_{34}	
		15	A_{14}			
		16	A_{14}	A_{21}、A_{28}	A_{33}	
		17	A_{11}	A_{24}、A_{25}、A_{28}	A_{34}	
		18	A_{11}、A_{14}、A_{15}	A_{21}、A_{24}、A_{25}、A_{27}、A_{28}		
		汇总	A_{11}、A_{14}、A_{15}	A_{21}、A_{24}、A_{25}、A_{27}、A_{28}	A_{33}、A_{34}	
	轴系施工模块	19	A_{14}、A_{15}	A_{26}	A_{34}	A_{42}
		20	A_{12}、A_{15}	A_{26}	A_{33}	A_{42}
		汇总	A_{12}、A_{14}、A_{15}	A_{26}	A_{33}、A_{34}	A_{42}

表 B.2　WBS-RBS 风险识别矩阵

项目	模块工序风险	总段形成模块 1	全船形成模块 2	船台舾装模块 3	轴系施工模块 4
项目1	A_1^1	A_{11}^{11}、A_{12}^{11}、A_{13}^{11}、A_{14}^{11}	A_{11}^{12}、A_{12}^{12}、A_{13}^{12}、A_{14}^{12}、A_{15}^{12}	A_{11}^{13}、A_{14}^{13}、A_{15}^{13}	A_{12}^{14}、A_{14}^{14}、A_{15}^{14}
	A_2^1	A_{21}^{11}、A_{22}^{11}、A_{24}^{11}、A_{27}^{11}、A_{28}^{11}	A_{21}^{12}、A_{22}^{12}、A_{24}^{11}、A_{26}^{12}、A_{27}^{12}	A_{24}^{13}、A_{25}^{12}、A_{27}^{13}、A_{28}^{13}	A_{26}^{14}
	A_3^1	A_{32}^{11}、A_{33}^{11}、A_{34}^{11}	A_{31}^{12}、A_{32}^{12}、A_{33}^{12}	A_{33}^{13}、A_{34}^{13}	A_{33}^{14}、A_{34}^{14}
	A_4^1		A_{42}^{12}		A_{42}^{14}
项目2	A_1^2	A_{11}^{21}、A_{14}^{21}	A_{11}^{22}、A_{12}^{22}、A_{14}^{22}、A_{15}^{22}	A_{11}^{23}、A_{14}^{23}、A_{15}^{23}	A_{12}^{24}、A_{14}^{24}、A_{15}^{24}
	A_2^2	A_{21}^{21}、A_{22}^{21}、A_{24}^{21}、A_{27}^{21}、A_{28}^{21}	A_{21}^{22}、A_{22}^{22}、A_{24}^{22}、A_{26}^{22}、A_{27}^{22}	A_{24}^{23}、A_{25}^{23}、A_{27}^{23}、A_{28}^{23}	A_{26}^{24}
	A_3^2	A_{32}^{21}、A_{33}^{21}、A_{34}^{21}	A_{31}^{22}、A_{32}^{22}	A_{33}^{23}、A_{34}^{23}	A_{33}^{24}、A_{34}^{24}
	A_4^2		A_{42}^{22}		A_{42}^{24}
项目3	A_1^3	A_{11}^{31}、A_{12}^{31}、A_{14}^{31}	A_{11}^{32}、A_{12}^{32}、A_{14}^{32}、A_{15}^{32}	A_{11}^{33}、A_{14}^{33}、A_{15}^{33}	A_{12}^{34}、A_{14}^{34}、A_{15}^{34}
	A_2^3	A_{21}^{31}、A_{22}^{31}、A_{24}^{31}、A_{27}^{31}、A_{28}^{31}	A_{21}^{32}、A_{22}^{32}、A_{24}^{32}、A_{26}^{32}、A_{27}^{32}	A_{24}^{33}、A_{25}^{24}、A_{27}^{33}、A_{28}^{33}	A_{26}^{34}
	A_3^3	A_{32}^{31}、A_{33}^{31}、A_{34}^{31}	A_{31}^{32}、A_{32}^{32}、A_{33}^{32}	A_{33}^{13}、A_{34}^{13}	A_{33}^{34}、A_{34}^{34}
	A_4^3		A_{42}^{32}		A_{42}^{34}

（续表）

项目	模块工序风险	总段形成模块 1	全船形成模块 2	船台舾装模块 3	轴系施工模块 4
项目4	A_1^4	A_{11}^{41}、A_{14}^{41}	A_{11}^{41}、A_{12}^{42}、A_{14}^{42}、A_{15}^{42}	A_{11}^{43}、A_{14}^{43}、A_{15}^{43}	A_{12}^{44}、A_{14}^{44}、A_{15}^{44}
	A_2^4	A_{21}^{41}、A_{22}^{41}、A_{24}^{41}、A_{27}^{41}、A_{28}^{41}	A_{21}^{42}、A_{22}^{42}、A_{24}^{42}、A_{26}^{42}、A_{27}^{42}	A_{24}^{43}、A_{25}^{43}、A_{27}^{43}、A_{28}^{43}	A_{26}^{44}
	A_3^4	A_{32}^{41}、A_{33}^{41}、A_{34}^{41}	A_{31}^{42}、A_{32}^{42}、A_{33}^{42}	A_{33}^{43}、A_{34}^{43}	A_{33}^{44}、A_{34}^{44}
	A_4^4		A_{42}^{42}		A_{42}^{44}

表 B.3 模块工序 1 内风险初始发生概率与损失评分表

专家 e_1									
风险	初始概率	质量损失	进度损失	费用损失	风险	初始概率	质量损失	进度损失	费用损失
J_1^1	(s_4,h_4)	(s_5,h_4)	(s_5,h_5)	(s_4,h_4)	J_2^1	(s_3,h_4)	(s_4,h_4)	(s_5,h_3)	(s_4,h_3)
J_3^1	(s_2,h_4)	(s_5,h_4)	(s_1,h_5)	(s_3,h_4)	J_4^1	(s_5,h_4)	(s_3,h_4)	(s_5,h_5)	(s_5,h_4)
J_5^1	(s_3,h_3)	(s_2,h_4)	(s_4,h_5)	(s_1,h_4)	J_6^1	(s_3,h_5)	(s_2,h_5)	(s_4,h_4)	(s_1,h_4)
J_7^1	(s_4,h_4)	(s_2,h_4)	(s_5,h_4)	(s_4,h_4)	J_8^1	(s_3,h_4)	(s_2,h_4)	(s_2,h_5)	(s_1,h_3)
J_9^1	(s_4,h_4)	(s_3,h_3)	(s_2,h_5)	(s_2,h_2)	J_{10}^1	(s_4,h_5)	(s_3,h_4)	(s_5,h_5)	(s_2,h_4)
J_{11}^1	(s_5,h_4)	(s_3,h_4)	(s_5,h_4)	(s_1,h_4)	J_{12}^1	(s_5,h_4)	(s_3,h_3)	(s_3,h_5)	(s_2,h_4)
J_{13}^1	(s_4,h_4)	(s_5,h_4)	(s_5,h_5)	(s_4,h_4)	J_{14}^1	(s_5,h_4)	(s_3,h_4)	(s_5,h_5)	(s_5,h_4)
J_{15}^1	(s_3,h_3)	(s_2,h_4)	(s_4,h_5)	(s_1,h_5)	J_{16}^1	(s_3,h_5)	(s_2,h_5)	(s_4,h_4)	(s_1,h_4)
J_{17}^1	(s_4,h_4)	(s_2,h_4)	(s_5,h_4)	(s_4,h_4)	J_{18}^1	(s_3,h_4)	(s_2,h_4)	(s_2,h_5)	(s_1,h_3)
J_{19}^1	(s_4,h_4)	(s_3,h_3)	(s_2,h_5)	(s_2,h_2)	J_{20}^1	(s_4,h_5)	(s_3,h_4)	(s_5,h_5)	(s_2,h_4)
J_{21}^1	(s_5,h_4)	(s_3,h_4)	(s_5,h_4)	(s_1,h_4)	J_{22}^1	(s_5,h_4)	(s_3,h_3)	(s_3,h_5)	(s_2,h_4)
J_{23}^1	(s_4,h_4)	(s_5,h_4)	(s_5,h_5)	(s_4,h_4)	J_{24}^1	(s_3,h_4)	(s_4,h_4)	(s_5,h_3)	(s_4,h_3)
J_{25}^1	(s_5,h_4)	(s_3,h_4)	(s_5,h_5)	(s_5,h_4)	J_{26}^1	(s_3,h_3)	(s_2,h_4)	(s_4,h_5)	(s_1,h_5)
J_{27}^1	(s_3,h_5)	(s_2,h_5)	(s_4,h_4)	(s_1,h_4)	J_{28}^1	(s_4,h_4)	(s_2,h_4)	(s_5,h_4)	(s_4,h_4)
J_{29}^1	(s_3,h_4)	(s_2,h_4)	(s_2,h_5)	(s_1,h_3)	J_{30}^1	(s_4,h_4)	(s_3,h_3)	(s_2,h_5)	(s_2,h_2)
J_{31}^1	(s_4,h_5)	(s_3,h_4)	(s_5,h_5)	(s_2,h_4)	J_{32}^1	(s_5,h_4)	(s_3,h_4)	(s_5,h_4)	(s_1,h_4)
J_{33}^1	(s_5,h_4)	(s_3,h_3)	(s_3,h_5)	(s_2,h_4)	J_{34}^1	(s_4,h_4)	(s_5,h_4)	(s_5,h_5)	(s_4,h_4)
J_{35}^1	(s_5,h_4)	(s_3,h_4)	(s_5,h_5)	(s_5,h_4)	J_{36}^1	(s_3,h_3)	(s_2,h_4)	(s_4,h_5)	(s_1,h_5)
J_{37}^1	(s_3,h_5)	(s_2,h_5)	(s_4,h_4)	(s_1,h_4)	J_{38}^1	(s_4,h_4)	(s_2,h_4)	(s_5,h_4)	(s_4,h_4)
J_{39}^1	(s_3,h_4)	(s_2,h_4)	(s_2,h_5)	(s_1,h_3)	J_{40}^1	(s_4,h_4)	(s_3,h_3)	(s_2,h_5)	(s_2,h_2)
J_{41}^1	(s_4,h_5)	(s_3,h_4)	(s_5,h_5)	(s_2,h_4)	J_{42}^1	(s_5,h_4)	(s_3,h_4)	(s_5,h_4)	(s_1,h_4)
J_{43}^1	(s_5,h_4)	(s_3,h_3)	(s_3,h_5)	(s_2,h_4)					

（续表）

专家 e_2									
风险	初始概率	质量损失	进度损失	费用损失	风险	初始概率	质量损失	进度损失	费用损失
J_1^1	(s_5,h_4)	(s_5,h_4)	(s_4,h_5)	(s_3,h_4)	J_2^1	(s_2,h_5)	(s_3,h_4)	(s_4,h_5)	(s_4,h_3)
J_3^1	(s_3,h_5)	(s_4,h_5)	(s_2,h_4)	(s_4,h_3)	J_4^1	(s_4,h_5)	(s_5,h_4)	(s_5,h_5)	(s_4,h_4)
J_5^1	(s_4,h_4)	(s_4,h_3)	(s_3,h_4)	(s_2,h_4)	J_6^1	(s_4,h_3)	(s_4,h_4)	(s_3,h_5)	(s_2,h_5)
J_7^1	(s_5,h_5)	(s_3,h_3)	(s_5,h_5)	(s_2,h_4)	J_8^1	(s_2,h_5)	(s_3,h_2)	(s_2,h_4)	(s_1,h_5)
J_9^1	(s_3,h_4)	(s_3,h_4)	(s_3,h_4)	(s_2,h_2)	J_{10}^1	(s_3,h_3)	(s_2,h_4)	(s_5,h_4)	(s_1,h_4)
J_{11}^1	(s_4,h_5)	(s_2,h_5)	(s_4,h_5)	(s_1,h_5)	J_{12}^1	(s_3,h_4)	(s_4,h_4)	(s_3,h_4)	(s_2,h_5)
J_{13}^1	(s_5,h_4)	(s_5,h_4)	(s_4,h_5)	(s_3,h_4)	J_{14}^1	(s_4,h_5)	(s_5,h_4)	(s_5,h_5)	(s_4,h_4)
J_{15}^1	(s_4,h_4)	(s_4,h_3)	(s_3,h_4)	(s_2,h_4)	J_{16}^1	(s_4,h_3)	(s_4,h_4)	(s_3,h_5)	(s_2,h_5)
J_{17}^1	(s_5,h_5)	(s_3,h_3)	(s_5,h_5)	(s_2,h_4)	J_{18}^1	(s_2,h_5)	(s_3,h_2)	(s_2,h_4)	(s_1,h_5)
J_{19}^1	(s_3,h_4)	(s_3,h_4)	(s_3,h_4)	(s_2,h_2)	J_{20}^1	(s_3,h_3)	(s_2,h_4)	(s_5,h_4)	(s_2,h_2)
J_{21}^1	(s_4,h_5)	(s_2,h_5)	(s_4,h_5)	(s_1,h_5)	J_{22}^1	(s_3,h_4)	(s_4,h_4)	(s_3,h_4)	(s_2,h_5)
J_{23}^1	(s_5,h_4)	(s_5,h_4)	(s_4,h_5)	(s_3,h_4)	J_{24}^1	(s_2,h_5)	(s_3,h_4)	(s_4,h_5)	(s_4,h_3)
J_{25}^1	(s_4,h_5)	(s_5,h_4)	(s_5,h_5)	(s_4,h_4)	J_{26}^1	(s_4,h_4)	(s_4,h_3)	(s_3,h_4)	(s_2,h_4)
J_{27}^1	(s_4,h_3)	(s_4,h_4)	(s_3,h_5)	(s_2,h_5)	J_{28}^1	(s_5,h_5)	(s_3,h_3)	(s_5,h_5)	(s_2,h_4)
J_{29}^1	(s_2,h_5)	(s_3,h_2)	(s_2,h_4)	(s_1,h_5)	J_{30}^1	(s_3,h_4)	(s_3,h_4)	(s_3,h_4)	(s_2,h_2)
J_{31}^1	(s_3,h_3)	(s_2,h_4)	(s_5,h_4)	(s_1,h_4)	J_{32}^1	(s_4,h_5)	(s_2,h_5)	(s_4,h_5)	(s_1,h_5)
J_{33}^1	(s_3,h_4)	(s_4,h_4)	(s_3,h_4)	(s_2,h_4)	J_{34}^1	(s_5,h_4)	(s_5,h_4)	(s_4,h_5)	(s_3,h_4)
J_{35}^1	(s_4,h_5)	(s_5,h_4)	(s_5,h_5)	(s_4,h_4)	J_{36}^1	(s_4,h_4)	(s_4,h_3)	(s_3,h_4)	(s_2,h_4)
J_{37}^1	(s_4,h_3)	(s_4,h_4)	(s_3,h_5)	(s_2,h_5)	J_{38}^1	(s_5,h_5)	(s_3,h_3)	(s_5,h_5)	(s_2,h_4)
J_{39}^1	(s_2,h_5)	(s_3,h_2)	(s_2,h_4)	(s_1,h_5)	J_{40}^1	(s_3,h_4)	(s_3,h_4)	(s_3,h_4)	(s_2,h_2)
J_{41}^1	(s_3,h_3)	(s_2,h_4)	(s_5,h_4)	(s_1,h_4)	J_{42}^1	(s_4,h_5)	(s_2,h_5)	(s_4,h_5)	(s_1,h_5)
J_{43}^1	(s_3,h_4)	(s_4,h_4)	(s_3,h_4)	(s_2,h_5)					
专家 e_3									
风险	初始概率	质量损失	进度损失	费用损失	风险	初始概率	质量损失	进度损失	费用损失
J_1^1	(s_4,h_4)	(s_5,h_3)	(s_5,h_3)	(s_3,h_5)	J_2^1	(s_4,h_4)	(s_4,h_4)	(s_4,h_5)	(s_4,h_3)
J_3^1	(s_2,h_5)	(s_4,h_3)	(s_2,h_4)	(s_3,h_4)	J_4^1	(s_5,h_4)	(s_2,h_5)	(s_4,h_4)	(s_3,h_4)
J_5^1	(s_3,h_5)	(s_3,h_5)	(s_3,h_4)	(s_2,h_5)	J_6^1	(s_3,h_3)	(s_3,h_4)	(s_3,h_5)	(s_2,h_4)
J_7^1	(s_4,h_5)	(s_4,h_3)	(s_5,h_4)	(s_3,h_4)	J_8^1	(s_3,h_5)	(s_4,h_4)	(s_3,h_5)	(s_2,h_5)
J_9^1	(s_4,h_5)	(s_3,h_5)	(s_2,h_4)	(s_4,h_5)	J_{10}^1	(s_3,h_5)	(s_2,h_5)	(s_4,h_4)	(s_2,h_5)
J_{11}^1	(s_4,h_5)	(s_2,h_5)	(s_5,h_5)	(s_2,h_4)	J_{12}^1	(s_2,h_5)	(s_4,h_4)	(s_3,h_5)	(s_1,h_4)
J_{13}^1	(s_4,h_4)	(s_5,h_3)	(s_5,h_3)	(s_3,h_5)	J_{14}^1	(s_5,h_4)	(s_2,h_5)	(s_4,h_4)	(s_3,h_4)
J_{15}^1	(s_3,h_5)	(s_3,h_5)	(s_3,h_4)	(s_2,h_5)	J_{16}^1	(s_3,h_3)	(s_3,h_4)	(s_3,h_5)	(s_2,h_4)
J_{17}^1	(s_4,h_5)	(s_4,h_3)	(s_5,h_4)	(s_3,h_4)	J_{18}^1	(s_3,h_5)	(s_4,h_4)	(s_3,h_5)	(s_2,h_5)
J_{19}^1	(s_4,h_5)	(s_3,h_5)	(s_2,h_4)	(s_4,h_5)	J_{20}^1	(s_3,h_5)	(s_2,h_5)	(s_4,h_4)	(s_2,h_5)

（续表）

专家 e_3									
风险	初始概率	质量损失	进度损失	费用损失	风险	初始概率	质量损失	进度损失	费用损失
J_{21}^1	(s_4,h_5)	(s_2,h_5)	(s_5,h_5)	(s_2,h_4)	J_{22}^1	(s_2,h_5)	(s_4,h_4)	(s_3,h_5)	(s_1,h_4)
J_{23}^1	(s_4,h_4)	(s_5,h_3)	(s_5,h_3)	(s_3,h_5)	J_{24}^1	(s_4,h_4)	(s_4,h_4)	(s_4,h_5)	(s_4,h_3)
J_{25}^1	(s_5,h_4)	(s_2,h_5)	(s_4,h_4)	(s_3,h_4)	J_{26}^1	(s_3,h_5)	(s_3,h_5)	(s_3,h_4)	(s_2,h_5)
J_{27}^1	(s_3,h_3)	(s_3,h_4)	(s_3,h_5)	(s_2,h_4)	J_{28}^1	(s_4,h_5)	(s_4,h_3)	(s_5,h_4)	(s_3,h_4)
J_{29}^1	(s_3,h_5)	(s_4,h_4)	(s_3,h_5)	(s_2,h_5)	J_{30}^1	(s_4,h_5)	(s_3,h_5)	(s_2,h_4)	(s_4,h_5)
J_{31}^1	(s_3,h_5)	(s_2,h_5)	(s_4,h_4)	(s_2,h_5)	J_{32}^1	(s_4,h_5)	(s_2,h_5)	(s_5,h_5)	(s_2,h_4)
J_{33}^1	(s_2,h_5)	(s_4,h_4)	(s_3,h_5)	(s_1,h_4)	J_{34}^1	(s_4,h_4)	(s_5,h_3)	(s_5,h_3)	(s_3,h_5)
J_{35}^1	(s_5,h_4)	(s_2,h_5)	(s_4,h_4)	(s_3,h_4)	J_{36}^1	(s_3,h_5)	(s_3,h_5)	(s_3,h_4)	(s_2,h_5)
J_{37}^1	(s_3,h_3)	(s_3,h_4)	(s_3,h_5)	(s_2,h_4)	J_{38}^1	(s_4,h_5)	(s_4,h_3)	(s_5,h_4)	(s_3,h_4)
J_{39}^1	(s_3,h_5)	(s_4,h_4)	(s_3,h_5)	(s_2,h_5)	J_{40}^1	(s_4,h_5)	(s_3,h_5)	(s_2,h_4)	(s_4,h_5)
J_{41}^1	(s_3,h_5)	(s_2,h_5)	(s_4,h_4)	(s_2,h_5)	J_{42}^1	(s_4,h_5)	(s_2,h_5)	(s_5,h_5)	(s_2,h_4)
J_{43}^1	(s_2,h_5)	(s_4,h_4)	(s_3,h_5)	(s_1,h_4)					

表 B.4　模块工序 1 内风险影响程度专家评分表

影响程度	专家 e_1	专家 e_2	专家 e_3	影响程度	专家 e_1	专家 e_2	专家 e_3
$J_1^1\to J_4^1$	(s_4,h_4)	(s_5,h_4)	(s_3,h_5)	$J_1^1\to J_{13}^1$	(s_3,h_5)	(s_4,h_4)	(s_3,h_4)
$J_3^1\to J_4^1$	(s_2,h_5)	(s_4,h_4)	(s_3,h_4)	$J_5^1\to J_6^1$	(s_3,h_5)	(s_4,h_4)	(s_3,h_4)
$J_7^1\to J_{17}^1$	(s_4,h_3)	(s_5,h_4)	(s_4,h_5)	$J_8^1\to J_7^1$	(s_2,h_4)	(s_3,h_4)	(s_1,h_4)
$J_8^1\to J_{18}^1$	(s_2,h_5)	(s_4,h_2)	(s_2,h_5)	$J_9^1\to J_7^1$	(s_4,h_4)	(s_3,h_5)	(s_2,h_4)
$J_9^1\to J_{19}^1$	(s_3,h_5)	(s_3,h_5)	(s_2,h_4)	$J_{10}^1\to J_7^1$	(s_4,h_5)	(s_5,h_5)	(s_5,h_4)
$J_{11}^1\to J_{21}^1$	(s_3,h_5)	(s_4,h_4)	(s_3,h_4)	$J_{12}^1\to J_{22}^1$	(s_2,h_3)	(s_1,h_4)	(s_2,h_4)
$J_{12}^1\to J_4^1$	(s_2,h_5)	(s_2,h_4)	(s_2,h_4)	$J_{13}^1\to J_{14}^1$	(s_4,h_4)	(s_5,h_4)	(s_3,h_5)
$J_{15}^1\to J_{16}^1$	(s_3,h_5)	(s_4,h_4)	(s_3,h_4)	$J_{18}^1\to J_{17}^1$	(s_2,h_4)	(s_3,h_4)	(s_1,h_4)
$J_{19}^1\to J_{17}^1$	(s_4,h_4)	(s_3,h_5)	(s_2,h_4)	$J_{20}^1\to J_{17}^1$	(s_4,h_5)	(s_5,h_5)	(s_5,h_4)
$J_{21}^1\to J_7^1$	(s_2,h_5)	(s_3,h_5)	(s_2,h_4)	$J_{21}^1\to J_{32}^1$	(s_3,h_5)	(s_4,h_4)	(s_3,h_4)
$J_{22}^1\to J_{14}^1$	(s_2,h_5)	(s_2,h_5)	(s_2,h_4)	$J_{23}^1\to J_{25}^1$	(s_4,h_4)	(s_5,h_4)	(s_3,h_5)
$J_{23}^1\to J_{34}^1$	(s_3,h_5)	(s_4,h_4)	(s_3,h_4)	$J_{28}^1\to J_{38}^1$	(s_4,h_3)	(s_5,h_4)	(s_4,h_5)
$J_{26}^1\to J_{27}^1$	(s_3,h_5)	(s_4,h_4)	(s_3,h_4)	$J_{29}^1\to J_{39}^1$	(s_2,h_5)	(s_4,h_2)	(s_2,h_5)
$J_{29}^1\to J_{28}^1$	(s_2,h_4)	(s_3,h_4)	(s_1,h_4)	$J_{30}^1\to J_{40}^1$	(s_3,h_5)	(s_3,h_5)	(s_2,h_4)
$J_{30}^1\to J_{28}^1$	(s_4,h_4)	(s_3,h_5)	(s_2,h_4)	$J_{32}^1\to J_{42}^1$	(s_3,h_5)	(s_4,h_4)	(s_3,h_4)
$J_{31}^1\to J_{28}^1$	(s_4,h_5)	(s_5,h_5)	(s_5,h_4)	$J_{34}^1\to J_{35}^1$	(s_4,h_4)	(s_5,h_4)	(s_3,h_5)
$J_{33}^1\to J_{25}^1$	(s_2,h_5)	(s_2,h_4)	(s_2,h_4)	$J_{39}^1\to J_{38}^1$	(s_2,h_4)	(s_3,h_4)	(s_1,h_4)
$J_{36}^1\to J_{37}^1$	(s_3,h_5)	(s_4,h_4)	(s_3,h_4)	$J_{41}^1\to J_{38}^1$	(s_4,h_5)	(s_5,h_5)	(s_5,h_4)
$J_{40}^1\to J_{38}^1$	(s_4,h_4)	(s_3,h_5)	(s_2,h_4)	$J_{43}^1\to J_{35}^1$	(s_2,h_5)	(s_2,h_4)	(s_2,h_4)
$J_{42}^1\to J_{28}^1$	(s_2,h_5)	(s_3,h_5)	(s_2,h_4)				

表B.5　模块工序1内风险初始发生概率

风险	初始发生概率 P_α^1	风险	初始发生概率 P_α^1
J_1^1	$(\langle 0.815,0.5,0.833\rangle,0.050,0.012)$	J_2^1	$(\langle 0.481,0.543,0.880\rangle,0.034,0.009)$
J_3^1	$(\langle 0.385,0.627,0.960\rangle,0.032,0.008)$	J_4^1	$(\langle 0.876,0.553,0.886\rangle,0.051,0.013)$
J_5^1	$(\langle 0.576,0.422,0.833\rangle,0.031,0.008)$	J_6^1	$(\langle 0.576,0.198,0.754\rangle,0.031,0.008)$
J_7^1	$(\langle 0.815,0.563,0.896\rangle,0.050,0.012)$	J_8^1	$(\langle 0.424,0.608,0.909\rangle,0.031,0.008)$
J_9^1	$(\langle 0.615,0.518,0.850\rangle,0.030,0.008)$	J_{10}^1	$(\langle 0.557,0.547,0.880\rangle,0.028,0.007)$
J_{11}^1	$(\langle 0.484,0.563,0.896\rangle,0.045,0.011)$	J_{12}^1	$(\langle 0.593,0.526,0.859\rangle,0.040,0.001)$
J_{13}^1	$(\langle 0.215,0.5,0.833\rangle,0.050,0.012)$	J_{14}^1	$(\langle 0.876,0.553,0.886\rangle,0.051,0.013)$
J_{15}^1	$(\langle 0.576,0.422,0.833\rangle,0.031,0.008)$	J_{16}^1	$(\langle 0.576,0.198,0.754\rangle,0.031,0.008)$
J_{17}^1	$(\langle 0.815,0.563,0.896\rangle,0.050,0.012)$	J_{18}^1	$(\langle 0.424,0.608,0.909\rangle,0.031,0.008)$
J_{19}^1	$(\langle 0.615,0.518,0.850\rangle,0.030,0.008)$	J_{20}^1	$(\langle 0.557,0.547,0.880\rangle,0.028,0.007)$
J_{21}^1	$(\langle 0.484,0.563,0.896\rangle,0.045,0.011)$	J_{22}^1	$(\langle 0.593,0.526,0.859\rangle,0.040,0.001)$
J_{23}^1	$(\langle 0.815,0.5,0.833\rangle,0.050,0.012)$	J_{24}^1	$(\langle 0.481,0.543,0.880\rangle,0.034,0.009)$
J_{25}^1	$(\langle 0.876,0.553,0.886\rangle,0.051,0.013)$	J_{26}^1	$(\langle 0.576,0.422,0.833\rangle,0.031,0.008)$
J_{27}^1	$(\langle 0.576,0.198,0.754\rangle,0.031,0.008)$	J_{28}^1	$(\langle 0.815,0.563,0.896\rangle,0.050,0.012)$
J_{29}^1	$(\langle 0.424,0.608,0.909\rangle,0.031,0.008)$	J_{30}^1	$(\langle 0.615,0.518,0.850\rangle,0.030,0.008)$
J_{31}^1	$(\langle 0.557,0.547,0.880\rangle,0.028,0.007)$	J_{32}^1	$(\langle 0.484,0.563,0.896\rangle,0.045,0.011)$
J_{33}^1	$(\langle 0.593,0.526,0.859\rangle,0.040,0.001)$	J_{34}^1	$(\langle 0.815,0.5,0.833\rangle,0.050,0.012)$
J_{35}^1	$(\langle 0.876,0.553,0.886\rangle,0.051,0.013)$	J_{36}^1	$(\langle 0.576,0.422,0.833\rangle,0.031,0.008)$
J_{37}^1	$(\langle 0.576,0.198,0.754\rangle,0.031,0.008)$	J_{38}^1	$(\langle 0.815,0.563,0.896\rangle,0.050,0.012)$
J_{39}^1	$(\langle 0.424,0.608,0.909\rangle,0.031,0.008)$	J_{40}^1	$(\langle 0.615,0.518,0.850\rangle,0.030,0.008)$
J_{41}^1	$(\langle 0.557,0.547,0.880\rangle,0.028,0.007)$	J_{42}^1	$(\langle 0.484,0.563,0.896\rangle,0.045,0.011)$
J_{43}^1	$(\langle 0.593,0.526,0.859\rangle,0.040,0.001)$		

表B.6　模块工序1内风险实际发生概率

风险	实际发生概率 $P_\alpha^{1'}$	风险	实际发生概率 $P_\alpha^{1'}$
J_1^1	$(\langle 0.882,0.532,0.901\rangle,0.040,0.010)$	J_2^1	$(\langle 0.481,0.543,0.880\rangle,0.034,0.009)$
J_3^1	$(\langle 0.385,0.627,0.960\rangle,0.032,0.008)$	J_4^1	$(\langle 0.964,0.693,0.952\rangle,0.032,0.010)$
J_5^1	$(\langle 0.576,0.422,0.833\rangle,0.031,0.008)$	J_6^1	$(\langle 0.588,0.201,0.764\rangle,0.029,0.007)$
J_7^1	$(\langle 0.886,0.582,0.901\rangle,0.061,0.022)$	J_8^1	$(\langle 0.424,0.608,0.909\rangle,0.031,0.008)$
J_9^1	$(\langle 0.615,0.518,0.850\rangle,0.030,0.008)$	J_{10}^1	$(\langle 0.557,0.547,0.880\rangle,0.028,0.007)$
J_{11}^1	$(\langle 0.484,0.563,0.896\rangle,0.045,0.011)$	J_{12}^1	$(\langle 0.593,0.526,0.859\rangle,0.040,0.001)$
J_{13}^1	$(\langle 0.925,0.592,0.920\rangle,0.042,0.011)$	J_{14}^1	$(\langle 0.964,0.693,0.952\rangle,0.032,0.010)$
J_{15}^1	$(\langle 0.576,0.422,0.833\rangle,0.031,0.008)$	J_{16}^1	$(\langle 0.588,0.201,0.764\rangle,0.029,0.007)$

（续表）

风险	实际发生概率 $P_{\alpha}^{1'}$	风险	实际发生概率 $P_{\alpha}^{1'}$
J_{17}^{1}	$(\langle 0.890,0.580,0.902\rangle,0.059,0.019)$	J_{18}^{1}	$(\langle 0.434,0.611,0.889\rangle,0.035,0.010)$
J_{19}^{1}	$(\langle 0.633,0.534,0.866\rangle,0.035,0.011)$	J_{20}^{1}	$(\langle 0.557,0.547,0.880\rangle,0.028,0.007)$
J_{21}^{1}	$(\langle 0.498,0.572,0.878\rangle,0.049,0.015)$	J_{22}^{1}	$(\langle 0.612,0.520,0.866\rangle,0.045,0.002)$
J_{23}^{1}	$(\langle 0.882,0.532,0.901\rangle,0.040,0.010)$	J_{24}^{1}	$(\langle 0.481,0.543,0.880\rangle,0.034,0.009)$
J_{25}^{1}	$(\langle 0.964,0.693,0.952\rangle,0.032,0.010)$	J_{26}^{1}	$(\langle 0.576,0.422,0.833\rangle,0.031,0.008)$
J_{27}^{1}	$(\langle 0.588,0.201,0.764\rangle,0.029,0.007)$	J_{28}^{1}	$(\langle 0.886,0.582,0.901\rangle,0.061,0.022)$
J_{29}^{1}	$(\langle 0.424,0.608,0.909\rangle,0.031,0.008)$	J_{30}^{1}	$(\langle 0.615,0.518,0.850\rangle,0.030,0.008)$
J_{31}^{1}	$(\langle 0.557,0.547,0.880\rangle,0.028,0.007)$	J_{32}^{1}	$(\langle 0.522,0.567,0.899\rangle,0.051,0.011)$
J_{33}^{1}	$(\langle 0.593,0.526,0.859\rangle,0.040,0.001)$	J_{34}^{1}	$(\langle 0.882,0.532,0.901\rangle,0.040,0.010)$
J_{35}^{1}	$(\langle 0.964,0.693,0.952\rangle,0.032,0.010)$	J_{36}^{1}	$(\langle 0.576,0.422,0.833\rangle,0.031,0.008)$
J_{37}^{1}	$(\langle 0.588,0.201,0.764\rangle,0.029,0.007)$	J_{38}^{1}	$(\langle 0.890,0.580,0.902\rangle,0.059,0.019)$
J_{39}^{1}	$(\langle 0.434,0.611,0.889\rangle,0.035,0.010)$	J_{40}^{1}	$(\langle 0.633,0.534,0.866\rangle,0.035,0.011)$
J_{41}^{1}	$(\langle 0.557,0.547,0.880\rangle,0.028,0.007)$	J_{42}^{1}	$(\langle 0.563,0.591,0.905\rangle,0.055,0.018)$
J_{43}^{1}	$(\langle 0.612,0.520,0.866\rangle,0.045,0.002)$		

表 B.7　模块工序 1 内二级风险事件造成的质量、进度、费用、综合影响值

	A_{11}^{1}	A_{12}^{1}
R_{wvQ}^{1}	$(\langle 0.836,0.682,0.972\rangle,0.098,0.024)$	$(\langle 0.241,0.562,0.959\rangle,0.153,0.007)$
R_{wvS}^{1}	$(\langle 0.818,0.588,0.921\rangle,0.091,0.018)$	$(\langle 0.333,0.592,0.980\rangle,0.412,0.010)$
R_{wvP}^{1}	$(\langle 0.408,0.534,0.985\rangle,0.041,0.010)$	$(\langle 0.301,0.681,0.960\rangle,0.205,0.008)$
R_{wv}^{1}	$(\langle 0.743,0.624,0.951\rangle,0.054,0.012)$	$(\langle 0.290,0.601,0.969\rangle,0.181,0.005)$
	A_{13}^{1}	A_{14}^{1}
R_{wvQ}^{1}	$(\langle 0.385,0.514,0.993\rangle,0.051,0.013)$	$(\langle 0.698,0.647,0.992\rangle,0.062,0.016)$
R_{wvS}^{1}	$(\langle 0.005,0.514,0.921\rangle,0.040,0.010)$	$(\langle 0.866,0.647,0.992\rangle,0.066,0.017)$
R_{wvP}^{1}	$(\langle 0.193,0.618,0.969\rangle,0.022,0.006)$	$(\langle 0.782,0.601,0.896\rangle,0.042,0.0011)$
R_{wv}^{1}	$(\langle 0.195,0.535,0.987\rangle,0.026,0.07)$	$(\langle 0.782,0.640,0.973\rangle,0.037,0.010)$
	A_{21}^{1}	A_{22}^{1}
R_{wvQ}^{1}	$(\langle 0.401,0.511,0.972\rangle,0.033,0.007)$	$(\langle 0.394,0.401,0.941\rangle,0.028,0.007)$
R_{wvS}^{1}	$(\langle 0.488,0.548,0.975\rangle,0.028,0.007)$	$(\langle 0.447,0.434,0.962\rangle,0.034,0.009)$
R_{wvP}^{1}	$(\langle 0.298,0.511,0.972\rangle,0.038,0.010)$	$(\langle 0.288,0.419,0.975\rangle,0.033,0.006)$
R_{wv}^{1}	$(\langle 0.415,0.528,0.973\rangle,0.019,0.004)$	$(\langle 0.394,0.419,0.956\rangle,0.019,0.005)$

（续表）

	A_{24}^{1}	A_{27}^{1}
R_{wvQ}^{1}	$(\langle 0.672,0.649,0.978\rangle,0.071,0.021)$	$(\langle 0.276,0.304,0.985\rangle,0.031,0.008)$
R_{wvS}^{1}	$(\langle 0.892,0.591,0.983\rangle,0.110,0.032)$	$(\langle 0.237,0.263,0.959\rangle,0.027,0.006)$
R_{wvP}^{1}	$(\langle 0.454,0.688,0.991\rangle,0.060,0.016)$	$(\langle 0.152,0.359,0.921\rangle,0.027,0.006)$
R_{wv}^{1}	$(\langle 0.620,0.612,0.986\rangle,0.051,0.014)$	$(\langle 0.236,0.295,0.966\rangle,0.017,0.004)$
	A_{28}^{1}	R_{32}^{1}
R_{wvQ}^{1}	$(\langle 0.557,0.659,0.889\rangle,0.030,0.008)$	$(\langle 0.323,0.292,0.975\rangle,0.032,0.008)$
R_{wvS}^{1}	$(\langle 0.445,0.746,0.978\rangle,0.041,0.010)$	$(\langle 0.441,0.328,0.986\rangle,0.057,0.012)$
R_{wvP}^{1}	$(\langle 0.439,0.685,0.970\rangle,0.075,0.0009)$	$(\langle 0.279,0.182,0.960\rangle,0.026,0.007)$
R_{wv}^{1}	$(\langle 0.489,0.695,0.941\rangle,0.021,0.005)$	$(\langle 0.361,0.293,0.978\rangle,0.027,0.006)$
	A_{33}^{1}	A_{34}^{1}
R_{wvQ}^{1}	$(\langle 0.198,0.282,0.983\rangle,0.032,0.008)$	$(\langle 0.510,0.651,0.994\rangle,0.047,0.010)$
R_{wvS}^{1}	$(\langle 0.383,0.376,0.998\rangle,0.058,0.013)$	$(\langle 0.397,0.563,0.976\rangle,0.031,0.006)$
R_{wvP}^{1}	$(\langle 0.076,0.336,0.929\rangle,0.041,0.010)$	$(\langle 0.254,0.493,0.976\rangle,0.040,0.0010)$
R_{wv}^{1}	$(\langle 0.248,0.343,0.989\rangle,0.028,0.006)$	$(\langle 0.414,0.598,0.985\rangle,0.024,0.005)$

表 B.8　质量风险节点间耦合关系评估表

耦合关系	专家 e_1	专家 e_2	专家 e_3	耦合关系	专家 e_1	专家 e_2	专家 e_3
A_{11}^{21} & A_{14}^{21}	(s_4,h_4)	(s_3,h_5)	(s_3,h_4)	A_{21}^{21} & A_{22}^{21}	(s_4,h_4)	(s_4,h_5)	(s_3,h_5)
A_{21}^{21} & A_{24}^{21}	(s_3,h_5)	(s_5,h_4)	(s_2,h_5)	A_{27}^{21} & A_{28}^{21}	(s_4,h_4)	(s_5,h_4)	(s_5,h_5)
A_{32}^{21} & A_{33}^{21}	(s_4,h_4)	(s_3,h_5)	(s_2,h_4)	A_{11}^{21} & A_{33}^{21}	(s_2,h_3)	(s_2,h_5)	(s_3,h_4)
A_{28}^{21} & A_{34}^{21}	(s_2,h_4)	(s_3,h_4)	(s_1,h_4)	A_{11}^{22} & A_{14}^{22}	(s_4,h_4)	(s_3,h_5)	(s_3,h_4)
A_{11}^{21} & A_{15}^{21}	(s_4,h_5)	(s_5,h_5)	(s_5,h_4)	A_{21}^{22} & A_{22}^{22}	(s_4,h_4)	(s_4,h_5)	(s_3,h_5)
A_{21}^{22} & A_{24}^{22}	(s_3,h_5)	(s_5,h_4)	(s_2,h_5)	A_{32}^{22} & A_{33}^{22}	(s_4,h_4)	(s_3,h_5)	(s_2,h_4)
A_{11}^{22} & A_{33}^{22}	(s_2,h_3)	(s_2,h_5)	(s_3,h_4)	A_{24}^{22} & A_{26}^{22}	(s_3,h_5)	(s_4,h_4)	(s_3,h_4)
A_{27}^{22} & A_{31}^{22}	(s_3,h_4)	(s_2,h_5)	(s_2,h_4)	A_{31}^{22} & A_{33}^{22}	(s_2,h_4)	(s_3,h_4)	(s_1,h_4)
A_{11}^{22} & A_{42}^{22}	(s_4,h_4)	(s_5,h_4)	(s_3,h_5)	A_{14}^{22} & A_{26}^{22}	(s_3,h_5)	(s_3,h_5)	(s_2,h_4)
A_{11}^{23} & A_{15}^{23}	(s_4,h_5)	(s_5,h_5)	(s_5,h_4)	A_{11}^{23} & A_{14}^{23}	(s_4,h_4)	(s_3,h_5)	(s_3,h_4)
A_{27}^{23} & A_{28}^{23}	(s_4,h_4)	(s_5,h_4)	(s_5,h_5)	A_{11}^{23} & A_{25}^{23}	(s_3,h_5)	(s_2,h_5)	(s_1,h_4)
A_{24}^{23} & A_{25}^{24}	(s_4,h_4)	(s_3,h_5)	(s_2,h_4)	A_{25}^{23} & A_{33}^{23}	(s_4,h_5)	(s_4,h_4)	(s_3,h_4)
A_{11}^{24} & A_{15}^{24}	(s_4,h_5)	(s_5,h_5)	(s_5,h_4)	A_{11}^{24} & A_{14}^{24}	(s_4,h_4)	(s_3,h_5)	(s_3,h_4)
A_{14}^{24} & A_{26}^{24}	(s_3,h_4)	(s_3,h_5)	(s_4,h_4)	A_{11}^{24} & A_{42}^{24}	(s_4,h_4)	(s_5,h_4)	(s_3,h_5)

表 B.9 二级风险节点对应质量、进度、费用风险影响值的 $\hat{z}_l$ 和节点贡献度

目标节点	影响节点	质量 $\hat{z}_l$	$G_{wvQ}^{2\beta}$	进度 $\hat{z}_l$	$G_{wvS}^{2\beta}$	费用 $\hat{z}_l$	$G_{wvP}^{2\beta}$
F^{21}	F_{11}^{21}	0.151（4级）	0.200	0.163（5级）	0.157	0.053（2级）	0.120
	F_{14}^{21}	0.124（4级）	0.152	0.157（4级）	0.151	0.092（3级）	0.209
	F_{21}^{21}	0.027（1级）	0.069	0.074（2级）	0.071	0.039（2级）	0.089
	F_{22}^{21}	0.069（2级）	0.093	0.088（3级）	0.085	0.031（2级）	0.068
	F_{24}^{21}	0.158（4级）	0.188	0.166（5级）	0.160	0.087（3级）	0.198
	F_{27}^{21}	0.098（3级）	0.124	0.047（2级）	0.045	0.010（1级）	0.025
	F_{28}^{21}	0.143（4级）	0.192	0.091（3级）	0.088	0.072（2级）	0.164
	F_{32}^{21}	0.024（1级）	0.046	0.174（5级）	0.167	0.019（1级）	0.043
	F_{33}^{21}	0.031（2级）	0.073	0.039（2级）	0.038	0.010（1级）	0.023
	F_{34}^{21}	0.095（3级）	0.121	0.041（2级）	0.039	0.027（1级）	0.061
F^{22}	F_{11}^{22}	0.194（5级）	0.177	0.182（5级）	0.122	0.083（3级）	0.083
	F_{12}^{22}	0.155（4级）	0.082	0.085（3级）	0.057	0.076（2级）	0.076
	F_{14}^{22}	0.096（3级）	0.093	0.174（5级）	0.116	0.152（4级）	0.152
	F_{15}^{22}	0.098（3级）	0.069	0.115（4级）	0.077	0.127（4级）	0.127
	F_{21}^{22}	0.073（2级）	0.081	0.088（3级）	0.059	0.059（2级）	0.059
	F_{22}^{22}	0.081（3级）	0.064	0.080（3级）	0.054	0.040（2级）	0.040
	F_{24}^{22}	0.103（3级）	0.096	0.179（5级）	0.120	0.107（3级）	0.107
	F_{26}^{22}	0.196（5级）	0.138	0.196（5级）	0.131	0.175（5级）	0.175
	F_{27}^{22}	0.159（4级）	0.099	0.071（2级）	0.047	0.040（2级）	0.040
	F_{31}^{22}	0.085（3级）	0.089	0.048（2级）	0.032	0.032（2级）	0.032
	F_{32}^{22}	0.043（2级）	0.051	0.180（5级）	0.120	0.034（2级）	0.034
	F_{33}^{22}	0.096（3级）	0.114	0.060（2级）	0.040	0.051（2级）	0.051
	F_{42}^{22}	0.079（3级）	0.059	0.037（2级）	0.025	0.025（1级）	0.025
	F^{21}	0.094（4级）	0.047	—	—	—	—
F^{23}	F_{11}^{23}	0.091（3级）	0.138	0.120（1级）	0.185	0.076（2级）	0.176
	F_{14}^{23}	0.176（5级）	0.172	0.115（4级）	0.176	0.022（1级）	0.051
	F_{15}^{23}	0.081（3级）	0.090	0.080（3级）	0.123	0.097（3级）	0.225
	F_{24}^{23}	0.042（2级）	0.056	0.119（4级）	0.184	0.069（2级）	0.160
	F_{25}^{23}	0.156（4级）	0.194	0.071（2级）	0.110	0.098（3级）	0.227
	F_{27}^{23}	0.124（4级）	0.127	0.031（2级）	0.048	0.011（1级）	0.025
	F_{28}^{23}	0.137（4级）	0.138	0.062（2级）	0.096	0.022（1级）	0.051
	F_{33}^{23}	0.025（1级）	0.042	0.024（1级）	0.037	0.010（1级）	0.023
	F_{34}^{23}	0.074（2级）	0.064	0.027（1级）	0.042	0.027（1级）	0.063
	F^{22}	0.144（4级）	0.124	—	—	—	—
F^{24}	F_{11}^{24}	0.082（3级）	0.864	0.068（2级）	0.243	0.023（1级）	0.097
	F_{14}^{24}	0.188（5级）	1.883	0.054（2级）	0.193	0.046（2级）	0.193

（续表）

目标节点	影响节点	质量 $\hat{z}_l$	$G_{wvQ}^{2\beta}$	进度 $\hat{z}_l$	$G_{wvQ}^{2\beta}$	费用 $\hat{z}_l$	$G_{wvP}^{2\beta}$
F^{24}	F_{15}^{24}	0.094（3 级）	0.942	0.020（1 级）	0.071	0.055（2 级）	0.231
	F_{26}^{24}	0.164（5 级）	1.628	0.076（2 级）	0.271	0.072（2 级）	0.303
	F_{33}^{24}	0.024（1 级）	0.236	0.026（1 级）	0.093	0.010（1 级）	0.042
	F_{34}^{24}	0.053（2 级）	0.520	0.019（1 级）	0.068	0.017（1 级）	0.071
	F_{42}^{24}	0.092（3 级）	0.922	0.017（1 级）	0.061	0.015（1 级）	0.063
	F^{23}	0.110（3 级）	1.078	—	—	—	—

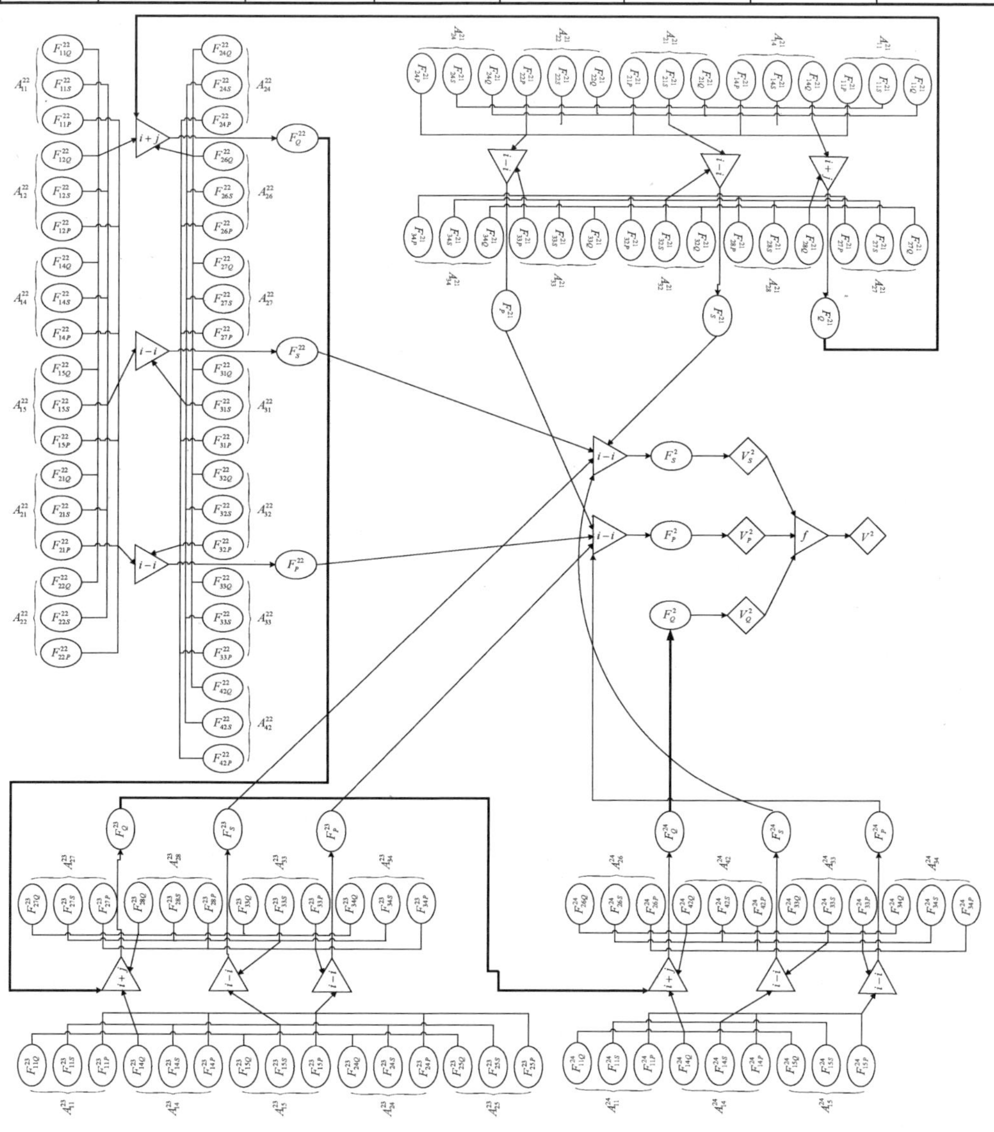

图 B.1　项目 2 的风险横向传导全景式影响图

反侵权盗版声明

举报电话：（010）88254396；（010）88258888

传　　真：（010）88254397

E-mail：　　dbqq@phei.com.cn

通信地址：北京市万寿路 173 信箱

电子工业出版社总编办公室

邮　　编：100036